白水iクラシックス

ルソー・コレクション

文明

ジャン＝ジャック・ルソー
川出良枝 選
山路 昭・阪上 孝・宮治弘之・浜名優美 訳

白水社

ルソー・コレクション　文明

Jean-Jacques Rousseau

Discours sur les sciences et les arts

Discours sur l'économie politique

Extrait du Projet de paix perpétuelle de Monsieur l'Abbé de Saint-Pierre

Jugement sur le Projet de paix perpétuelle

Que l'état de guerre nait de l'état social

Fragment sur la guerre

Autres fragments sur la guerre

Extrait de la Polysynodie

Jugement sur la Polysynodie

Fragment sur la Polysynodie

Lettre de J.-J. Rousseau à Monsieur Voltaire

目次

凡例

一、ルソー・コレクションは、小社刊『ルソー全集』に改訳を加えたものである。使用されるテキストは、とくに指示されているものをのぞいて、*JEAN-JACQUES ROUSSEAU; ŒUVRES COMPLÈTES*, Bibliothèque de la Pléiade, N. R. F., éditon publiée sous la direction de Bernard Gagnebin et Marcel Raymond である。なお、異稿については訳注で言及される。

一、原注は原則として（1）（2）……のアラビア数字で示し、段落ごとに掲げる。

一、訳注は（一）（二）……の漢数字で示し、末尾に一括して掲げる。とくに指示がないかぎり、〔　〕は訳者によるものである。

一、*Discours sur l'économie politique* は、『政治経済論』から『政治経済論（統治論）』へと書名を改めた。ルソーは economie という言葉を統治ないし管理という意味で用いているが、これまで同書が『政治経済論』として流通してきたことも考慮した。本文中の economie は原則として「統治」の訳語をあてている。

文明

豊かで安逸な生活を求める人間の欲望を肯定し、あらゆる欲求を満たし、人類の直面する困難を解決するために、科学や技術の発展を一層推進しようという立場がある。欲望の野放図な解放は人間の本来的なあり方をゆがめ、逆に人間を不幸にしかねないから、科学や技術の発展には一定の限界を設けるべきだという立場もある。どちらをとるかは、われわれにとって切実な問題である。

十八世紀フランスにおいて、こうした対立の原型ともいえるものを示したのが、ヴォルテールとルソーであった。前者は、理性の力により野蛮や迷妄を正し、ヨーロッパの開明の旗手として八面六臂の活動を展開し、後者は、学問と技芸の発展は人間を堕落させただけだと厳しく批判し、孤立の度合いを深めながら思索に沈潜していった。

二人にとって一つの試金石となったのが、一七五五年に発生したリスボンの大地震であった。数万人の死者を出し、首都リスボンを壊滅させた大惨事に直面し、ヴォルテールは、それまでの楽天的な世界観をかなぐりすて、罪なき者を悲惨のどん底に突き落とした神の摂理の非情と人間理性の無力を嘆く。対するルソーは意外なほど冷静である。悪の原因は神でも自然でもない。高層の建物を密集させ、大都会の豊かな暮らしにこだわったからこれだけの惨禍がもたらされた。悪は人間に由来し、それを正せるのも人間である以上、人間に対するいたずらな悲観主義は有害だというのである。

学問、富、戦争と平和。人類の生み出した〈文明〉のもたらす光と影にルソーはどう取り組んだのか。本巻には、文明社会のラディカルな批判者といった、よくあるレッテルでは語り尽くせないルソーの諸論考を収録する。

川出良枝

学問芸術論

山路　昭　訳

一七五〇年に
ディジョン・アカデミー賞を獲得した論文、同アカデミーの提出した課題「学問と芸術の復興は習俗の純化に寄与したか」について
ジュネーヴの一市民

この地で私は、人々に理解されないゆえに異邦人なのだ。(一)
オヴィディウス

序文

ここに述べようとする問題は、これまで論じられてきた問題のなかでも、とりわけ重要かつ崇高なものの一つである。文学のあらゆる領域を支配し、アカデミーの課題もつねにその制約を免れていないような形而上学的な精緻な議論は、この論説においては、重要なものではない。そうではなくて、ここで取りあげようとするのは、人類の幸福にかかわるような真理の一つなのである。

私があえて取ろうとした立場が、許されがたいものであろうことは、あらかじめ考えられる。今日において、人々の称讃の的となっているものすべてに正面から反対するならば、私はあらゆる非難を受けるだけであろう。いくらかの識者によって認められる光栄に浴したとしても、一般の賛同を期待すべきではない。したがって、私の立場は明らかである。才人たちや流行の先端をいく人々に気に入られようとは思わない。いつの時代においても、その時代、国、社会の意見に従うようにつくられた人間がいる。今日では、無信仰者や哲学者がそうであり、彼らは、同じ理由によって、リーグの時代〔宗教戦争の時代〕においては、まさしく狂信者にほかならなかったであろう。みずからの時代を越えて生きようとするならば、こうした読者のために書いてはならない。

さらに最後に一言つけ加えておきたい。受賞の栄誉をほとんど期待していなかったために、私は論文を提出してのちに、いわば別の著作となるほどに、手を加え、増補を行なった。したがって今日では、受賞したときの形態に戻すことが必要であると、思われた。私はもとの論文に若干の注を加え、さらにアカデミーはおそらく認めないであろうと思われるが、すぐそれとわかるような二個所の補遺をそのまま残しておいた。公正、尊敬、感謝をあらわすためにも、こうした前書きが必要であると思っている。

論説

われわれは見せかけの善に欺かれる。(二)

学問と芸術の復興は習俗を純化するに寄与したか、それとも腐敗させるに寄与したか。これが検討しようとする問題である。こうした問いにおいて、私はいかなる立場を取るべきであろうか。それは、無知ではあっても、そのことを卑下しない誠実な人間にふさわしい立場である。

私が言うべきことを、私が出頭する法廷にふさわしいものにすることは難しいように思われる。ヨーロッパのもっとも学識ある学会の一つをまえにして学問を非難し、高名なアカデミーにおいて無知を称讃し、学問研究に対する侮蔑と、真実の学者に対する尊敬を両立させること、そうしたことをいかにしてなしえようか。こうした矛盾は明らかではあっても、私はそれによってくじけはしなかった。私は学問を不当に攻撃しているのではなく、有徳な人々をまえにして徳を擁護しているのだと、考えた。学者にとって博識が貴重なものである以上に、善をなす人々にとって誠実はなおいっそう貴重なのである。したがってなにを恐れる必要があるだろうか。私に耳を傾けている学会の叡知を恐れるべきであろうか。私もそれは認める。だが、恐ろしいのは論説の構成にとってであり、発表者の意見にとってではない。公正なる至高の審判者は、疑わしい議論においてみずからを罰することをけっしてためらわない。そして正当な主張にとって、もっとも有利な立場とは、公明正大で見識ある相手、つまり自己を裁くような裁判官に対して弁明することができるような立場である。

私を励ましているこうした動機に加えて、私を決意させるもう一つの動機がある。それは、私が内なる光に従って、真理の立場を主張したことであり、たとえ私の成功がどうなるにせよ、なんらかの報酬が、かならず与えられるはずであり、私はそれを心の内奥に見出すであろう。

第一部

人間はみずからの努力によっていわば虚無から脱けだし、その理性の光によって、自然が人間をつつんでいた暗黒を消失させ、自己を越えて向上し、精神によって天上界にまで飛翔し、太陽のごとく巨人の歩みによって宇宙の広大な領域を渉猟し、そしてさらにいっそう偉大かつ困難なことであるが、自己の内部へたち戻り、人間を学び、その本性、義務、目的を知ろうとしている。このことはまさしく、偉大にして高貴な光景である。こうしたいっさいの驚嘆すべき事実は、わずか数世代以前から新しく展開されたのである。

ヨーロッパは原初時代の未開状態にふたたびおちこんでいたのであった。今日ではかくも文明の光に浴している、世界のこの地域の諸民族は、数世紀前には、無知よりもはるかに悪い状態に生きていた。そして無知よりもなおはるかに軽蔑すべき、不可解な学問の用語が知識の名をかたり、学問の復興にとってほとんど越えがたい障害となっていた。人間を常識にまで連れ戻すためには、変革が必要であった。そして、それはもっとも予期しない方から到来した。われわれのなかに文芸を復興させたのは、あの文芸にとって永遠の災禍である、蒙昧なる回教徒であった。コンスタンティヌス大帝の失墜はイタリアに古代ギリシアの名残りをもたらした。そしてフランスもまた、そうした貴重な遺産によって栄えた。やがて文芸に続いて学問が起こり、書く方法に考える方法が加えられた。こうした推移は、不思議に見えても、おそらく当然すぎる推移である。そして人々は詩神たちとの交わりによる本質的な利点を知りはじめた。それは、人々が相互に称讃しあえるような作品によって、相互に好ましいものでありたいという欲求を喚起し、人間をより社会的なものにすることである。

精神は肉体と同じくその欲求を持っている。肉体の欲求は社会の基礎となり、精神の欲求は社会の魅力となる。政府と法が集団としての人間の安全、幸福に必要なものを与えているのに対して、学問、文学、芸術は、それほど専制的ではないが、おそらくはるかに強力なものであり、人間がつながれている鉄鎖を花飾りでおおい、人間がそのために生まれてきたと思われる根源的な自由の感情を抑圧し、奴隷状態を人間に好ませ、いわゆる洗練された国民なるものをつくりあげている。欲求が王座を築きあげ、学問と芸術がそれを強固なものにしたのだ。地上の権力者たちよ、もろもろの才能を愛し、そしてそれをつちかう者たちを保護[1]したまえ。洗練された人々よ、みずからの才能をつちかうがよい。幸福なる奴隷たちよ、諸君たちが誇りとしている繊細で洗練された趣味は、そうした才能にもとづいているのだ。諸君たちの交際をきわめて社交的かつ円滑なものにしている温和な性格と優雅に富んだ習俗、一言にして言うならば、いかなる徳をもそなえずして、いっさいの徳をそなえているような外観もそうした才能にもとづいている。

（1）君主は、快適な芸術と贅沢の趣味が、富の国外流出をもたらさないかぎり、彼らの人民のあいだに広がるのを、つねに喜びをもって見ている。なぜならば、君主はこうした趣味を、従属にきわめてふさわしい、卑小な魂のうちに育てるだけでなく、人民が没頭しているあらゆる欲求が、まさに彼らを縛る鎖であることをはっきりと知っているからである。アレクサンドロス〔大王〕は魚食民族をその支配下につなぎとめようとして、彼らに漁をやめ、他の人民たちと同じ食物で生きることを強制したのであった。ところが、まる裸で暮らし、自分たちの狩猟の獲物だけで生きているアメリカの未開人は、けっして制圧されることはなかった。たしかに、いかなる欲求をも持たない人間たちに、どのような束縛を課しえようか。

外面にことさらあらわそうとしなければしないほど、好ましいものであるこの種の礼節によってこそ、かつてアテナイとローマは、その壮麗と光輝を誇っていた時代に、卓越した存在であった。おそらくまた、この礼節によってこそ、われわれの世紀と国民は、あらゆる時代、あらゆる国民よりもすぐれたものとなろう。学問を衒《てら》うことのない、哲学的な口調、ゲルマンの粗野とも、アルプスの彼方の思わせぶりな大仰な身振りともひとしく異なった、自然にして配慮ある態度、そうしたものこそ、すぐれた学問研究によって獲得され、社交界の交際によって完成された趣味の結実なのである。

外面の態度がつねに心情の反映であり、礼儀が美徳であり、われわれの格律が規範としてわれわれに役立つものであり、そして真の哲学が哲学者の名と一致するものであるならば、われわれがともに生きるということは、なんと快適なことであろうか。しかしながら、それほど多くの資質がかねそなわっていることは、あまりにもまれであり、徳がまたそれほど華麗に現われることもほとんどありえない。豪華な衣装が富裕な人間を、そして優雅な衣装が洗練された人間をあらわすことはあろう。しかし、健康で活力ある人間は、それとは別の特質によって見分けられる。たとえば肉体の力と生気が見出されるのは、農夫の粗野な衣服のうちにであり、宮廷人のきらびやかな服装のうちにではない。装いは、魂の力であり生気である徳にとっても、やはり無縁なのである。正義の人とはなにものをも身につけずして戦うことを好む闘技者であり、いっさいの悪しき装飾を蔑視する。そうした装飾は力の行使を妨げ、その多くはなんらかの奇形を隠すためにのみ考案されたものにすぎない。

文明がわれわれの態度振舞いをつくりあげ、われわれの情念に気取った言葉を話すことを教えるまでは、われわれの習俗は粗野ではあったが、自然であった。そして態度の相違は一見のうちに人格の相違をあらわしていた。人間の本性は、事実、いまより善であったのではなく、人間は容易に相手の心を知ることによって安心していた。こうした利点——もはやその価値はわからない——によって人間はさまざまな悪を免れていたのであった。

今日では、より精緻な研究とより洗練された趣味が、人を喜ばす方法を道徳の原理にしてしまい、われわれの習俗は悪しき、偽りの画一性に支配され、すべての精神は同一の鋳型に投げこまれているように思われる。たえず礼節が要求し、行儀作法が命令している。たえず人々は慣習に従い、おのれ自身の精神にけっして従うことはない。人々はもはやありのままの自己をあえてあらわそうとはしない。そしてこうした絶え間ない強制のなかで、社会といわれる集団を形成している人間は同じ環境におかれ、より強力な動機によって方向をそらされないかぎり、まったく同じことをなすであろう。したがって、人々はだれと交わるべきかをけっして知りえず、その友を知るためには重大な事態を待たねばならない。言うならば、時期を失するまで待たねばならない。そうしたときにこそ、友を知っておくことが絶対に必要なのである。

こうした不安は、なんとさまざまな悪をともなっていることだろうか。もはや誠実な友情も、真実の尊敬も、確固たる信頼もない。疑惑、不信、恐怖、冷淡、遠慮、憎悪、裏切りが、礼節という画一で偽りのヴェールのもとに、そして現代の文明の成果であるあの誇らしげな都会ふうの優雅さのもとに、たえず隠されている。人々はもはや宇宙の造物主の名を口にして神を冒瀆することはないであろう。だがさまざまな不敬な言葉によって神を侮辱するであろう。だからといって、慎重にかまえている人々の耳ざわりになることもないであろう。また人々はみずからの功績を誇ることはないだろう。だが他人の功績をおとしめるであろう。そしてみずからの敵をぶしつけに侮辱することはないであろう。だが巧妙に中傷するであろう。民族のあいだの憎しみは消えるであろうが、それとともに祖国への愛も消えるであろう。無知は軽蔑され、かわって危険な懐疑が生まれよう。いくつかの行き過ぎが禁じられ、いくつかの悪徳が辱しめられても、別のものが徳の名によって飾られるであろう。そして、徳をそなえることもしくは徳を装うことが必要となるであろう。当代の賢者たちの節制を称讃しようとする者は、そうすればよい。だが私にとって、それは過度に洗練されたものにすぎず、彼らの見せかけ[1]の素朴さと同じく、称讃に値しないのだ。

（1）モンテーニュは言っている。「私は反論したり、議論したりすることを好む。しかし、それはごく少数の人々とともにであり、私のためになのである。なぜならば、高貴な人々の注目を集めたり、争って才知や弁舌をひけらかすことは、名誉ある人間にとっては、きわめてふさわしくないやり方だと思うからである。」そうしたやり方は、ある一人を除けば、当代のあらゆる才人たちのやり方なのである。[三]

こうしたことが、われわれの習俗が獲得した純粋性なのであり、かくしてわれわれは正義の人となったのである。そして文学、学問、芸術にこそ、かくも有益な営みのなかで、それらにふさわしい役割が求められ要求しているのだ。だが、ただ一つだけ考察をつけ加えておこう。どこか遠い地方に住む人が、われわれの学問の状態、われわれの完成された芸術、われわれの端正な演劇、われわれの礼節ある振舞い、われわれの愛想よい話し方、われわれの不断にみせる好意、そして夜明けから夕暮にいたるまで、熱心にたがいに親切をつくしあっているように思われる、あらゆる年齢とあらゆる身分の人たちの騒がしい集まり、そういったものからヨーロッパの習俗について、一つの観念をつくりあげようとするならば、その外国人はわれわれの習俗について、その現状とはまったく反対なものを考えてしまうであろうということである。

いかなる結果もないところに、求めるべきいかなる原因もない。しかしながら、この場合には結果は明白なのであり、堕落は現実のものである。われわれの学問、芸術が完全なものへと進歩するにつれ、われわれの魂は腐敗したのである。それはわれわれの時代に特有な不幸であると言えるのだろうか。そうではない。われわれの空しい虚栄心によってもたらされた諸悪はこの世界とともに古くから存在している。大洋の潮の日々の干満は、夜われわれを照らす天体の運行に規則正しく支配されているとはいえ、それよりもはるかに、習俗と誠実の運命は学問と芸術の進歩に支配されている。学問と芸術の光明がわれわれの地平にのぼるにつれ、徳は消え失せたのであり、そうした同じ現象はあらゆる時代とあらゆる場所に見出される。

エジプトを考えてみよう。世界の最初の学校、青銅色の空の下のあの豊かな風土、セソストリス(四)がかつて世界を征服するべく出発した、あの著名な国を。それは哲学と美術の母なる国となり、やがてカンビセス(五)に征服され、次にはギリシア人、ローマ人、そしてトルコ人によって征服されたのであった。

ギリシアを考えてみよう。かつては英雄たちが住み、二度にわたってアジアを征服した。一度はトロイをまえにし、一度はみずからの国土においてであった。生まれつつあった文学はその住民たちの心情にいまだ腐敗をもたらしはしなかった。だが、芸術の進歩、習俗の頽廃、マケドニア人の圧制があいついで起こった。そしてギリシアはいつのときも知に通じ、いつのときも快楽を愛し、つねに奴隷であったがゆえに、こうした変革にあっても、たんに支配者の交替を経験したにすぎない。デモステネス（六）の雄弁をもってしても、奢侈と芸術によって衰弱した肉体に生気を与えることはできなかったのである。

一人の羊飼によって設立され、農夫たちによって名をあげたローマが衰退しはじめるのは、エンニウス（七）、テレンティウス（八）などの時代である。しかし、オヴィディウス、カトゥルス（九）、マルティアリス（一〇）など、さらにその名前だけで羞恥心を傷つけるような一群の猥褻な作家たちが現われたのち、かつては徳の殿堂であったローマは、犯罪の舞台、諸国民の恥辱、蛮族たちの玩弄物となった。この世界の都はついには、みずからが多くの民衆に課した桎梏のもとにおちこみ、そしてその失墜の日は、ローマの市民の一人に良き趣味の審判者（一一）という称号が与えられた、その前夜であった。

その位置からして全世界の首都となるべきと思われた東ローマ帝国の首都について、そして野蛮によってというよりもむしろ叡知によって、ヨーロッパのその他の地域から追放された学問と芸術の安住の地について、なんと言うべきであろうか。堕落と腐敗がともなういっさいの、もっとも恥ずべきもの、裏切り、殺人、このうえなく非道な毒薬、そしてこのうえなく残酷なあらゆる犯罪の競演、こうしたものこそ、コンスタンティノープルの歴史を織りなすものであり、これこそ、われわれの世紀が讃美している知識の光が生まれでる、まがいなき源泉なのである。

しかし、われわれの眼前にさまざまな証拠がなお残されているような真理の証明を、なにがゆえに過ぎ去った時代に求めるのであろうか。文学が尊敬され、それによって国家の最高の位にまで達しうる広大な国が、アジアには存在している。学問が習俗を純化し、人間に祖国のために血を流すことを教え、勇気を鼓舞するものならば、中国の人民は賢明で自由で不撓不屈でなければならない。しかし、ありとあらゆる悪が彼らを支配し、ありとあらゆる犯罪が彼らにとって親しいものであるならば、そして高官たちの知識も、いわゆる法の叡知も、この広大な帝国の住民の多数であることも、無知で粗野な韃靼人の桎梏から帝国を守ることができなかったとすれば、この国のすべての学者たちは国家にとってなんの役に立ったのであろうか。学者たちに十分に名誉を与えながら、国はいかなる成果をひきだしたのであろうか。それは奴隷と悪人が充満することなのであろうか。

　このような状態に対し、もう一つの状態を対比してみよう。それは、空虚な知識のこうした汚染からまもられ、みずからの徳によってみずからの幸福をつくりだし、他民族の模範となったような少数の民族の習俗である。たとえば初期のペルシア人がそうであった。彼らは、われわれのあいだで学問が学ばれているように徳を学び、きわめて容易にアジアを征服し、彼らの制度の歴史が哲学的な小説のようにみなされるという光栄をになった、唯一の特異な民族であった。そしてスキタイ人がそうであった。彼らについては、あれほど輝かしい讃辞が残されているのだ。そしてまたゲルマン人もそうであった。教養があり、富裕で、快楽を好む一民族の罪悪と邪悪の跡をたどることに倦きた、一人の文人（二二）が彼らの素朴、純潔、徳を描くことによってみずからを慰めているのだ。ローマ人でさえも、その貧困と無知の時代においてはそうなのであった。さらにまた、われわれの時代にいたるまで、そうであった民族もある。それは、逆境によっても挫折することのなかった勇気と、先例にも腐敗されることのなかった誠実さのために称讃されている素朴(1)な民族(一三)なのである。

(1) われわれが抑制するのに多くの苦しみを払っている悪徳の名前さえ知らないような幸福な民族について、つまりアメリカの未開人たちについて、私はあえて語るまい。モンテーニュはこれら未開人たちの素朴で自然な国家《ポリス》を、プラトンの法よりも、さらにそれだけではなく、人民の統治のために哲学が考えうるかぎりのもっとも完全なものよりも、ためらうことなく好ましいものとしている。彼は、そうした未開人を讃美しようとする人々にとって感動的な多くの実例をあげながら、「だがなんということだろう。彼らは半ズボンさえ身につけていないのだ」(一四)と言っている。

こうした民族が精神の訓練よりも別の訓練を好んだのは愚かさのためではない。彼らは、ほかの国々では、閑人たちが最高の善、悪徳、美徳などについて議論しながら日々をおくっていることも、そして傲慢な論客たちが自分自身に最大の讃辞を呈し、他の民族を野蛮人という軽蔑すべき名のもとに一つにしていることも、知らないわけではなかった。しかしながら、彼らはそうした人間たちの習俗を考察し、その教説を軽蔑することを知ったのである。(1)

(1) 率直に言ってもらいたい。アテナイ人たちが、神々でさえもその判決に異議を申し立てることのなかった、公明正大な法廷から、多くの配慮をもって雄弁を遠ざけようとしたとき、彼ら自身は雄弁についていかなる意見をいだいていたのだろうか。ローマ人たちは、彼らの共和国から医学を追放したとき、医学についてどう考えていたのだろうか。さらに、スペイン人たちが、わずかに残っていた人間愛によって、彼らの法律家たちにアメリカへの入国を禁止するにいたったとき、彼らは法律についていかなる観念を必要としていたのであろうか。あの不幸なインディアンたちに彼らが加えたすべての害悪を、たんにこうした行為によってのみ、償ったと彼らが信じていたとは言えないであろう〔一五〕。

その幸福な無知によっても、同じく、その法の叡知によっても著名なあの都市、人間のというよりもむしろ半神の――彼らの徳がそれほど人間性を越えているように思われた――あの共和国が立てられたのは、まさにギリシアのうちであったことを、忘れられようか。スパルタよ！　空しき教説を永遠に辱しめるものよ！　美術によって導かれた悪徳がすべてアテナイに持ちこまれ、そこに一人の僭主〔一六〕が詩人の王者〔一七〕の作品を入念に収集していたとき、お前は芸術と芸術家を、学問と学者をお前の城壁から追放していたのだ。

こうした相違は事実によって明らかである。アテナイは礼節と洗練された趣味の都となり、雄弁家と哲学者の祖国となった。そこでは優雅な建築が優雅な言葉に対応していた。いたる所に、すぐれた巨匠たちの手によって生命を与えられた大理石像や絵画が見られた。あらゆる腐敗の時代において模範として役立つことになる驚くべき作品が生まれたのは、このアテナイからである。ラケダイモン〔スパルタ〕の状態はこれほど輝かしいものではない。「そこでは、人間は生まれながらにして有徳であり、国の空気そのものが徳を鼓舞しているようだ」と他の国民たちは言っていた。この国の住民たちについてわれわれに残されているものは、彼らの英雄的な行動の追憶だけである。こうした記念碑は、アテナイがわれわれに残した奇妙な大理石像よりも、われわれにとってはるかに価値のないものであろうか。

幾人かの賢人〔一八〕は、たしかに、一般的な激しい流れに抗し、この詩神たちの都において悪徳からみずからを守った。しかし、彼らのうちでもっともすぐれ、もっとも不幸であった人が、当時の学者と芸術家について下していた批判に耳を傾けてみよう。彼は次のように言っている。

「私は詩人たちを検討してみた。そして、彼らはその才能によってみずからをも、他人をも欺き、賢者であると自任し、一般にもそう思われているにもかかわらず、まったくそうでない人間だと私はみなしている。」

ソクラテスは続けて言う。

「私は詩人から芸術家に移っていった。私ほど芸術について無知なものはだれもいなかった。そして芸術家がきわめて美しい秘密を持っていることを、私ほど確信しているものはだれもいなかった。しかしながら、芸術家たちの状態が詩人たちの状態よりもよいものでなく、さらにその両者とも同じ偏見におちいっていることを、私は知ったのだ。彼らのなかで、もっとも熟達している者たちは、それぞれの領域において卓越しているがゆえに、みずからを人間のうちでもっとも賢明なものと考えている。私の眼からは、こうした傲慢さが彼らの知をまったく曇らせているのだ。したがって予言者の立場に自分をおき、みずからに問いかけてみた。すなわち、私のようなあり方と、彼らのようなあり方のどちらを好むか、さらにまた、彼らが学んだことを知ることと、私がなにも知らないということを知ることのどちらを好むのかと。私はあるがままの私にとどまっていたいと、自分自身と神に答えたのだった。」

「われわれは、ソフィストも詩人も雄弁家も芸術家も、そして私も、なにが真実であり、善であり、美であるかを知らない。しかしながら、私とそうした人々とのあいだには、相違がある。彼らはなにも知らないにもかかわらず、なにかを知っているとだれもが思いこんでいる。それに反して私は、たとえなにも知らなくとも、少なくとも無知であることを疑ってはいない。したがって、神意によって私に与えられた卓越した叡知とは、結局のところただ、私が知らないことは知らないのだということを、確信することなのである。」

　まさしく、神々の判断によれば人間のなかでもっとも賢明であり、全ギリシアの意見によればアテナイ人のなかでもっとも学識あるソクラテスが、このように無知を讃美しているのだ。もし、彼がわれわれのあいだに生き返ったとすれば、今日の学者や芸術家たちは、彼にその意見を変えさせることができるであろうか。そんなことはありえない。この正義の人はわれわれの空しき学問を軽蔑しつづけるであろう。今日、いたる所に氾濫している洪水のような書物を、増大させることを彼は助けたりしないであろう。彼はかつてそうであったように、みずからの徳行の範例と追憶のみを、その弟子とわれわれの子孫に対する教訓として残すことであろう。このようにしてこそ、人間を教えることはなんと崇高なことであろう。

　ソクラテスがアテナイにおいて始め、老カトー（一九）がローマにおいて続けたことは、同じ市民たちの徳を堕落させ、その勇気をくじいた、狡猾で巧妙なあのギリシア人に対し、激しく戦うことであった。しかし、学問、芸術、弁証術はなお優位に立ち、ローマは哲学者、雄弁家などに溢れていた。人々は軍紀をないがしろにし、農耕を蔑視し、党派を信奉し、祖国を忘れた。自由、公明正大、法への服従という神聖な名に続いて、エピクロス（二〇）、ゼノン（二一）、アルケシラオス（二二）などの名が現われた。「学者たちがわれわれのあいだに現われはじめて以来、正しき人々は姿を消してしまった（二三）」と、ローマの哲学者たちでさえ言っているのだ。そのときまで、ローマ人たちは徳を実践することに満足していたが、徳を学びはじめたとき、すべてが失われたのであった。

おお、ファブリキウス(二四)よ！　不幸にして、あなたがふたたびこの世に生き返り、あなたの腕によって救われ、あなたの尊敬すべき名前によって、あなたのいっさいの征服よりもはるかに有名なものとなった、ローマの壮麗な外観を見たならば、あなたの偉大な魂はなにを思ったであろうか。あなたはこう言ったにちがいない。「神々よ。かつて中庸と徳の住むところであった藁屋根と質素な家々はどうなったであろうか。ローマの素朴さを受けついで、なんという呪うべき華麗さが出現したのであろうか。あの耳なれない言葉はなんであろうか。あの女性化された習俗はなんであろうか。あれらの彫像、絵画、建築はなにを意味するのだろうか。無分別な者たちよ。お前たちはなにをしたのだ。諸国民の指導者であるお前たちよ、お前たちが征服した軽薄な人間どもの奴隷となりはてたのか。お前たちを支配しているのは、修辞家たちであろうか。建築家、画家、彫刻家、道化役者などを富ませるために、ギリシアやアジアにお前たちの血を注いだのであろうか。カルタゴの戦利品は笛吹き(二五)の餌食なのであろうか。ローマ人たちよ。ただちにあれらの闘技場を破壊するがよい。あれらの石像を砕き、絵画を焼くがよい。そしてお前たちを圧制し、その呪わしい芸術がお前たちを腐敗させているあの奴隷たちを追放するがよい。空しき才能によって名を顕わすのは、ほかの人々のなすことなのだ。ローマにふさわしいただ一つの才能とは、世界を征服し、そこに徳を打ち立てることである。キネアス(二六)はわれわれの元老院を王者の集まりと考えたが、空虚な壮麗さにも技巧をこらした優雅さにも眩惑されはしなかった。そこで彼は、くだらない人間たちの研究と魅力の的である、あの軽薄な雄弁を聞いたりはしなかった。ではキネアスはなにを、かくも尊厳あるものと見たのであろうか。おお、市民たちよ！　お前たちの富やお前たちの芸術がけっして与えることのない光景を、彼は見たのだ。それはかつてこの地上に現われた、もっとも美しい光景であり、ローマを指揮し、この地上を統治するにふさわしい、二百人の有徳の士の集まりなのである。」

　しかしながら、場所と時間の隔たりを越え、われわれの国土において眼前に行なわれていることを見てみよう。いやむしろ、われわれの繊細さを傷つけるような、忌まわしい描写を遠ざけてみよう。そして同じ事柄を別の名で繰り返すような労を省いてみよう。私はいたずらにファブリキウスの死せる霊をよび起こしたのではない。この偉大な人物に私はなにを語らせたのだろうか。ルイ十二世（二七）やアンリ四世（二八）にそうした言葉を語らせることができないとでも言うのだろうか。われわれの国において、たしかにソクラテスは毒を飲むようなことはあるまい。しかし、はるかに苦い盃から侮蔑的な嘲笑を、そして死に百倍するほどの呪わしい軽蔑を飲みほすことになるであろう。

　このようにして、奢侈、放縦、奴隷状態とはいつの時代においても、永遠の叡知がわれわれをとどめておいた幸福な無知の状態から、脱出しようとしてなされた傲慢な努力に対する罰なのであった。永遠の叡知がみずからのすべての働きをおおい隠していた厚いヴェールは、明らかに警告しているように思われる。すなわち、永遠の叡知によってわれわれはそうした空しい探究に従うように定められてはいないということを。しかし、神の教訓のうちで、そのいずれか一つでも、われわれが利用しえたもの、あるいはそれを無視して罰せられなかったものが、あるだろうか。人々よ。したがって一度は知るがよい。母親が子供の手から危険な武器を奪うように、自然はあなたがたを学問から守ろうと望んでいたのだ。さらにまた、自然があなたがたに隠しているいっさいの秘密とは、まさしく諸々の悪であり、あなたがたは自然によってそれから保護されている。またあなたがたが学ぶことにおいて出会うような困難は、自然の恵みのなかでも小さいものではない。人間は堕落している。人間が不幸にして知識あるものとして生まれていたならば、よりいっそう邪悪であろう。

このような反省は人類にとって、なんと屈辱的であろう。われわれの誇りはそれによってなんと傷つけられることであろう。なんたることか。誠実は無知から生まれるというのか。学問と徳は両立しないというのか。そうした偏見からいかなる結論もひきだしえないというのだろうか。こうした明白な矛盾を解決するためには、われわれが人間の知識にいわれもなく与え、それによって眩惑されている、あの傲慢な資格の空虚さと無効性をくわしく検討することだけで十分である。したがって、学問と芸術をそれ自体において考察してみよう。さらにそれらの進歩からなにが生じているかを考えてみよう。そしてわれわれの推論が歴史的な帰結と一致するようなあらゆる問題をもはやためらうことなく認めよう。

第二部

人間の休息に反対したある神が、学問の創始者であったというのは、エジプトからギリシアに伝えられた古い伝説であった。[1]ところで、学問が生まれたエジプトにおいて、エジプト人自身は、学問についていかなる見解をもちあわせていたのだろうか。それというのも、彼らは学問の生まれる源をくわしく知っていたからである。事実、世界の歴史をひもといてみても、不正確な年代記を哲学的な研究によって補ってみても、人間の知識について、広く持たれているような観念に見あった起源は、人間の知識のうちには見出されないであろう。天文学は迷信から生まれ、雄弁術は、野心、憎悪、追従、虚偽から、幾何学は金銭欲から、物理学は空しい好奇心から生まれたのだ。そして、いっさいのものが、道徳でさえも、人間の傲慢から生まれている。したがって、学問、芸術はわれわれの悪徳から生まれたものであり、もしそれらのものが、われわれの美徳から生まれたものであるならば、学問、芸術の利点についてそれほど疑いを抱くようなことはあるまい。

（1）プロメテウスの神話の持つ寓意は、きわめて明白である。プロメテウスをコーカサスの山に釘づけにしたギリシア人は、エジプト人が彼らの神、テウトゥスについて考えていたほどには、プロメテウスに好意を抱いてはいなかったように思われる。「サテュロスは、はじめて火を見たとき、それに口づけし、抱擁しようとした。しかし、プロメテウスは彼にむかって叫んだ。サテュロス、お前は顎のひげをなくして泣くぞ。火は、それに触れる

ものを焼いてしまうのだ」とある古い神話は語っている。これが扉絵の主題である。(二九)

学問、芸術の起源にある誤謬は、それらの目的のうちにあまりにも明白に示されている。芸術は、それを養う奢侈がなければ、どうなるであろうか。人間の不正がなければ、法律学はなんの役に立つであろうか。暴君、戦争、陰謀家がなければ、歴史学はどうなっているだろうか。一言にして言うならば、各人が人間の義務と自然の要求のみを考慮し、祖国、不幸な人々、そして友人たちのためにのみ時を費やすならば、いったいだれが不毛の思索のうちにその生をおくることを願うであろうか。それでは、真理が底深く潜む井泉の辺りにつながれて死を迎えるために、われわれは生まれたのであろうか。このように考えるだけでも、哲学の研究によって知を磨こうと誠実に求めている人間は、すべてその第一歩から失望するはずである。

なんと多くの危険、なんと多くの誤った道が、学問の探究のうちに存在するのだろうか。真理に到達するために、なんと多くの誤謬——真理が有益であるよりも千倍も危険な——を通らねばならないのだろうか。その不利は明らかなのである。なぜならば、虚偽は無限の組み合わせを受け入れるが、真理にはただ一つのあり方しかないからだ。さらに、いったいだれが真理を誠実に求めるのであろうか。最良の意志をもってさえ、どのような兆しによって真理を確実に認めるのであろうか。こうした無数にある異なった見解のうちで、それを正しく判断するための基準(1)とは、いかなるものであろうか。そして、もっとも困難なことは、たとえ幸運に真理をついに見出したとしても、われわれのうちのだれが、それを正しく用いることができるのだろうか。

（1）人は知ることが少ないほど、より多く知っていると思うのだ。逍遥学派は何事かを疑ったことがあっただろうか。デカルトは立方体と渦動によって宇宙を構成したのではなかっただろうか。そして、電気の深遠な秘密を大胆に説明し、永久に真実の哲学者たちを絶望させてしまうような無能な物理学者が、今日においてもなおヨーロッパに存在するであろうか。

われわれの学問が、めざす目的において不毛なものであるならば、生みだす結果によって、それはさらにいっそう危険なものである。無為のうちに生まれた学問は、それ自体で無為を育てる。そして時間の償いがたい浪費こそ、学問が必然的に社会に与える第一の損失である。政治においても、道徳においても、善をなさないことは大いなる悪である。そして無益な市民はすべて、有害な人間とみなしえよう。そこで高名な哲学者たちよ、私に答えてほしい。真空において物体は、いかなる比率でたがいに引きあっているのか。惑星の公転において、等しい時間のあいだに通過する面積の比はいくらであるか。共軛点、彎曲点、岐点を持つ曲線とはいかなる線であろうか。いかにして人間は神のうちにすべてを見るのか。魂と肉体は通信なしに、二つの時計のようにいかにして対応しあっているのか。いかなる天体に人間は住みうるのか。いかなる昆虫が異常に繁殖するのか。われわれはあなたがたによってこうしたことを知っている。かくも多くの崇高な知識を与えてくれた哲学者たちよ。私に答えてほしい。あなたがたがこうした事物についてなにも教えなかったとすれば、われわれはいまより数も多くなく、政治もよくなく、恐怖を与えることも少なく、繁栄することもなく、あるいはいっそう邪悪なものとなっていたであろうか。したがってあなたがたの生みだしたものの重要性について再考してほしいのだ。われわれの学者たちのうちでもっとも博識な人々、そしてわれわれの市民たちのうちでもっともすぐれた人々の業績が、われわれにほとんど効用を与えていないとするならば、国家の糧《かて》をいたずらに蚕食している、あの無名の作家たち、無為の文学者たちの群れを、われわれはどのように考えるべきなのか、答えてほしいのである。

無為と言えるのであろうか。事実、彼らはそうあってくれればよい。そうすれば、習俗ははるかに健全であり、社会ははるかに平穏であったろう。しかるにあの空虚にして浮薄な口舌の徒たちは、悪しき逆説によって武装し、いかなる所へでもおもむき、信仰の基礎をくつがえし、徳を抹殺している。彼らは祖国とか宗教とかいう古風な言葉に軽蔑的な笑いを浮かべ、人間のうちにあるいっさいの聖なるものを破壊し、卑しめることに、その才能と哲学をささげている。実際のところ、彼らは徳をも、われわれの教義をも憎んでいるのではない。彼らが敵としているもの、それは世論なのである。彼らを祭壇のもとに連れ戻そうとするならば、無神論者たちのなかに追いやるだけで十分であろう。おお、みずからの名を高めようとする熱情よ。何事もなしえないことがあろうか。

時間の濫用は大きな悪である。そして、それよりもなお大きな悪が文学と芸術に付随している。たとえばそれは、文学や芸術と同じように、人間の無為と虚栄から生まれた奢侈である。奢侈が学問や芸術をともなわないことはまれであり、学問や芸術が奢侈をともなわないことはけっしてない。つねに奇異な格率に富むわれわれの哲学が、あらゆる世紀の経験にさからって、奢侈は国家の栄光をつくりだすと主張していることを、私は知っている。しかしたとえ、奢侈禁止令の必要性を忘れたとしても、良俗が国家の存続に不可欠のものであり、奢侈は良俗にまったく相反するものであることを、哲学はなおあえて否定しようとするのだろうか。奢侈は富の確実なしるしであるとか、もしそうしようと思うならば、それは富をふやすことに役立ちさえするなどという、こうしたわれわれの時代に生まれるのに、ふさわしい逆説から、いかなる結論をひきだすべきなのであろうか。そして、たとえいかなる犠牲を払っても富者になることが必要であるとすれば、徳はどうなるだろうか。古代の政治家はたえず習俗と徳について語っているが、現代の政治家は商業と金銭についてしか語らない。ある政治家は言うだろう。しかじかの国においては、一人の人間の値段はアルジェで売られている価格に相当している。また別の政治家たちはこうした計算から、人間一人がなんの価値もない国を、そしてそれよりもっと価値のない国を見出すことであろう。彼らは人間を家畜の群れと同じように評価しているのだ。彼らによれば、一人の人間が国家にとって価値あるものとなるのは、人間が行なう消費によってだけである。したがって、一人のシュバリス人（三〇）は三十人のラケダイモン人に相当したことであろう。だがスパルタとシュバリスの二つの共和国のうち、どちらが一握りの農民によって征服され、どちらがアジアを戦慄させたかを考えてみればよいのだ。

キルス（三一）の王国は、ペルシアのもっとも小さい太守よりもさらに貧しい君主とその三万の兵士たちによって征服された。そしてあらゆる民族のうちでもっとも貧困な民族であるスキタイ人は、世界でもっとも強大な君主たちに抵抗した。二つの有力な共和国（三二）が世界の支配を争ったが、その一方はきわめて富裕であり、もう一方はなにも持たなかったが、前者を滅亡させたのは後者であった。ローマ帝国もやはり、世界のあらゆる富を併呑しながら、富とはなんであるかをさえ知らなかったような人々の犠牲となった。フランク人はゴールを、サクソン人はイギリスを征服したが、彼らの財宝は勇気と貧乏だけであった。その欲望といえば幾枚かの羊の皮だけで十分であった貧しい山国の住民（三三）の一団が傲慢なオーストリア人を制圧し、ついでヨーロッパの専制君主たちを戦慄させていた、あの富裕な、恐るべきブルゴーニュ[二四]家を粉砕した。さらにインド諸国のあらゆる財宝によって支えられていたカルル五世の後継者[二五]のいっさいの権力と知力は、一握りの鰊漁夫[二六]たちによって打ち砕かれるにいたった。今日の政治家に望ましいことは、計算をやめ、こうした実例を反省することであり、そして金銭によってすべてが得られるにしても、習俗と市民はそのかぎりではないということを一度は知ってほしいのである。

それでは、奢侈についてのこうした問題のなかで、正確にはなにが問われているのであろうか。それは、輝かしくして一時的なものと、有徳にして永続的なものと、そのどちらが国家においてより重要であるかを知ることである。私は輝かしいと言ったが、それはいかなる輝きであろうか。豪奢なものへの志向は同じ魂のなかで誠実への志向とはほとんど両立しがたい。たしかに、無数のとるにたらない配慮によって堕落した精神が偉大なものにまで高められることはけっしてありえない。たとえ、そうした精神に上昇する力があるにせよ、勇気が欠けているであろう。

芸術家はすべて称讃されることを願っている。同時代人の讃辞は、芸術家の報酬のうちもっとも貴重なものである。それでは芸術家は讃辞を得るためにどうするのであろうか。流行の人となった学者たちが軽薄な女性を座談の中心にすえたり、男性が、彼らの自由の抑圧者である女性のためにみずからの趣味を犠牲にしたり[1]、男性が女性の弱さに適するものだけを認めようとするために、いくつかの劇詩の傑作が無視され、すばらしい名曲が拒否されたりするような、国民と時代のなかに、不幸にして生まれたとするならば、いったい芸術家はどうするのであろうか。芸術家はその才能を時代の水準にまで引きさげ、その生存しているあいだに称讃されるような低俗な作品をつくることを好み、その死後も長く称讃されるような非凡な作品をつくろうとはするまい。高名なるアルーエよ[二七]。言っていただきたい。あなたがわれわれの偽りの繊細さのために、男性的な力強い美をいかに犠牲にされたか、そして瑣末な事柄に満ちた優雅の精神が、あなたにいかに偉大なものを失わせたかを。

（1）私はこうした女性の影響がそれ自体で悪いものであるとは、けっして考えていない。それは人類の幸福のために自然が女性に与えた贈りものである。こうした力は、良いほうに導かれるならば、今日においてそれがつくりだしている悪と同じくらいの善を生みだしえよう。人類の半数を占め、他の半数を支配している女性に対し、よりよい教育が与えられる社会においては、どのような利点が生まれるのかということは、いまだ十分には理解されていない。男性はつねに女性に好まれようとしている。したがって、男性が偉大で有徳となることが願わしいならば、魂の偉大さと徳とはなんであるかを女性に教えるべきである。この主題が提出している考察、そしてプラトンがかつて行なった考察は、そうした大学者のあとを受け、こうした重要な問題を擁護するのにふさわしい文学者によって、よりよく展開される価値を十分に持つであろう。

このようにして、奢侈の必然的な結果である習俗の頽廃が、あらためて趣味の腐敗をもたらす。その才能において卓越した人々のうちで、たまたま強固な魂を持ち、時代の精神にみずからをゆだねたり、幼稚な作品によって品位を下げることを拒否するような人がいるとすれば、その人はなんと不幸であろうか。貧苦と忘却のうちにその人は死ぬことになろう。こうしたことはたんなる臆測であり、私が語っているのは事実でないというのか。カルルよ[二八]、ピエールよ[二九]、崇高にして聖なる画像によってわれわれの神殿の尊厳を高めるように定められたその画筆を、君たちの手から捨てるのか、それとも二人乗りの馬車の鏡板に猥褻な絵を描いてそれを汚してしまうのか。そのいずれかを取るときが来ているのだ。プラクシテレス(四〇)やフィディアス(四一)に対抗する君よ。古代の人々も君の鑿《のみ》をもってすれば、その偶像崇拝をわれわれに明白に認めさせるような神々をつくりあげたであろう、比類なきピガル(四二)よ。君の手は醜い泥人形の腹をけずることになるのか、そうでなければ、なすことなく日をおくらねばなるまい。

習俗について思うとき、かならずや、原初の時代の素朴な像が、楽しく想い起こされるのである。それは自然の手だけによって飾られた美しい岸辺であり、人々はたえず眼をむけながら、そこから遠く離れていることに哀惜の念を抱いている。純潔で有徳な人々が、すすんで神々を、みずからの行動の証人としていたときには、人間と神々はともに同じ住みかに住んでいた。しかし、人間はやがて邪悪なものとなり、この厄介な証人たちに疲れはて、壮麗な神殿に彼らを追放した。さらに人間はそこから神々を追いだし、人間自身がそこにすわろうとした。あるいは少なくとも、神々の神殿は市民の邸宅ともはや区別のつかぬものとなったのである。そして、そのときこそ頽廃の頂点であった。神々が貴人の宮殿の入口で大理石の円柱に支えられ、コリント式の柱頭に刻まれるようになったとき、まさに悪徳はいつにもましてその極に達したのであった。

生活の便利が増大し、芸術が完成され、奢侈が広がるにつれ、真実の勇気は衰え、武人の徳は消滅する。そしてそれはまた、学問および薄暗い仕事部屋でつくられる、いっさいの芸術のしわざなのである。ゴート人がギリシアを略奪したとき、あらゆる書物が火を免れたのは、彼らのうちのある者が次のような意見を広めたからにほかならない。すなわち、敵に軍事訓練を怠らせ、暇つぶしの家内の仕事を楽しませておくのに適当な道具を残しておくべきであるという意見である。シャルル八世(四三)はほとんど剣を抜くことなくトスカナとナポリ王国の支配者となった。そしてその宮廷ではすべての人々が、この思いがけない容易な事態を、イタリアの王侯貴族は、勇者や戦士となるためにみずからを鍛練することよりも、才人や学者となることを好んだがためだと考えた。事実、これら二つの事件を伝えている良識の人（四四）は次のように語っている。こうした尚武の国においても、そしてそれと同じようなあらゆる国においても、学問の研究は勇気を強め、鼓舞するよりも、むしろ勇気を弱め、柔弱にすることにはるかに適したものであることを、あらゆる実例がわれわれに教えていると。

ローマ人は、彼らが絵画、彫刻、金銀細工の器物について知識を持ち、美術を研鑽しはじめるに従って、武徳が彼らのあいだで消えていったことを認めている。そしてあたかも、この高名な国がたえずほかの民族の範となることを定められているかのように、メディチ家の興隆と文芸の復興は、イタリアが数世紀にわたってとり戻したかのように思われた武勇の名声を、あらためて、そしておそらく永久に失わせたのであった。

その制度のほとんどに輝くような叡知をそなえたギリシア古代の諸国家は、その市民にいっさいの活動的でない、家内の仕事を禁じていた。それは身体を衰えさせ、堕落させ、たちまち魂の力強さを衰弱させるからであった。事実、ほんのわずかの欠乏によっても打ちひしがれ、ほんのわずかの苦痛によっても気力を失ってしまうような人間が、いかなる眼で飢え、渇き、疲労、危険、死などを直視できると考えられるであろうか。兵士たちはまったく不慣れな過度の労働にいかなる勇気をもって耐えるのであろうか。彼らはまた、騎馬で旅する力さえもない士官たちのもとで、いかなる熱情をもって強行軍をなそうとするのであろうか。あのきわめて高度に訓練された近代のすべての兵士たちのよく知られた勇敢さをあげて、私に反論しないでほしい。戦闘の日における彼らの勇気ある行動を、人々は私に称讃する。だが、彼らがいかにして過度の仕事に耐え、いかにして厳しい季節、不順な気候に抵抗するかを語ったりはしない。わずかばかりの日照りか吹雪でも、そして少しでも余裕がなくなれば、今日の軍隊のもっともすぐれた部隊といえどもわずか数日のうちに無力なものとなり、破滅するのに十分なのである。勇猛なる兵士たちよ。まれにしか聴くことのない真実に、一度は耳を傾けるがよい。諸君たちは勇敢なのだ。私はそのことを知っている。諸君たちならばハンニバル（四五）とともにカンネやトラシメヌスで勝利を得たことであろう。カエサル（四六）は諸君たちとともにルビコン川を渡り、祖国を征服したことであろう。だがハンニバルがアルプスを越えたのも、カエサルが諸君の先祖たちを打ち破ったのも、諸君たちとともにではなかったのだ。

　戦闘は戦いの勝利をつねにもたらすものではない。したがって将軍たちにとっては、戦いに勝つ技術よりもさらに高度の技術が必要である。勇敢に火中に身を投じるような者でも、なおきわめて無能な士官であることもある。兵士においても、死を防げないようなどれほどの勇敢さよりも、少しでもそれを越えた力と強さがおそらく必要となろう。そして国家にとっては、その軍隊が炎熱、酷寒によって滅びようと、敵刃によって滅びようと、問題ではないのだ。

　学問の研究が武人の資質にとって有害であるとしても、それは人間の資質にとってなおいっそう有害なのである。われわれの幼少時代から、愚かしい教育がわれわれの精神を飾り、われわれの判断をゆがめている。いたる所に広大な施設があり、莫大な費用によってあらゆることを教えようとして若者たちが教育されている。しかし彼らの義務だけは除かれているのだ。あなたがたの子供たちは自分たちの言葉を知らず、どこにも使われていない他国の言葉を話すことになろう。子供たちは詩句をつくれても、ほとんどそれを理解することはできなかろう。彼らは誤謬と真実を識別しえなくとも、もっともらしい論証によって他人にそれをごまかす技術を身につけるであろう。しかし、高潔、公正、節制、人間愛、勇気などの語について、その意味を知ることはあるまい。祖国という甘美な名が、彼らの耳を打つこともけっしてあるまい。神について語られるのを聞くとしても、神を畏敬するよりも、恐怖を抱くことであろう。(1) ある賢者は語っている。(四七)「私の生徒は球遊び《ジュ・ド・ポーム》で時を過ごすほうがよいのだ。少なくとも、身体はそれによってはるかに健全になろう」と。子供たちには仕事が必要であり、彼らにとって無為であることは、もっとも恐るべき危険であることを私は知っている。それでは子供たちはなにを学ぶべきであろうか。たしかに、それこそ重要な問題なのだ。子供たちは、成人になってなすべきことを学ぶべきであり、(2) そのとき忘れさるべきことではない。

（1）　ディドロ『哲学的随想』。

（2）　スパルタの王のなかでもっとも偉大な王の言葉によれば、スパルタ人の教育とはこのようなものであった。モンテーニュは言っている。「あのリュクルゴスの卓越した国家において――驚くほど完璧な真理をそなえ、なお子供の養育を国の主要な仕事として深い関心を抱き、そしてまさしく詩神たちの住んでいた国家――ほとんど知識が問題にされていないことは、きわめて注目に値する。あの高潔な若者たちがほかのいかなる束縛をも蔑視していたがゆえに、われわれの学問の師のかわりに、ただ勇気、慎重、正義についての師を若者たちに与えなければならなかったように思われる。」

同じ著者は古代ペルシア人についてどう語っているのだろうか。彼は言っている。「プラトンによれば、ペルシアの王位を継承する長子は次のようにして養育された。すなわち、生まれると、その王子は婦人たちにではなく、徳をもって王の側近に仕える最高の権威を持った宦臣たちにゆだねられた。彼らは王子の身体を美しくかつ健康にする役目をにない、七歳になると乗馬と狩猟を教えた。そして十四歳に達すると、四人の者の手に王子を託した。すなわち国民のなかで、もっとも賢明な者、もっとも正しい者、もっとも節度ある者、もっとも勇敢な者である。そして、第一の者は宗教を、第二の者はつねに真実であることを、第三の者は欲望に打ち勝つことを、第四の者は何事も恐れぬことを王子に教えたのである。」私がつけ加えておきたいのは、これらすべての者たちは、善良となることを教えたのであり、いかなる者も知識を習得することを教えはしなかったということである。

クセノフォンのなかで、アステュアゲスがキルスに最近どんなことを習ったかとたずねると、キルスは次のように語っている。「われわれの学校で、ある大きな少年が小さいマントを着ており、それを仲間の自分より小さい少年に与え、代わりに彼からもっと大きなマントを取りあげた。教師からこの争いの裁きをするように言われ、それはそのままにしておくべきであり、二人ともその点ではまえよりも満足しているようであると、私は判断した。するとそのことについて、教師は私が間違っていると戒めた。なぜならば、私はマントの適合だけを考慮していたのであり、まず第一に正義について配慮しなければならない。正義とは、なんびともその所有するものについて強制されないことを命じているからである。」そして、キルスの言うところによれば、われわれの村で動詞 τύπτω「打つ」の不定過去第一形を忘れたときのように、彼は罰を与えられたのであった。私の教師であるならば、弁証法をもちいてまず立派な説教をし、自分の学校がキルスの学校に劣らぬことを私に説得することであろう。（四八）

われわれの庭園は彫像で飾られ、われわれの回廊は絵画で飾られている。一般の称讃の的となっているこれらの芸術の傑作はなにをあらわしていると、あなたがたは考えるだろうか。祖国を守った人々であろうか。それとも徳によって祖国をより豊かなものにした、なおいっそう偉大な人々であろうか。そうではないのだ。それは、古代の神話から注意深く借用された心情と理性のあらゆる錯乱の像なのであり、早くから子供たちの好奇心にむけて提供されたものであった。そして、おそらくそれは、子供たちが読むことを知るよりもまえに、悪い行為の典型をその眼で知るためになのである。

こうしたすべての悪習は、才能の差別と徳の堕落によって人間のあいだに導き入れられた呪うべき不平等から生まれたのでないとすれば、いったいどこから生まれたのであろうか。これこそ、われわれのあらゆる学問研究のもっとも明白な成果であり、学問研究の結果のなかでもっとも危険なものである。もはや一人の人間について問われていることは、誠実であるか否かでなく、才能があるか否かなのであり、一冊の書物については、有益であるか否かではなく、うまく書かれているか否かなのである。才人に報酬は惜しみなく与えられても、徳はつねに名誉をともなわない。すぐれた文章にあまたの賞はあっても、すぐれた行為には、いかなる賞もない。ところで、このアカデミーにおいて賞を受けるような論文のうちでもっともすぐれた論文にともなう名誉が、その賞を設立した功績にはたして匹敵しうるものであるかどうかを、私に言ってもらいたいのである。

賢者はけっして幸運を追い求めたりはしない。だが、名誉に無関心ではない。賢者は名誉が不当に与えられているのを知ると、わずかな競争心があれば鼓舞され、社会にとって有益なものとなるはずの賢者の徳は、衰弱し、悲惨と忘却のうちに滅びるのだ。これこそ、役に立つ才能よりも受けのよい才能の尊重が、いたる所で、長いあいだにわたり生みだしたものであり、学問と芸術の復興以来、経験があまりにもはっきりと確認していることである。われわれは物理学者、幾何学者、化学者、天文学者、詩人、音楽家、画家を持っているが、もはや市民を持たない。あるいはわれわれになお市民が残されているとしても、見捨てられた田園に散在し、貧困にあえぎ、侮蔑されながら、滅亡していく。

こうしたことが、われわれにパンを与え、われわれの子供に乳を与えるような人々がおちいっている状態であり、われわれから受けとっている印象なのである。

しかしながら、私が認めていることは、悪はまだそれが達しうる極限にまで及んではいないということである。永遠の明知は、さまざまな有害な植物とならべて有益な薬草をおき、多くの危害を与える動物の食物のなかに、その動物の傷にきく薬物を配することによって、永遠の明知の代行者である君主たちに、その叡知にならうことを教えている。こうした教訓に従うことによってこそ、偉大な王(四九)——その栄光はとともに新しい輝きを増している——は、あまたの混乱の源である学問と芸術のその胎内から、あのいくつかの高名な学会(五〇)をつくりだしたのである。そうした学会とは、人間の知識という危険なものと、習俗という神聖なものをともに委託されていたのであり、学会の内部において習俗の完全な純潔をたもち、学会が受け入れる会員たちにもそれを守らせようと配慮していたのだった。

その後継者である王(五一)によって強化され、そしてヨーロッパのすべての国王たちによって模倣された、この賢明な制度は少なくとも文学者たちに対する歯止めとして役立つであろう。つまり、文学者たちはすべてアカデミーに入会を認められる名誉を望み、みずからを戒め、有益な作品と完璧な品行によって、その名誉にふさわしいものとなることに努めるであろう。これらの学会のなかで、文学的功績をたたえる賞のために、市民の心情のうちに徳への愛をよみがえらせるのにふさわしい主題を選ぼうとする学会は、そうした徳への愛が学会のなかにもあまねく及んでいることを示すことになり、国民に類まれな、きわめて甘美な喜びを与えることになろう。すなわち学者の団体が人類に対して、たんにうるわしい知識だけではなく、有益な教訓をも注入しようと献身していることを知る喜びである。

したがって、私にとっては新しい証拠にすぎないような異議を提出しないでほしい。これほど多くの配慮がなされていることは、それが必要であることを明らかにしているにほかならず、ありもしない病に対して治療を求めたりはしない。しかしながら、そうした治療がその効果の不十分さのゆえに、なおありきたりの治療の性格を帯びざるをえないのは、なにゆえであろうか。学者のためにつくられた施設は、多ければ多いほど、なおいっそう学問の対象を誤らせ、才能ある人々をそうした学問の研究に向かわせるだけのものにすぎない。そこで考えられていることは、農夫が多すぎるとか、哲学者が足りないという心配らしい。私はここで農業と哲学の比較をあえてしようとは思わない。そうした比較はだれにも耐えられまい。私はただ哲学とはなにか、を問おうとしているのだ。もっとも高名な哲学者たちの著作に含まれているものはなにか、これら叡知の友の与える教えとはなにかを問おうとしているのだ。彼らの言葉を聞くならば、彼ら哲学者はどこか公共の広場で、各人が思い思いに場所を占め、「こちらだよ。嘘を言わないのは私一人だ」と叫んでいる香具師の群れのように思えないであろうか。ある者は、物体は存在せず、いっさいの物体は表象であると主張する。ほかの者は、物質のほかには実体は存在せず、世界のほかには神は存在しないと主張する。またある者は、徳もなければ悪徳もない、道徳的な善悪は妄想にすぎないと断言する。さらにある者は、人間は狼であり、良心の呵責なしに相食むことができると断言する。おお、偉大なる哲学者たちよ。なぜこうした有益な教えをあなたがたの友や子供たちのために与えようとしないのか。そうすれば、あなたがたはやがてそれに報いられることになり、われわれはその友や子供のうちにあなたがたの信奉者を見出しても恐れることはないであろう。

しかるに、こうした人々こそ、その生存中には同時代人から惜しみなく尊敬され、死後においても不滅の名声をとどめるような驚嘆すべき人間なのである。そして、こうしたことこそ、われわれが彼らから受けとり、われわれの子孫へと幾世代にわたって伝えることになる賢明なる規範なのである。人間の理性のあらゆる錯乱にとらわれていた異教でさえ、福音の時代に、印刷術が後世に用意した恥ずべき記念碑にくらべうるようなものをなにか後に残したであろうか。レウキッポス（五二）やディアゴラス（五三）などの不敬な書物は著者とともに滅びた。人間精神の不条理を永遠に伝える術はまだ発明されていなかったのだ。しかし、印刷活字[1]のために、そしてわれわれがそれを使用することによって、ホッブズやスピノザの危険な夢想は永久に残るであろう。われわれの父祖たちが、その無知と粗野のゆえになしえなかった高名なる書物よ。われわれの子孫たちのもとへゆくがよい。われわれの世紀の習俗の腐臭がただようはるかに危険な著作を携えていくのだ。そして同時に、われわれの学問と芸術の進歩と成果との忠実な歴史を、来るべき時代にまで伝えるがよい。子孫たちが、お前たちを読んだとしても、今日、われわれが当面している問題について、彼らはまったく混乱することはあるまい。そして彼らがわれわれより不明でないかぎり、天に向かって手をさしあげ、心に苦々しさをこめて言うことであろう。「いっさいの精霊を掌握したまう、汝、全能の神よ、われら父祖の知識と呪わしき芸術からわれらを救いたまえ。そして、われわれの幸福をつくりだし、神のまえでは貴重なものである唯一の善なる、無知と純潔と貧しさをわれらに返したまえ。」

（1）　印刷術がヨーロッパにおいてこれまでにひき起こした恐ろしい混乱を考察し、日々に進行している悪を通して未来を判断するならば、主権者たちはこの恐るべき技術を彼らの国家から追放するために、彼らがかつてこの技術を確立するために払った配慮に劣らない努力を、やがて傾けざるをえないということは、容易に予想されることである。トルコ皇帝アハメットは、数名のいわゆる趣味人たちの執拗な要請に譲歩して、コンスタンティノープルに印刷所をつくることに同意した。しかるに、その操業が始まるや否や、工場を取り壊し、機械を井戸のなかに投棄せざるをえなかった。回教主オマールは、アレクサンドリアの図書館について取るべき処置をたずねられ、次のように答えている。もし、この図書館の書物がコーランに反する事柄を含んでいるならば、それらは悪書であり、焼かなければならない。もし、それらの書物がコーランの教義にしか触れていないとすれば、やはり焼かなければならない。なぜならば、そうした書物は無用なものである。われわれの学者たちはこの推論を不合理きわまりないものとして引用している。しかしながら、オマールをグレゴリウス大教皇に、コーランを福音書に置きかえてみるならば、図書館はやはり焼かれたであろう。そして、それはおそらく、この高名な教皇の生涯でもっとも高邁な行為となったであろう。

しかし、学問と芸術の進歩がわれわれの真の幸福になにもつけ加えず、その進歩がわれわれの習俗を腐敗させ、そして習俗の腐敗が趣味の純粋性を傷つけたとすれば、詩神の神殿に近づくことを禁じている障壁、知を求めようとする人々の力を試すものとして自然がそこに張りめぐらした障壁を神殿から遠ざけてしまった低級な作者たちの群れをどう考えるべきなのであろうか。不謹慎にも学問の扉を打ち破り、その聖域に近づくに値しない卑俗な者たちを導き入れた著作編纂者たちを、どう考えるべきであろうか。ともあれ文学の仕事において、遠く進むことのできないような人々は、すべてその入口において退けられ、社会にとって有益な技術にみずからを投ずることが望ましい。その一生を通して才能のない詩人、あるいは凡庸な幾何学者であるような人でも、おそらくすぐれた織物職人となったかもしれない。自然によって師となるように定められていた人々にとって、師は必要でなかった。

ベーコン、デカルト、ニュートンのような人々、こうした人類の教師たちはみずから師を持たなかったのであり、たとえどのような指導者でも、彼らがみずからの広大な才能によって到達した地平にまで彼らを導きえなかったであろう。凡庸な教師がなしうることはただ、彼らの知力を教師の限られた知力の範囲に閉じこめ、それを狭めることだけであったろう。彼らはまさしく最初の障害によって努力することを学び、彼らが遍歴した広大な空間をのり越えようと努めたのである。いくばくかの人間に、学問、芸術の研究に没頭することを認める必要があるとすれば、それはただ、こうした人々の足跡を自分だけでたどり、それを越える力を自覚している者にだけである。このような少数の者にとってこそ、人間精神の栄光のためにさまざまな記念碑を築きあげることがふさわしいのだ。しかし、彼らの才能がなによりも卓越していることを願うならば、その希望もまたなによりも高いものでなければならない。このことこそ、彼らが必要とする唯一の励ましである。精神はおのずから精神を占めている対象に釣り合っており、偉大な人間をつくるものは、偉大な機会なのである。雄弁の王者はローマの執政官(五四)であり、おそらく哲学者のうちでもっとも偉大であったのは、イギリスの大法官(五五)であった。私は言いたい。ある者はどこかの大学において講座を持っているにすぎず、またある者はアカデミーのささやかな年金だけを得ているにすぎないとしたら、その人たちの著作が彼らの社会的地位を反映しないと考えられるであろうか。したがって国王たる者は、正しい助言を与えうる最高の能力ある人々を、その顧問官のうちに加えることを軽んじてはならない。そして高貴な人々の傲慢さからつくられたあの古い偏見、あたかも、力によって善をなすことを人間に強制するよりも、みずから進んで善をなすようにさせることのほうが、はるかに容易であるかのように、人民を統御する技術は人民を啓蒙する技術よりもはるかに困難であるという偏見を国王たちは棄ててほしいのだ。さらに望ましいことは、一流の学者たちが国王の宮廷に名誉ある安住の場を見出すことであり、そこで、彼らが、みずからにふさわしい唯一の報酬を、すなわち彼らが叡知を教えた国民の幸福に、国王の信任によって寄与するという報酬を得ることである。その時こそはじめて、徳、学問、権力が高貴な競争心に動かされ、人類の幸福のために一体となってなにをなしうるかが明らかにされるであろう。しかし、権力だけが一方にあり、知識と叡知だけが他方にあるかぎり、学者はまれにしか偉大なことに思いをいたさず、君主はなおまれにしか崇高なことをなさず、国民はつねに卑しい、腐敗した、不幸な存在にとどまるであろう。

天によってそれほど偉大な才能を与えられず、多くの栄光を運命づけられてもいない、われわれ凡俗な人間は、無名のままにとどまるのだ。われわれの手に及ばないような名声を追い求めたりするまい。現在の状況において、たとえわれわれがそうした名声を獲得するために必要なあらゆる資格をそなえていたとしても、そのためにわれわれが払うことになる犠牲はけっして償われることはないであろう。もしわれわれがみずからの幸福をわれわれ自身のうちに見出しうるならば、他人の意見のなかにそれを求めることは、なにになろう。国民に義務を教えるような配慮はほかの人々に任せておこう。そしてわれわれの義務を遂行するだけにとどめよう。それ以上のことを知る必要はないのである。

おお、徳よ、素朴な魂の崇高な学問よ。お前を知るためにはこれほど多くの労苦と装飾が必要なのであろうか。お前の原理はすべての人の心に刻まれているのではないだろうか。お前の法則を学ぶためには、自己自身にたち戻り、情念をしずめ、良心の声を聴くだけで十分ではないだろうか、そこにこそ真実の哲学があるのだ。そうした哲学にこそわれわれは満足すべきなのである。そして、文学の世界において不滅な存在となっている高名な人々の栄光をうらやむことなく、そうした人々とわれわれのあいだに、光栄ある区別、かつて二つの偉大な国民（五六）のあいだに認められた、一方はよく語ることを知り、他方はよく行なうことを知っていたという区別、を明らかにすることに努めよう。

終わり

訳注

（一）　オウィディウス（前四三―後一七）。ローマの詩人。この句は『トリスティテス』第一〇篇、「エレギア」五の三七行の引用。この詩篇は作者がトーミ（ルーマニアのコンスタンツァ）に追放中に書かれたもの。なおルソーは同じ句を『対話』の冒頭にも掲げている。
（二）　ホラティウス『詩論』五の二五行。
（三）　モンテーニュ『エセー』第三巻第八章からの引用。「ある一人」とはディドロをさしていると思われる。ルソーは『学問芸術論』の刊行をディドロに依頼していた。
（四）　セソストリス。古代エジプト第十二王朝（前二十世紀―前十九世紀）の三人の王、セソストリス一世から三世までを示している。
（五）　カンビセス（在位、前五二九―五二二）。ペルシア王カンビセス二世。前五二五年、エジプトに侵入。
（六）　デモステネス（前三八四―三二二）。古代ギリシアの政治家、雄弁家。とりわけアテナイにとっての外敵の脅威を説き、海軍の増強の必要を主張した。マケドニア王フィリッポスに対する反対演説は有名である。
（七）　エンニウス（前二三九―一六九）。ローマの詩人。叙事詩『年代記』でローマ初期の歴史を描き、古代ローマ人の徳を称讃した。
（八）　テレンティウス（前一九〇―一五九）。ローマの喜劇詩人。六篇の喜劇を残し、モリエールなどにもその影響がみられる。
（九）　カトゥルス（前八七―五四）。ローマの詩人。個人的な愛の体験を詠じた恋愛詩によってよく知られている。
（一〇）　マルティアリス（四〇頃―一〇四頃）。ローマの詩人。短詩集『エピグラム』はその鋭い諷刺によって知られている。
（一一）　良き趣味の審判者――『サテュリコン』の作者ペトロニウスのこと。タキトゥスの『年代記』からの引用。

（一二）　一人の文人――『ゲルマニア』の作者、タキトゥスのこと。
（一三）　素朴な民族――スイス人のこと。ルソーの念頭から祖国スイスのことはつねに離れない。とりわけ『新エロイーズ』ではその自由で素朴なイメージが語られている。
（一四）　モンテーニュ『エセー』第一巻第三一章からの引用。
（一五）　この原注はモンテーニュ『エセー』第三巻第一三章から借りている。
（一六）　一人の僭主――アテナイの僭主ペイシストラトス（前六〇五？―五二七）。
（一七）　詩人の王者――ホメロスのこと。
（一八）　幾人かの賢人――プラトンやクセノフォンなどをさしている。
（一九）　老カトー（前二三四―一四九）。ローマの政治家、雄弁家。ヘレニズム文化による頽廃を批判し、徳を鼓吹した。
（二〇）　エピクロス（前三四一―二七〇）。古代ギリシアの哲学者。いわゆる享楽主義の哲学、エピクロス派の始祖。
（二一）　ゼノン（前三三五―二六四）。古代ギリシアの哲学者。ストア派の開祖。
（二二）　アルケシラオス（前三一六―二四一）。古代ギリシアの哲学者。不可知論を唱え、とりわけストア派に対立した、いわゆる懐疑主義の哲学の始祖。
（二三）　セネカ『ルキリウスへの書翰』九五からの引用。ルソーはモンテーニュ『エセー』第一巻第二五章から借用したらしい。
（二四）　ファブリキウス――古代ローマの政治家。前二八二年、前二七八年に執政官。古代ローマにおける素朴、公正などの諸徳の典型として知られている。ルソーは『告白』の記述に従えば、幼時からプルタルコスを愛読していた。
（二五）　笛吹きの餌食――笛吹きとは皇帝ネロのことをさしているとされている。
（二六）　キネアス――エペイロス王ピュロスの大臣。ローマに派遣され、元老院に和平を提案する。
（二七）　ルイ十二世（一四六二―一五一五）。フランス王、一四九八年に即位。「人民の父」と呼ばれ、税を軽くし、国家の支出の増大を避けたとされて称讃されているが、歴史的な事実としては、疑わしいとされている。

（二八）　アンリ四世（一五五三―一六一〇）。フランス王（在位一五八九―一六一〇）。ナントの勅令を発布し、新旧両教徒の抗争に終止符をうち、信仰の自由を保障し、フランスの統一を実現し、絶対王政の基礎をつくった。
（二九）　扉絵の主題――『学問芸術論』の初版の冒頭につけられた扉絵のことをさしている。『ルカへの手紙』の末尾においても、ルソーはこの絵の主題に言及している。
（三〇）　シュバリス人――シュバリスは前七二〇年に建設されたイタリア南部のギリシア植民地。交易によって富み、シュバリス人の名はその奢侈と快楽によって知られた。前五一〇年、クロトン人によって破壊される。後出の「一握りの農民」とはクロトン人を意味している。
（三一）　キルス二世（前五五八―五二八）は古代ペルシアの王。大王と呼ばれ、近隣を征服し、広大なペルシア帝国を建設した。前三三三年、アレクサンドロス大王によって、ペルシアは征服された。「貧しい君主」とはアレクサンドロス大王のことをさす。
（三二）　二つの有力な共和国――カルタゴとローマのこと。
（三三）　貧しい山国の住民――スイス人のこと。
（三四）　ブルゴーニュ家を……――ブルゴーニュ公シャルル・ル・テメレールとその軍隊は一四七六年、グランソンとモラにおいてスイス軍の抵抗によって粉砕された。
（三五）　カルル五世の後継者――スペイン王フェリーペ二世（在位一五五六―一五九八）のこと。
（三六）　鰊漁夫――オランダ人のこと。オランダ独立戦争のことを言っている。
（三七）　アルーエ――ヴォルテールの本名。
（三八）　カルル――シャルル＝アンドレ・ヴァンロー（一七〇五―一七六五）。フランスの国家。
（三九）　ピエール――ジャン＝バティスト＝マリ・ピエール（一七一三―一七八九）。フランスの画家。『学問芸術論』初版の扉絵を書いたが、ルソーはその絵に不満であった。
（四〇）　プラクシテレス（前三九〇―三三〇？）。古代ギリシアの彫刻家。
（四一）　フィディアス（前四九〇―四三一）。古代ギリシアの彫刻家。
（四二）　ピガル――ジャン＝バティスト・ピガル（一七一四―一七八五）。フランスの彫刻家。

（四三）　シャルル八世――フランス王（在位一四八三―一四九八）。イタリアへの勢力の浸透をはかり、ナポリ王国を占領。その迅速な成功はかえって反対勢力を結集させた。
（四四）　良識の人――モンテーニュをさす。『エセー』第一巻第二五章参照。
（四五）　ハンニバル（前二四七―一八三）。カルタゴの武将。第二次ポエニ戦争において、陸路アルプスを越えてローマに侵入。前二一七年、トラシメヌス、翌二一八年、カンネにおいてローマ軍を破る。
（四六）　カエサル（前一〇一―四四）。ローマの武将、政治家。ガリア戦役によってガリアを平定し、総督の地位にあったカエサルに対し、前四九年、ポンペイウスをはじめとする元老院は、ガリアの指揮権の引き渡しを要求。カエサルはそれを不服として、ルビコン川を越えてイタリアに侵入した。
（四七）　ある賢者――モンテーニュをさす。『エセー』第一巻第二五章参照。
（四八）　この原注のエピソードはモンテーニュの『エセー』第一巻第二五章によっている。
（四九）　偉大な王――フランス王ルイ十四世（在位一六四三―一七一五）をさす。
（五〇）　高名な学会――アカデミー・フランセーズのこと。一六三五年、ルイ十三世の勅許を得、リシュリューによって設立された。
（五一）　後継者である王――フランス王ルイ十五世（在位一七一五―一七七四）。
（五二）　レウキッポス（前四六〇―三七〇？）。古代ギリシアの哲学者。その生涯はつまびらかではないが、デモクリトスの師。原子論の祖とされている。
（五三）　ディアゴラス（前五世紀頃）。古代ギリシアの哲学者、詩人。
（五四）　ローマの執政官――キケロ（前一〇六―四三）のこと。雄弁家として高名。
（五五）　イギリスの大法官――イギリスの哲学者フランシス・ベーコン（一五六一―一六二六）のこと。
（五六）　二つの偉大な国民――アテナイ人とスパルタ人をさす。

政治経済論（統治論）

阪上　孝　訳

エコノミーÉCONOMIEまたはŒCONOMIE（道徳的および政治的）という言葉は、家を意味するオイコスοικοςと法を意味するノモスνομοςから来たもので、もともとは、家族全体の共同利益のための、賢明で法にかなった一家の統治を意味するものにすぎない。その後、この用語の意味は、国家という大家族の統治にまで拡張された。この二つの意味を区別するために、後者の場合を全国統治（économie générale）または国家経済（économie politique）と呼び、前者の場合を家庭統治または個別統治と呼ぶ。この項目では、後者のみが問題にされる。家庭統治については、「家長」の項目を参照。

国家と家族のあいだに、何人かの著述家が主張しているのと同じほど多くの関係があるとしても、そのことによって、これら二つの社会の一方に適する行動の諸規則が、他方にもあてはまるということにはならない。なぜなら、この二つの社会は、その大きさが非常に異なっているので、同じやり方で管理することはできないし、父親がすべてを自分自身の眼で見ることのできる家庭の統治と、首長が他人の眼によらなければほとんど何も見ることのない国家の統治とのあいだには、つねに非常な相違が存在するであろうからである。この点に関して事情が等しくなるためには、父親の手腕や力やすべての能力が、家庭の大きさに比例して増大することが必要であり、また、君主の帝国の版図が一私人の相続財産に対して持つのと同じ関係を、強力な君主の精神が普通人の精神に対して持つことが必要であろう。

しかし国家の統治が、どうしてその基礎の著しく異なる家庭の統治に類似したものでありうるだろうか。父親は子供たちよりも肉体的に強力だから、父親の助けが彼らに必要なあいだは、父権は、正当にも自然によってうちたてられたものとみなされる。しかしその全成員が生来平等である大家族

〔国家〕においては、政治権力はその成立に関しては、まったく自由意志によるものであって、ただ契約にもとづきうるだけであり、首長は法によってしか他人に命令することができない。父親の義務は、自然の感情によって、それに違反することはめったに許されない口調で命じられる。首長はこのような掟をまったく持たない。彼が実際に人民に義務を負うのは人民に対して実行を約束し、人民がその執行を要求する権利を持つ事柄についてだけである。もう一つのいっそう重要な相違は、次の点である。すなわち、子供たちは父親から受け取るもの以外にはほとんどなにも持たないから、所有権のすべては父親に属するか、それとも父親に由来することは明らかである。大家族においてはまったく反対であり、そこでは一般行政は、それに先立つ個人財産を保障するためにのみ設立される。すべての家政の仕事の主な目的は、将来、子供たちを貧乏にしないで父の財産を分配することができるように、財産を維持し、ふやすことである。それに反して、国庫の富は、しばしば非常に誤解されているが、諸個人を平和と富裕のなかに保つための一つの手段にすぎない。一言で言えば、小家族は消え去り、いつかは別の同じようないくつかの家族に解体するように定められている。小家族は増加するためには大きくなることが必要であるのに対して、大家族はつねに同一の状態にとどまるようにつくられている。大家族は維持されればよいだけではなく、容易に論証しうることだが、いかなる増大も大家族にとっては有益であるよりも有害なのである。

事物の本性からひきだされる次のようないくつかの理由によって、家族のなかでは父親が命令しなければならない。㈠　権威は父と母のあいだで平等であってはならない。支配は単一でなければならないし、意見が分かれたときには、判断を下す一つの優越した声が存在しなければならない。㈡　たとえば女性には活動できない時期がかならずあるというような、女性に特有の不都合は、いかにささいなことと考えられようとも、女性をこの優越から除外するのに十分な理由である。なぜなら秤が完全に釣り合っているときには、一本のわらでもそれを傾けるに足りるからである。さらに、夫は妻の行動を監督しなければならない。というのは、夫が認知し養育することを強いられる子供たちが、自分とは別の人の子供でないことを確認するのは重要なことだからである。妻はこのような心配をまったく持たないから、夫に対して同等の権利をもたないのである。㈢ 子供たちは、まず最初は必要に迫られて、次には感謝の意味で父親に従わなければならない。つまり、子供たちは一生の半分のあいだ父から必要物を受け取ったのちには、一生の他の半分を父の必要を満たすためにささげなければならないのである。㈣ 召使については、彼らも、父が彼らに与える俸給とひきかえにサーヴィスを提供しなければならない。もっとも、召使たちは俸給が気に入らなくなれば、取引をうち切るであろう。私は奴隷についてはなにも述べない。なぜなら奴隷は自然に反しており、いかなる権利もそれを正当化しえないからである。

政治社会においては、これらすべてのことはまったく存在しない。首長は個々人の幸福のなかに自然的利益を見出すどころか、彼らの困窮のなかに利益を求めることもまれなことではない。首長の職が世襲である場合には、子供が大人たちに命令することがしばしばあるし、また選挙による場合には、選挙のなかで無数の不都合が表面化する。いずれの場合にも、父子関係の持つすべての利点は失われる。もしあなたがたが、ただ一人の首長しか持たない場合には、あなたがたはあなたがたを愛する理由をなに一つ持たない支配者の思うがままにゆだねられるし、数人の首長を持つときには、彼らの圧制と同時に彼らの反目を背負いこまなければならない。要するに公共の利益と法がいかなる自然的力も持たず、首長と成員の個人的利益と情念によってたえず侵害されているすべての社会においては、悪弊は避けられないものであり、その結果は致命的なものである。

家長と首長の役割は同じ目的に向かうべきものであるけれども、その道は非常に異なっている。彼らの義務や権利には、きわめて大きな相違があるので、それらを混同すれば、かならず、社会の基本法について誤った観念を抱くことになり、人類にとって致命的な誤謬に陥ることになる。実際、自然の声は、よき父親がその義務を十分に果たすために聴くべき最良の忠告であるとしても、それは、首長にとっては、彼をたえずその義務から遠ざけるように作用し、彼が至高の徳性によって制止されない場合には、遅かれ早かれ彼自身と国家を破滅に導く誤った指針でしかない。家長に必要な唯一の配慮は、自己を堕落から守ることであり、自然的傾向が自己のうちで腐敗するのを防ぐことである。しかし、首長を腐敗させるのは、まさにこれらの自然的傾向なのである。事をうまくなしとげるためには、家長は自分の心にたずねさえすればよい。それに対して首長は、自分の心に耳を傾けるときには裏切者になる。首長にとっては、彼の理性さえも疑われるべきであり、彼は法という公共の理性以外のいかなる規則にも従ってはならないのである。だから自然は多くのよき家長を生みだしたが、開闢以来、人間の英和が同胞を統治することのできる十人の人間を生みだしたかどうかは疑わしい。

私が述べてきたすべてのことから、次のことが出てくる。すなわち、公経済と私経済を区別したのは正当であること、国家と家族とのあいだには、その長たる者がいずれもその成員を幸福にするという義務を持つこと以外には、いかなる共通性もないから、同じ行動の規則が両者のどちらにも適合するということはありえない、ということである。騎士フィルマー(一)が、『家長制国家』という題の著作——二人の有名人が反論の書物(二)を書くことによって、過大な名誉を与えたこの著作でうちたてようとした、憎むべき体系を覆すには、わずかこの数行で十分だ、と私は信ずる。とはいえこの誤りはきわめて古いもので、アリストテレスでさえも彼の『政治学』の第一篇に見出される諸理由からしてこの誤りと闘うことが時宜にかなっていると判断したのである。

なお私は、これから私が述べようとする公経済——それを私は政体と呼ぶが、——を私が主権と呼ぶ至上の権威からはっきりと区別するように読者にお願いしたい。その相違は、後者が立法権を持ち、ある場合には国民という集団自体をも拘束するのに対して、前者は執行権しか持たず、私人を拘束しうるにすぎない点にある。「政治」および「主権」の項を見よ。

ここで、平凡で多くの点であまり正確ではないが、私の考えをよりよく理解してもらうには適切な一つの比喩を用いることを許していただきたい。

政治体は、個別的に取りあげれば、人間の身体に類似した、生命を持つ一つの組織体と考えることができる。すなわち主権は頭をあらわす。法と習慣は脳髄、つまり神経の本源であり、悟性、意志および感覚の中枢である。裁判官と法官はその機関である。商業、工業および農業は共同の生計の資を用意する口および胃である。公財政は、賢明な経済が心臓の役目をして身体全体に送り返し、栄養と生命を行き渡らせる血液である。市民は、機関を動かし、生きさせ、働かせる胴体と四肢であり、この生物が健康な状態にあれば、そのどの部分が傷ついても、直ちにその痛みが脳髄に伝えられる。

人間の身体と政治体の生命は、全体に共通の自我であり、すべての部分の相互感覚と内的な交感である。この交感がやみ、明確な統一性が消滅し、隣接している諸部分がもはや互いに併置されるにすぎなくなれば、どうなるであろうか。——人間は死に、国家は崩壊する。

したがって政治体は、一つの意志を持つ一個の精神的存在でもある。そしてこの一般意志は、つねに全体および各部分の保存と安楽をめざすものであり、法律の源泉をなしているが、それは、国家の全成員にとって、彼らと国家に関する正と不正の基準である。ついでに言えば、この真理は、次のことを明らかにする。すなわち、多くの著述家たちは、あたかも法が命ずるすべてのことが合法的ではありえないかのように、スパルタの子供たちが自分たちの質素な食物を手に入れるために身につけるように命じられた俊敏さを、盗みとして取り扱っているが、彼らにどれほどの見識があったのか、ということである。「法」(三)の項を見よ。法はこの偉大で輝かしい原理の源泉であり、この項目はその展開である。

正義についてのこの基準は、すべての市民に対して確実なものであるが、外国人については誤りになることがあるということに注意することが重要である。その理由は明白である。国家意志は国家の成員に対しては一般的であるけれども、他の諸国とその成員に対してはもはやそうではなく、自然の法のなかに自己の正義の基準を持つ一つの特殊で個別的な意志になってしまうからである。このことは同じく、すでに明らかにされた原理に含まれている。というのは、この場合には、世界という大都市が政治体になり、そこでは自然の法がつねにその一般意志であり、諸国家と諸国民はその個々の成員にすぎなくなるからである。

それぞれの政治社会とその成員に適用されるこの同じ区別から、もっとも普遍的でもっとも確実な諸基準が生じるのであり、それにもとづいてよい統治か悪い統治かを判断することができるし、また一般にすべての人間行動の道徳性を判断することができるであろう。

あらゆる政治社会は、さまざまな種類のもっと小さな他の諸社会から成っており、それらはそれぞれ自己の利害と格率を持っている。これらの社会は外形に現われた公認の形態をもっているから、だれもがその存在に気づくが、しかし国家のなかに実際に存在する唯一のものなのではない。共通の利益が結びつけるすべての私人も、それだけの数の永続的または一時的な他の社会を構成する。それらは、その力があまり目立たないからといって現実的でないわけではないし、それらの種々の関係をよく観察することが習俗に関する真の知識になるのである。これらすべての、暗黙あるいは正式の結合体こそが、それらの意志の影響を通じて公共意志の現われをさまざまな仕方で修正する。これらの特殊社会の意志は、つねに二つの関係を持っている。すなわちそれは、結合体の成員にとっては一般意志であり、大社会にとっては特殊意志であって、非常にしばしば起こることだが、それは前者にとっては正しいが後者にとっては有害である。こうして敬虔な僧侶であり、あるいは勇敢な兵士であり、あるいは献身的な貴族[四]でありながら、市民としては悪い市民であるようなことがありうる。ある種の決議は、小共同体には有益で、大共同体にはきわめて有害であることがありうる。特殊社会はそれらを包括する社会につねに従属しているから、人は前者よりもまずこの社会に従わなければならないし、市民の義務は元老院議員の義務よりも優先し、人間の義務は市民のそれに優先するということは真実である。しかし不幸なことに、個人的利益はつねに義務に反比例しており、結合がいっそう緊密になり、約束が神聖でなくなるにつれて増大する。これはもっとも一般的な意志が、またつねにもっとも正しい意志であり、人民の声がたしかに神の声であることの動かしがたい証拠である。

だからと言って、公の議決がつねに公正なものであるということにはならない。すでにその理由を述べたように、外国の事件が問題になるときには、それは公正ではありえない。だから良く統治された共和国が不正な戦争を行なうこともありえないことではない。民主政下の会議が悪い法令を通過させ、無実のものを処罰することもありえないことではない。しかし若干の抜け目のない連中が勢望と弁舌によって人民の利益にとってかわらせるすべを心得ている特殊利益に、人民が誘惑されるのでなければ、このようなことはけっして起こりえないであろう。そのような場合には、公の議決と一般意志とは別のものになるであろう。だから、私に反対してアテナイの民主政を持ちださないでいただきたい。なぜならアテナイは実際にはけっして民主政ではなくて、学者と雄弁家の支配するきわめて圧制的な貴族政であったからである。なんらかの討論のなかで起こることを注意深く検討せよ、そうすれば一般意志はつねに共同の利益に味方することがわかるであろう。しかし非常にしばしば起こることだが、内密の分裂や暗黙の結社が形成され、特殊目的のために会議の本来の規定をすり抜ける。そうなれば社会体は実際に他の諸社会に分割され、その成員は、これらの新しい団体に対しては良くまた正しいが、彼らの各々がそこから分かれる全体に対しては不正で悪い一般意志を持つことになる。

これらの原理の助けによって、ある事柄については良心と名誉心に満ちているが、別のことについては嘘つきでペテン師であるとか、もっとも神聖な義務を踏みにじりながら、多くの場合は不法な約束に死ぬまで忠実であったりするというような、多くの人間の行動に認められる明白な矛盾がどれほど容易に説明されるか、がわかる。このようにしてもっとも腐敗した人間でさえも、公の誓約に対してはつねになんらかの尊敬をささげるのである。またこのようにして（「法」の項目で指摘されているように）、大社会においては徳の敵である盗賊でさえも、彼らの巣窟のなかでは偶像を崇拝したりするのである。

一般意志を公経済の第一原理および統治の根本的な規則として確立するさいに、私は、行政官が人民に属するのか、それとも人民が行政官に属するのかといった問題や、公共の事柄において国家の利益を考慮すべきかそれとも首長の利益を考慮すべきかといった問題を真面目に検討することが必要だとは思わなかった。ずっと以前から、この問題は、一方では実践によって、他方では理性によって決着がつけられている。また一般に、事実上支配者である人々が自分の利益とは別の利益を選ぶことを期待するのはまったくばかげたことであろう。だから公経済をさらに人民的なそれと圧制的なそれとに区別することが適切であろう。人民的な公経済とは、人民と首長のあいだで利益および意志の一致が支配しているあらゆる国家の公経済であり、圧制的な公経済は、政府と人民が異なった利害を持ち、その結果、対立する意志を持つところではかならず存在するであろう。後者の格率は、歴史の文書やマキアヴェッリの諷刺[五]のなかにくわしく記されている。前者は、あえて人類の権利を要求した哲学者たちの著作のなかに見出されるだけである。

一

したがって、合法的または人民的な統治、いいかえれば人民の利益を目的とする統治の、第一の、もっとも重要な格率は、すでに述べたように、あらゆることに関して一般意志に従うことである。しかし一般意志に従うためにはそれを認識しなければならないし、とりわけ自分自身から始めて一般意志を特殊意志からはっきりと区別しなければならない。ところでこの区別をするのはつねにきわめて困難であり、この区別に十分な説明を与えることは最高の徳にのみ属する事柄である。意志を持つためには自由であることが必要であるから、それに劣らず困難なもう一つの点は、公共の自由と政府の権威とを同時に保障することである。相互の必要によって大社会のなかで結合している人々を、市民諸社会によってもっと緊密に結合するようにかりたてる動機がなんであるかを探究せよ。そうすれば、それは全員の保護によって、各成員の財産、生命および自由を保障すること以外の動機ではありえないことがわかるであろう。ところで、いかにして人々を強制して、他の者の自由を侵害せずに彼らのうちの一人の自由を護らせることができるであろうか。また、公共の必要を満たすにあたって、それへの拠出を強要される人々の私有財産を損なわずにすますことが、どうして可能であろうか。これらすべてのことをどのような詭弁で粉飾しうるとしても、たしかなことは、もし人が私の意志を束縛しうるなら、私はもはや自由ではないし、まただれか他の人が私の財産に手をふれることができるなら、私はもはやその主人ではない、ということである。このの乗り越えがたく思われたにちがいない困難は、人間のあらゆる制度のうちで最高の制度によって、あるいはむしろこの地上で神の不変の訓えをまねるように人間に教えた天上の霊感によって、第一の困難とともに取り除かれた。人間を自由にするために服従させ、その全成員に強制を加えることも相談することもなしに、彼ら全員の財産や労力や生命さえをも国家のために使用し、彼ら自身の同意によって彼らを束縛し、彼らの拒否にもかかわらず彼らの同意を主張し、彼らが欲しなかったことを行なったときには彼らが自分自身で罰するように強制する――このような手段を、人はいかなる驚くべきわざによって見出すことができたのであろうか。また人々が服従しながら、しかもだれも命令するものがなく、仕えてはいるが主人を持たないようなこと、要するに外見上は拘束のもとにおかれてはいるが、だれも自分の自由のうちで他人の自由を害しうるものしか失わないので、実際にはそれだけいっそう自由であるというようなことは、どうして可能なのであろうか。これらの奇跡は、法の所産である。人々は、正義と自由を法にのみ負っているのである。全員の意志のこの有益な機構こそが人々のあいだの自然的平等を権利のなかで再建するのである。この天上の声こそが、各市民に公共理性の掟を命じ、市民が自分自身の判断による格率に従って行動し、しかも自己矛盾に陥らないように教えるのである。また首長は、命令するときには、この声だけに語らせるようにしなければならない。なぜなら、一人の人間が法律とは無関係に、他人を自分の私的な意志に従わせようとするや否や、彼は直ちに市民状態から離れ、ただ必要によって服従が命ぜられるにすぎない純粋な自然状態において他人と対峙することになるからである。

したがって首長のもっとも切実な関心事は、彼のもっとも不可欠な義務と同じく、彼がその執行者であり、かつ彼の権威のすべてがもとづく法の遵守に注意を払うことである。他人に法を守らせなければならないとすれば、法のすべての恩恵を享受する首長は、もっと強い理由によって、彼自身、法を守らなければならない。実際、首長の示す手本はきわめて強力だから、首長が法の束縛から解放されることを人民が容認しようとするときでさえも、首長はこのような危険な特権から利益を得ないように気をつけなければならない。そうした特権は、直ちに他人が彼に代わって奪い取ろうとし、しばしば彼に害をもたらすであろう。結局、社会のあらゆる約束は、その本性上、相互的なものだから、法の利益を放棄することなしに法を越えることはできないし、だれに対してもなんの義務も負わないと主張する人に対しては、だれもなんの義務を負わないのである。同じ理由で、良く統治された政府のもとでは、いかなる資格に対しても、法からの免除はけっして与えられないであろう。祖国に非常に貢献した市民でさえも、名誉によって報いられるべきであって、けっして特権によって報いられてはならない。なぜなら、法律に従わないことはよいことだとだれかが考えることができるようになるや否や、共和国は崩壊の前夜にあるからである。しかし貴族や軍人や、または国家の他の有力な身分がこれと同様の格率を採用すれば、すべては救いようもなく失われるであろう。

法の力は、法の執行者の厳格さよりも法自体の賢明さにはるかに多く依存しており、公共の意志はそれを命じた理性から最大の力をひきだすものである。それゆえにこそプラトン(六)は、法令の冒頭にはつねに、その正しさと効用を示す周到に考えられた前文をつけることをきわめて重要な注意事項とみなした。実際、法律のうちの第一の法律は、法律を尊重することである。それに対して刑罰の厳格さは、小人たちが、自分たちの獲得しえない尊敬の代わりに恐怖を用いようとして考えだした無益な方策でしかない。つねに認められてきたように、もっとも刑罰が重い国はまた刑罰がもっともしばしば行なわれる国であり、したがって刑罰の過酷さは、法の違反者が多数であることを示すものでしかなく、またすべてを同じ厳格さで罰することによって、犯罪者に自分の過去の処罰を免れるためにさらに犯罪を犯させることになる。

しかし政府は、法の支配者ではないとしても、法の保証人であり、法を愛させる多くの手段を持つということだけでも大したことである。統治の手腕はまさにこの点にある。権力を手中にしているときには、全世界を震えあがらせるのになんらの技巧も必要としないし、人心を得ることも大して技術のいることではない。なぜならずっとまえから経験は人民に次のことを教えているからである。すなわち、首長が人民に対して働かなかった悪事のすべてを重視すること、また首長から憎まれていなければ、首長を敬愛することである。愚か者でも〔人民〕に服従されているかぎりは、人並みに大罪を処罰することができる。それに対して真の政治家は大罪を予防する術を心得ている人である。つまり彼がその巨大な権威をくりひろげるのは、行動に対してよりもはるかに多く意志に対してなのである。もしだれもが善を行なうようにすることができたなら、彼自身にはもはやなにもなすべきことはなくなり、彼の仕事のうちの最上のものは、なにもしないで時を過ごすことができるということであろう。少なくとも確かなことは、首長の最大の手腕は、その権力を変装させてより耐えがたくないものにすることであり、国家を、指揮者の必要がないと思われるほど平穏のうちに、指導することである。

　したがって私は次のように結論する。すなわち、立法者の第一の義務が法を一般意志に合致させることであるのと同様に、公的統治の第一の規則は、行政が法に一致することである。もし立法者が、当然しなければならないことだが、位置、気候、土壌、習俗、近隣関係、および彼が制定しようとしている人民のすべての個別的な関係が必要とするいっさいのことを果たしたなら、国家の統治が悪いものでなくなるには、それで十分でさえあるだろう。政府の賢明さにゆだねられるべき無数の政治や経済の細目がそこにはもう残っていないというわけではない。しかし政府はこれらの場合に対してうまく行動するために、けっして間違うことのない二つの規則をいつも持っている。一つは法が予見しえなかったさまざまな事件の決定に役立つべき法の精神である。いま一つは一般意志であり、それはあらゆる法の源泉であり補完物であって、法の欠如している場合には、つねに参照されるべきものである。人は私に言うであろう。一般意志がまったく表明されていない場合に、どのようにして一般意志を認識することができるのか、予期しない事件が起こるたびごとに全国民を集合させなければならないのか、と。集会の決定はかならずしも一般意志の表現ではないし、集会という手段は大国民においては実行不可能であり、政府が良い意図を持っている場合にはそれはほとんど必要でないから、それだけいっそう国民全体を集合させる必要は少ないであろう。首長は、一般意志がつねに公共の利益にとってもっとも有利な側、いいかえればもっとも公正な側に味方することをよく知っており、したがって一般意志に従うことを確実にするためには、公正でありさえすればよいのである。人々が一般意志にあまりにも公然と反するときには、しばしば、一般意志は公権力の強力な拘束にもかかわらず、みずからを認識させずにおかない。このような場合に従うべき規範をできるだけ近くで探してみよう。シナでは、君主は、役人と人民のあいだで起こるすべての紛争においては役人の非をとがめるということを不変の格率にしている。ある地方でパンが高価であるとすれば、代官は牢に入れられる。別の地方で一揆が起こると知事は罷免され、高官はそれぞれ、自分の所管内で起こるすべての悪事に対して生命をかけて責任を負う。あとで事件を正規の裁判で吟味するのではなくて、長いあいだの経験がこのようにして、判決を予告してきたのである。この点に関して改めるべきなんらかの不公正はめったにないし、皇帝は世間の騒ぎは理由なしにはけっして起こらないと確信しているから、彼が処罰する暴動の呼び声を通して、直すべき正しい訴えをつねに見分けるのである。

共和国のあらゆる部分に秩序と平和を行きわたらせることは大したことであり、国家が平穏で法が尊重されることも大したことである。しかしそれ以上のことがなにも行なわれなければ、これらすべてのことは現実のものよりも外見上のものになるであろうし、政府が服従を得ることだけにとどまるならば、服従させることは困難になるであろう。あるがままの人間を用いる術を心得ることはよいことであるとしても、人間をあるべき存在にすることのほうがはるかによいことである。もっとも絶対的な権威とは、人間の内面にまで浸透し、行動に劣らず意志に対して働きかける権威である。人民は結局のところ、政府がつくりあげるものであることは確かである。政府が欲するときには、兵士にも、市民にも、人間にもなり、政府が好むときには、下層民にも悪党にもなる。そして臣民を軽蔑する君主はすべて、臣民を尊敬すべき存在にすることができなかったことを証明することによって、自分自身の名誉を傷つけているのである。だからあなたがたが人間を指揮しようとするなら、人間をつくるべきである。もしあなたがたが、人々が法に従うことを欲するなら、彼らが法を愛するようにすべきであり、また人々がなすべきことをなすには、彼らがそれをしなければならないと考えれば十分であるようにしておくべきである。これこそがむかしの政府の重要な技法であった。この遠いむかしにおいては、哲学者たちが人民に法を与え、彼らを賢明かつ幸福にするためにのみ自分たちの権威を用いた。ここから、多くの奢侈に関する法律や、習俗に関する規則や、最大の注意を払って認可されあるいは却下された多くの公的格率が生まれたのである。暴君でさえも、行政のこの重要な部分を忘れはしなかったのであって、行政官が同胞の習俗を是正するのと同じほど入念に、暴君が自分の奴隷の習俗を腐敗させるように注意を払うのが見られた。しかし現代のわれわれの政府は、金をひきだしてしまえばすべてをなしおえたと考えて、この点にまで立ち入ることが必要、または可能だと想像してさえいないのである。

二

第一の規則に劣らず重要な、公経済の第二の本質的規則。それは、もしあなたがたが、一般意志が実現されることを欲するならば、すべての特殊意志をそこに結集すべきであり、そして徳とは特殊意志の一般意志への一致にほかならないのだから、同じことを一言で言えば、徳を行きわたらせよ、ということである。

政治家たちが彼らの野心に眼をくらまされることがもっと少なければ、彼らは、どのような制度であっても、義務という法に従って導かれなければ、その設立の精神どおりに動くことがいかに困難であるかを知るであろう。さらに彼らは、公的権威の最大の原動力は市民の心のなかにあり、政府を維持するうえで何ものも習俗にとって代わることはできない、と感じるであろう。法律を運用することができるのは廉直の士だけであるばかりでなく、法律に従うことができる者も、根本的には、誠実な人間だけである。良心の呵責を無視してのける人間は、やがて刑罰をも無視するであろう。刑罰は良心の呵責ほどには厳格でも持続的でもないし、少なくとも免れる見込みのあるものだからである。またどのように予防しても、悪事を行なって罰せられないことしか期待しない連中が、法の網をくぐったり刑罰を免れたりする手段に事欠くようなことはめったにないからである。この場合には、もはやだれの利益でもない一般利益に対抗してあらゆる特殊利益が結合するから、法が悪徳を禁止するために持っている力よりも、公の悪徳が法を麻痺させる力のほうが大きくなる。そしてついには人民と首長の腐敗が拡大して、いかに賢明な政府であっても、政府にまで及ぶであろう。あらゆる悪弊のうちで最悪のものは、実際に法律に違反しても安全であるためにのみ表面上は法律に従うことである。そうなれば直ちに、最良の法も最悪の法になる。法律などなかったほうが百倍もましだということになるであろう。もう法律が残っていないときには、まだ一つの方策があるということにもなる。このような状況においては、法令に法令を重ね、規則に規則を加えてもむだである。こうしたことはすべて、最初の悪弊を正すことなしに別の弊害を導き入れるのに役立つだけである。あなたがたが法律の数をふやせばふやすほど、法律を軽蔑すべきものにすることになる。そしてあなたがたが任命する監視人はすべて、きっと古い連中と共謀するか、独立して略奪を行なう新しい違反者になるだけである。徳に対する報酬は直ちに盗賊に対する報酬になり、もっとも下劣な人間がもっとも信用される人間になる。彼らは偉大であればあるほど、ますます軽蔑すべき人間である。彼らの汚辱は彼らの尊厳のなかで現われ、彼らはその名誉によって不名誉を受ける。彼らが首長の同意や婦人連の保護を金で買うとすれば、それは引き換えに正義や義務や国家を売るためである。そして人民は自分たちの悪徳が不幸の第一の原因であることを見ないで、うめきながらぶつぶつ不満を言い、大声で叫ぶ。「私のいっさいの不幸は、私を不幸から守ってもらうために金を払った人間からのみやってくる。」

首長が、もはや胸中では語りかけない義務の声の代わりに、恐怖の叫びとか彼らがそれで子分たちをだます見せかけの利益という餌を用いざるをえなくなるのは、このときである。彼らが国是とか閣議の秘密とよぶ、あらゆる卑小で軽蔑すべき術策の援けを借りなければならなくなるのは、このときである。政府に残っているいっさいの活力は、その成員たちが互いに滅ぼしあい、地位を奪いあうことに用いられる。それに対して業務は放棄されるか、それとも個人的利益が要求する程度においてのみ、また個人的利益が導くとおりに遂行されるにすぎない。要するに、これらの大政治家たちのあらゆる悪賢さは、次の点にある。すなわち、彼らが必要としている人々の眼をくらまして、各人はこれらの政治家たちの利益のために働いているのに自分の利益のために働いているのだと信じこませることである。私は、政治家たちの利益と言ったが、それは、首長たちの真の利益が、実際には人民を従わせるために人民を滅ぼし、人民の掌握を確実にするために彼ら自身の財産を破壊することにある場合のことである。

　しかし市民たちが自分の義務を愛し、公共の権威の受託者が彼らの模範と配慮によってこの愛をはぐくむことに真面目に専念するときには、あらゆる困難は消滅し、行政は、その邪悪さがあらゆる謎を生みだす陰険な術策から容易に免れることができる。非常に危険でありながら非常に称讃される大人物や、その栄光が人民の不幸と一体になっているあらゆる偉大な大臣などは、もはや惜しまれはしない。公共の習俗が首長の天才にとって代わり、徳が支配すればするほど、才人の必要は少なくなるのである。野心でさえも、簒奪よりも義務によって援けられる。自分たちの首長が自分たちの幸福のためにのみ働くと確信している人民は、その尊敬の念によって、首長たちが自己の権力を強化しようと努力しなくてもよいようにするからである。さらにまた歴史がいたるところでわれわれに示しているように、人民が愛しかつ人民を愛する人々に与えられる権威は、簒奪者のいかなる圧制よりも百倍も絶対的なものである。このことが意味するところは、政府はその権力の使用を恐れるべきだということではなくて、合法的な仕方でのみ権力を用いるべきだということである。歴史上、淫蕩や傲慢のために身を滅ぼした野心的な首長や小心な首長の実例は何千とあるが、公正であることだけのためにまずくなったという実例は一つもない。しかし怠慢と中庸、温和さと柔弱さを混同してはならない。正しくあるためには厳格でなければならない。悪を抑える権利と力を持っているのに、悪を容認することは、自分自身が悪人になることである。

市民に対して、善良であれと言うだけでは十分ではない。彼らに何が善良であるかを教えなければならない。模範を示すことがこの点に関する最初の教程ではあるが、それでさえも用いるべき唯一の手段なのではない。もっとも効果的なのは祖国愛である。というのもすでに述べたように、彼の特殊意志がすべての点で一般意志に合致するときには、あらゆる人間は、有徳になるからであり、われわれの愛する人々が欲することをわれわれも喜んで欲するからである。

人間性の感情は、地上全体に広がるときには、薄められ、弱まるようであり、われわれは韃靼地方や日本の災害によっては、ヨーロッパの人民の災害のときほどには心を動かされることはありえないように思われる。人間性の感情に活力を与えるためには、利害や同情の念をなんらかの仕方で限定し圧縮しなければならない。ところでわれわれのこの性向は、われわれがともに暮らしている人々に対してしか有効でありえないから、人間愛が同胞市民のあいだに集中されて、互いに交際するという習慣や彼らを結びつける共同の利益によって、彼らのあいだで新しい力を獲得するのは、道理にかなったことである。たしかに、もっともすぐれた徳は祖国愛によって生みだされた。この快く、いきいきとした感情は、利己心の力を徳のあらゆる美しさに結びつけ、徳をゆがめずにあらゆる情熱のうちでもっとも英雄的なものにするエネルギーを徳に与える。祖国愛こそが、われわれの弱い視力をくらませるほどの輝きを持つ数多くの不滅の行為と多くの偉人たちを生みだした。彼らの昔風の徳行は、祖国愛が嘲笑されるようになってからは、作り話とみなされている。このことは驚くにあたらない。恋心の昂揚は、それをまったく感じたことのない人には妄想と思われるし、祖国愛は恋人への愛の百倍もいきいきとして楽しいものであるが、それと同じように経験によってしかわからないからである。しかし、この熱烈で至高の熱情——もっとも純粋な徳でさえもそれから切り離されれば輝きを失ってしまうこの熱情は、祖国愛がわきたたせるあらゆる心のなかに、祖国愛が鼓舞するあらゆる行為のなかに容易に見いだされる。あえてソクラテスその人をカトー(七)に対比してみよう。前者はより多く哲学者であり、後者はより多く市民であった。アテナイはすでに滅んでおり、ソクラテスはもはや世界全体以外に祖国を持たなかった。それに対してカトーは、つねに心の奥底に祖国を持ち、祖国のためにのみ生き、祖国の滅亡後は生きながらえることができなかった。ソクラテスの徳はもっとも賢明な人間の徳であるが、カトーは、カエサルやポンペイウス(八)のあいだにあっては、人間のなかの神であるようにに見える。ソクラテスは何人かの個人を教育し、ソフィストを論難し、真理のために死んだ。それに対してカトーは、世界の征服者たちに対して国家と自由と法を擁護し、もはや奉仕すべき祖国がなくなったとき、ついに世を去った。ソクラテスのすぐれた門弟は、同時代人のうちでもっとも徳の高い人間になるであろうし、カトーのすぐれたライヴァルは、もっとも偉大な人間になるであろう。前者の徳は自分自身の幸福をもたらすであろうし、後者は全員の幸福のなかに自分の幸福を求めるであろう。われわれは、前者によって教えられ、後者によって導かれるであろう。そしてこのことだけで、どちらを選択すべきかが決定されるであろう。というのは、だれもいまだかつて一国民を賢人にしたことはないが、一国民を幸福にすることは不可能ではないからである。

われわれは人民が有徳であることを欲するのか。それならば、彼らに祖国を愛させることから始めよう。しかしもし祖国が、彼らにとって、外国人にとって以上のものではまったくなく、また祖国が、だれに対しても拒むことのできないものしか彼らに与えないとすれば、どうして彼らは祖国を愛するであろうか。もし彼らが市民的安全さえ享受せず、彼らの財産や生命や自由が有力者の思うままになっているのに、彼らには思い切って法律を要求することが可能でもなく許されてもいないとすれば、事情はずっと悪くなる。そのときには、彼らは自然状態の権利を享受することさえなく、また自分の力を自己防衛のために用いることもできないのに、市民状態の義務に従わせられることになり、その結果、彼らは自由な人間が生きうる最悪の状態のもとにおかれることになり、祖国という言葉は、彼らにとっては、耐えがたい意味かばかげた意味しか持ちえないであろう。苦痛が頭に伝わらないように、腕を傷つけあるいは切断することができるなどと信じてはならない。さらに人間が理性を働かせながら、指で自分の眼をえぐろうとすることが信じがたいのと同じく、だれであろうと国家の一員が他の成員を傷つけたり滅ぼしたりすることに一般意志が同意するというようなことは信じがたいことである。個人の安全は公共の結合体と非常に緊密に結びついているので、もしも救いえたはずの市民が、ただ一人でも国家のなかで死ぬとか、ただ一人でも誤って獄につながれるとか、彼が明白な不正によってただ一つでも敗訴するとかいうようなことが起これば、この契約は、人間なら無理もない過失に対して払うべき配慮を払うことなしに、権利にもとづいて解消されるであろう。なぜなら根本的な契約が侵犯されているので、市民状態の解消をもたらすことになる力のみによってつなぎとめておくのでなければ、人民を社会的結合のなかにとどめておくいかなる権利もいかなる利害も、もはや見出されないからである。

実際、国民体《コール・ド・ラ・ナシオン》の責務は、その成員の最後の一人を保存するために必要なことを、他の全成員の保存に対するのと同じ配慮をもって、行なうことにあるのではないだろうか。また一人の市民の救済は、国家全体の救済よりも共同の大義として劣るものであろうか。全体のためにただ一人の人間が死ぬことはよいことだと言われるが、この格言が、自分の国を救うために、自発的に義務感から死地におもむくすぐれた有徳の愛国者の口から出るときには、私はこの格言を称讃しよう。しかし、多数の救済のためには、一人の無実の者を犠牲にすることが政府には許されるという意味であれば、この格言は、圧制がかつて考えだしたもっとも忌まわしいものの一つであり、主張しうることのうちでももっとも誤まったものであり、許容しうることのうちでももっとも危険なものであり、社会の基本法に対してもっとも直接的に対立するものだ、と私は考える。一人が全員のために死ななければならないどころか、すべての人は、個人の弱さがつねに公共の力によって保護され、各成員が国家全体によって保護されるようにするために、その財産と生命を自分たち一人一人の防衛の担保に入れたのである。かりに人民から個人を一人ずつ抜きだしてから、この格率の支持者たちが国家体《コール・ド・レタ》ということで何を理解しているかを十分に説明させたなら、彼らが結局は国家体を人民ではなくて人民の役人である少数の人間に帰着させることがわかるであろう。この少数の人間自身こそは、特別の誓約によって人民を救うために死ぬことを義務づけられているのに、この格率によって、自分たちのために死ぬべきなのは人民であることを証明しようとしているのである。

国家がその成員に対して与えるべき保護や彼らの人格に払うべき尊敬の規範を見出したいと考えるであろうか。それなら、それは地上でもっとも有名でもっとも勇敢な国民のなかにのみ求められるべきであり、一人の人間が何に値するかを知っている自由な人民のところにしかない。スパルタでは、罪のある市民を処罰することが問題になったとき、共和国全体がどれほど当惑したかはよく知られている。マケドニアでは、一人の人間の生命はきわめて重大な事柄であったから、アレキサンダーの全権勢をもってしても、被告が同胞のまえに出頭して自分を弁護し、彼らによって有罪を宣告されないかぎりは、この強力な君主も、一人のマケドニアの罪人を思い切って平然と殺したりはしなかった。しかしローマ人たちは、政府が諸個人に対して払う配慮と、国家の全成員の侵すことのできない権利を細心の注意を払って尊重するという点で、地上のあらゆる国民のうちで抜きんでている。彼らにおいては普通の市民の生命ほど、神聖なものはなにもなかった。だから一人の人民を処罰するためにもやはり全人民の集会が必要であった。元老院や執政官でも、彼らの全尊厳をもってしても、人民を処罰する権利を持たなかったし、世界中でもっとも強力な人民のもとでさえ、一市民の犯罪と刑罰が公の悲しみになっていた。またいかなる犯罪に対しても血を流すことは非常につらいことに思われたので、ポルキア(九)の法によって、こんなに居心地のよい祖国を失っても生きながらえたいと望むすべての人々に対しては、死刑は流刑に減刑された。ローマとその軍隊においては、すべての人が、お互いに対する同胞愛を表明し、また、勇気をたたえ、だれであれ勇気あるという名誉を持つ人の徳を鼓舞するローマの名に対して敬意を表明した。人々は奴隷身分から解放された市民の帽子や他人の生命を救った人の市民冠を、凱旋式で最大の喜びをもってながめた。さらに注目すべきことに、戦争における立派な働きに対して授けられるさまざまな冠のうちで、市民冠と勝利者の冠だけが草と葉の冠であり、他の冠はすべて黄金の冠でしかなかった。このようにして、ローマは有徳になり、世界の支配者になったのである。野心満々たる首長たちよ！　羊飼は自分の犬と羊を支配するが、最下級の人間でしかない。命令を下すことが立派なことだとしても、それはわれわれに服従する人々がわれわれを尊敬することができるときのことである。だから、あなたがたの同胞を尊敬せよ。そうすればあなたがたは自分自身を尊敬すべきものにすることになるであろう。自由を尊敬せよ。そうすればあなたがたの力は日々増大するであろう。けっしてあなたがたの権利を越えないようにせよ。そうすればすぐにあなたがたの権利は無限なものになるであろう。

だから祖国が市民の共通の母親として現われるようにせよ。市民が国内で享受する利益によって、彼らが自国を愛するようにせよ。政府は、市民がわが家にいると感じるのに十分なほど、彼らを公共の行政に参加させせよ。そして法律が市民の眼から見て共同の自由の保障にほかならないようにせよ。これらの法律はまったく立派なものであるけれども、すべての人間のものである。しかし首長のよこしまな意志はこれらの法律を直接に攻撃するようには見えなくても、容易にその効果を無に帰してしまう。濫用された法律は、強者にとっては攻撃の武器として役立つと同時に、弱者に対する楯として役立ち、公共の利益という口実はつねに人民にとってもっとも危険な厄病神である。統治においてもっとも必要で、おそらくもっとも困難なことは、すべての人間に対する公正であり、とくに金持の圧制から貧乏人を保護するうえでの厳格な公明正大さである。擁護すべき貧乏人と抑制すべき金持が存在する場合には、最大の悪がすでに行なわれているのである。法のあらゆる力が発揮されるのは、中産階級に対してだけである。つまり法は金持の財宝に対しても貧乏人の窮乏に対しても同じように無力なのである。前者は法をくぐりぬけ、後者は法から見落とされる。前者は法の網を破り、後者は法をすりぬけてしまう。

したがって、政府のもっとも重要な仕事の一つは、財産の極端な不平等を防ぐことにある。それは、財宝をその所有者から取りあげることによってではなくて、財宝を蓄積するあらゆる手段を取り除くことによって行なわれ、救貧院を建てることによってではなくて、市民が貧しくならないように保証することによって行なわれる。人間が国土のなかで不均等に分布していて、ある地方では人口が密集しているのに他の地方は過疎状態にあるとか、有益で骨の折れる職業を犠牲にして、遊興や純然たる工業の技術が優遇されるとか、農業が商業の犠牲にされるとか、国庫収入の管理が悪いために収税吏が必要になるとか、最後に、公職の売買が極端にまでいたって、尊敬が金貨ではかられ、徳までもが金で売られるとかいったこと、このようなことは、富裕と貧困、公共の利益に特殊利益がとって代わること、市民相互のあいだの憎悪、共同の大義に対する市民の無関心、人民の堕落、および政府のあらゆる活動力の衰退、のもっとも明白な原因である。したがってこれらのことは、表面に現われたときには治療することの難しい病であり、賢明な行政が、良い習俗とともに法の尊重、祖国愛および一般意志の力強さを維持するために防止しなければならないものである。

しかしこれらすべての注意は、さらにいっそうおし進めなければ、不十分になるであろう。私は、公的統治のこの部分を、私が論じ始めるべき点で終えることにする。祖国は自由なしに、自由は徳なしに、徳は市民なしには存続しえない。あなたがたが市民をつくりだせば、あなたがたはすべてを手に入れるであろう。そうでなければ、あなたがたは国家の首長をはじめとして、悪質な奴隷しか手に入れないであろう。ところで市民の形成は一日で成る仕事ではないし、大人の市民を持つためには、子供のときから教育しなければならない。統治すべき人間を持っている人はだれでも、人間の本性を離れて彼らのなしえない完成を求めてはならない、彼らの情熱を破壊しようと思ってはならないし、そのような企ての実行は望ましくもなければ可能でもない、と言われるかもしれない。情熱をまったく持たない人間はたしかにきわめて悪い市民であるだろうから、私はこれらすべてのことを承認する。しかし、人々に何も愛さないように教えたりしなければ、あるものを他のものよりも愛すること、醜いものよりも真に美しいものを愛することを彼らに教えるのは不可能なことではない、ということもまた認めなければならない。たとえば、もしかなり早くから彼らを訓練して、自分自身を国家体との関係においてのみ考えるようにし、いわば彼ら自身の存在を国家の一部分としてのみ認めるようにするならば、彼らはついには、このより大きな全体と自分をほとんど同一視し、自己を祖国の成員と感じ、孤立した人間なら自分自身に対してしか持たない高貴な感情をもって祖国を愛し、この大きな対象にむかってたえず心を高め、このようにしてわれわれのあらゆる悪徳を生じさせるこの危険な傾向を最高の美徳につくりかえることに成功するであろう。たんに哲学がこの新しい方向の可能性を明らかにしているだけでなく、歴史は、その無数の輝かしい実例を提供している。こうした例がわれわれのあいだで非常にまれだとすれば、それはだれも市民が存在するように気を配らないからであり、それにもまして市民の形成に早くから取りかかることに思いいたらないからである。われわれの自然的傾向が進みだし、習慣が利己心と結びついたときには、もはやそれを変える時機は失われてしまっている。われわれの胸中で濃縮された人間的自我が、あらゆる美徳をのみつくし卑小な心に生命を与えるこの卑しむべき活動力をひとたび獲得したときには、もはやわれわれを自分の外にひきだすべき時機は失われてしまっている。祖国愛は、それをおしつぶす他の多くの情念のただなかにあって、どうして芽を出すことができるだろうか。またすでに貪欲や愛人や虚栄のあいだで心を引き裂かれた同胞には、何が残されているであろうか。

　人はまさに人生の最初の瞬間から生きるに値することを学ばなければならない。そして人は生まれながらにして市民の権利にあずかっているのだから、われわれの誕生の瞬間がわれわれの義務の遂行の始まりでなければならない。成年期に対する法律があるのなら、他人への服従を教える幼年期の法も存在すべきである。また人間の義務の唯一の審判者を各人の理性にゆだねるわけにはいかないのだから、子供の教育を父親の知識や偏見にゆだねてはならないし、子供の教育は父親にとってよりも国家にとってはるかに重要であるだけに、ますますそうなのである。というのは自然の流れによれば、父親の死はしばしばこの教育の最後の成果を父親から奪い去るが、祖国は遅かれ早かれその影響を受けるからである。要するに国家は存在し続け、家族は解体するのである。公共の権威が、父親の地位を占め、この重要な役割を引き受け、父親の義務を果たすことによって、父親としての権利を獲得したとしても、彼らにはそのことについてあまり不平を言う理由はない。この点では、彼らはただ名前を変えるだけであり、父親の名において彼らが子供たちに対して個別的に行使していたのと同じ権威を、市民の名において共同で持つであろうし、彼らは自然の名で語るときに劣らず、法の名で語ることによって子供たちの服従を受け取るであろうから、それだけいっそう不平を言う理由はないのである。したがって、政府の定めた規則と主権者の任命した行政官のもとで行なわれる公教育は、人民的あるいは合法的な政府の根本原理の一つである。もし子供たちが平等につつまれて共同で育てられるならば、彼らが国家の法律と一般意志の格率で満たされるならば、それらを何ものにもまして尊敬するように教育されるならば、彼らをはぐくむ優しい母や、彼らに対する母の愛や、彼らが母から受け取るはかりしれない恩恵や、彼らが母につくすべき報恩についてたえず語りかける実例や対象に取り囲まれているならば、彼らはこうして互いに兄弟のように愛しあい、社会が望むことのみを望み、ソフィストたちの不毛で無益なむだ口のかわりに、人間と市民としての行動をとり、いつかは彼らが非常に長いあいだその子供であった祖国の守護者になり、父親になることは疑いを入れないであろう。

たしかに国家のもっとも重要な仕事である教育をつかさどるべき行政官については、私はまったく語るつもりはない。しかしもし公共の信頼を示す官位の標章が軽々しく与えられるならば、また他のすべての仕事をその労働の報酬に値するように立派になしとげる人々にあてられるこの崇高な職務が、老後の快適で名誉ある休息と最高の栄誉にならないとすれば、あらゆる企ては無益になり、教育は成功しないであろう、ということはわかるだろう。なぜなら、授業が権威によって、教訓が模範によって支えられていないところではどこでも、教育は成果をもたらさないし、徳でさえも、それを実行しない人の口から発せられるときには、その信用を失うからである。もちろん栄光の重みで腰の曲がった高名な戦士が勇気を説き、高貴の位にあり法廷にあって公明正大で潔白であった行政官が正義を教えることが望ましい。戦士も行政官もこのようにして有徳の後継者で形成され、代々次の世代に、首長の経験と才能、市民の勇気と徳、および祖国のために生きまた死ぬというすべての人に共通の競争心を伝えるであろう。

私の知るかぎりでは、かつて公教育を行なったのは三つの国民だけである。すなわちクレタ人とスパルタ人と古代ペルシア人である。この三つの国民のすべてにおいて公教育は最大の成功をおさめたが、とくにあとの二つの国民においては驚嘆すべき成功をおさめた。世界があまりに大きな国民に分割されたためにうまく統治されなくなったときには、もはやこの手段は実行不可能であった。そして、読者が容易に理解することのできる他のさまざまな理由のためにいかなる近代国民のもとにおいても公教育の試みは妨げられてきた。ローマ人たちが公教育なしですますことができたのは、きわめて注目すべきことである。しかしローマは五百年にわたって、世界がもはやその再現を望むべくもないほどの奇跡の連続であった。圧制と圧制者の犯罪に対する恐怖と生得の祖国愛によってはぐくまれたローマ人の徳性は、彼らの家庭のすべてをそれだけの数の市民の学校にしたのであった。そして父親が子供に対して持つ無制限の権力が、個人的な取締りを非常に厳格なものにしたので、父親は行政官よりも恐れられ、家庭内の法廷では、習俗の検察官であり、法律による懲罰者であった。

このようにして、注意深く、また良き意図を持った政府は、人民のあいだで祖国愛と良い習俗を維持し、喚起するようにたえず注意しながら、遅かれ早かれ共和国の運命に対する市民の無関心を生みだす、さまざまな悪を先回りして予防し、個人的利害を狭い限界のなかに閉じこめる。というのも個人的利害は個人を孤立させるから、国家は諸個人の力のために弱体化し、彼らの良き意志からなにも期待しえなくしてしまうからである。人民が自分の国を愛し、法を尊重し、質朴な生活をするところではどこでも、人民を幸福にするために行なわなければならないことはほとんど残っていないし、個人の運命ほどには運に左右されることのない公行政においては、賢明さと幸福とは一体になるほど近い関係にあるのである。

三

市民をつくりだし保護するだけでは十分ではなく、さらにその生存に気を配らなければならない。また公共の必要を満たすことは、一般意志の自明の結果であり、政府の第三の本質的な義務である。この義務は、人が気づくにちがいないように、諸個人の穀物倉を満たしたり、彼らから労働を免除したりすることにあるのではなくて、富裕を個人の手の届くところに保持し、そのことによって富裕を手に入れるためには労働がつねに必要であり、労働がけっして無用でないようにすることにある。この義務はまた、国庫の維持にかかわるあらゆる操作と公行政の出費にも及ぶ。こうして諸個人の統治との関連において一般経済について語ったのちには、残された問題はそれを財産の管理との関連において考察することである。

この部分は先に述べた部分に劣らず解決すべき困難や取り除くべき矛盾を予想させる。たしかに所有権は市民のすべての権利のうちでもっとも神聖な権利であり、ある点では自由そのものよりも重要である。というのは、所有権は生活の維持にもっとも密接につながっているからであり、財産は人身よりもっと奪われやすく、守るのに難しく、奪われやすいものほど尊重されなければならないからである。最後に、財産は市民社会の真の基礎であり、市民の約束の真の保証人であるからである。実際、財産が諸個人を保証しなければ、義務を避けたり法を無視することほど容易なことはないであろう。他方では、国家と政府の維持に費用と支出が必要であることは、同じように確かである。そして目的において一致する人はだれでも手段を拒むことはできないから、社会の成員は自己の財産を国家の維持のために拠出しなければならない。そのうえ、一方で個人の所有を侵害することなしに他方でそれを保証することは困難であり、相続の順序や遺言や契約に関するすべての規則は、私有財産の処理に関して、したがって所有権に関して市民をある程度拘束しないわけにはいかない。

しかし法の権威と市民の自由のあいだを支配する調和について、私が先に述べたことのほかに、財産の処分について重要な指摘を行なっておくべきであり、それによって多くの困難が除かれるであろう。それは、プーフェンドルフ（一〇）が指摘したように、所有権はその本性からしてけっして所有者の生命を越えて広がるものではないということ、人が死ぬや否や財産はもはやその人には属さない、ということである。こうして人が財産を処理する条件を規定することは、結局のところ、彼の外見上の権利を変更するよりもむしろ事実上はそれを拡張することになる。

一般に、私有財産の処分に関する諸個人の権限を規制する法律の設定は主権者のみに属することであるけれども、政府がその適用にあたって従うべき法律の精神は、家族の財産が、父から子へ、近親から近親へとできるだけ少なく流れでて、譲渡されることにある。このことが子供たちに有利であることには明らかな理由がある。実際、父親がなにも残さなければ、子供たちにとっては所有権はまったく無用なものであり、さらに彼らは多くの場合、労働を通じて父親の財産の獲得に貢献しており、権利上、所有権にあずかっているからである。しかし、このことよりも間接的ではあるがしかしそれに劣らず重要なもう一つの理由は、市民の身分と財産がたえず変動することほど習俗と共和国にとって有害なことはないということである。この変動は多くの無秩序の証拠であり源泉であって、すべてを覆しめちゃくちゃにするし、この変動によって、ある問題のために昇進した人も別の問題にあてられるから、出世した人も没落した人も自分の新しい身分に合致した格率も知識も得ることができず、なおさらその義務を果たすことなどできるはずもない。公共財政の問題に入ろう。

人民が自治を行ない、国家の行政と市民のあいだになんらの仲介者も存在しなければ、彼らは公共の必要と個人の能力に比例して、場合に応じて金を出しあいさえすればよいであろう。またたれも金銭の徴収や収入の用途からけっして眼を離さないから、その管理に不正や濫用が入りこむことはありえないであろう。国家は負債に苦しむこともないであろうし、人民は租税におしつぶされることもないであろう。あるいは少なくともその用途がたしかであることが、租税の過酷さの慰めになるであろう。しかし物事はこのようには進みえないであろう。どんなに狭い国家であっても、市民社会はつねに非常に多数の人々から成っているから、そのすべての成員によって統治されるわけにはいかない。公共の収入はかならず首長の手をへなければならないし、首長はすべて国家の利益のほかに彼らの特殊利益を持っており、それがまったく聞き入れられないわけではないのである。人民の側からすれば、彼らは公共の必要よりもむしろ首長の貪欲や法外な出費のほうによく気がつくので、他人のむだを満たすために必要物が奪われるのを見て不平を言う。そしていったんこのような策略が人民をある程度まで怒らせてしまえば、もっとも公正な行政でも信頼を再建することはできないであろう。そのときには、もし拠金が自発的であるなら、まったく集まらないであろうし、強制的なものであれば、不法なものになる。国家を滅びるがままにしておくか、それとも国家の支柱である神聖な所有権を侵害するか、というこの厳しい選択のなかにこそ、公正で賢明な経済の難問があるのである。

　共和国の創設者が法律の制定ののちに第一になすべきことは、行政官や他の役人の維持とあらゆる公共支出のために十分な資金を見出すことである。この資金は、貨幣である場合には、国庫（ærarium または fisc）とよばれ、土地である場合には公有地とよばれる。容易に理解できる理由によって、前者よりも後者のほうが好ましい。この問題について十分に考察する人はだれでも、この点に関して、国家の必要を満たす手段のうちで公有地をもっとも公正でもっとも確実なものとみなしたボダン（一一）と別の意見を持つことはほとんどできないであろう。さらに土地の分割に関するロムルス（一二）の最初の配慮が、土地の三分の一をこの用途にあてることであったことに注目すべきである。公有地の生産物も管理がまずければ、無に帰してしまうことがないわけではないことを私は認めるが、しかし管理が悪いということは公有地の本質に属することではない。

　この資金は、あらゆる使用に先立って、人民または諸身分の集会によって、割当てられ、承認されなければならず、それについでこの集会がその用途を決定しなければならない。この資産を譲渡しえないものにするこの儀式のあとで、この資金はいわば性質を変え、それからの収入はきわめて神聖なものになるので、本来の目的に反してそのごくわずかの部分でも横領することは、あらゆる盗みのうちでもっとも恥ずべきものであるだけでなく、大逆罪でもある。ローマにとって非常に不名誉であったことは、財務官カトーの廉潔さが注目の的であったことであり、歌手の才能に対する褒美として数エキュを与えた皇帝が、この金は自分の私財から出しているのであって、国家の財産からではないとつけ加えることが必要であったことである。しかしガルバ(一三)のような皇帝がほとんど見出されないとすれば、われわれはカトーのような人をどこに求めることができるだろうか。そして、いったん悪徳がもはや不名誉とされなくなれば、どのような人物が、自分の思うままにゆだねられた公収入に手をつけることを慎むほど、良心的な首長でありうるだろうか。またどのような人物が、自分の無益で破廉恥な浪費を国家の栄光と混同し、自分の権威を拡大する手段を国家の力を増大する手段ととり違えるふりをしながら、やがては自分自身に対して畏敬の念を起こさせようとしないほど良心的な首長でありうるだろうか。美徳が唯一の効果的な手段になり、行政官の公明正大さが貪欲を抑制しうる唯一のブレーキになるのは、とりわけ行政のこのデリケートな部分においてである。管理人の帳簿やあらゆる会計報告書は、彼らの不誠実を暴露するよりもそれを隠すのに役立つものである。また慎慮が、欺瞞がすり抜けるのと同じほど速く新しい予防策を考えだすことはけっしてない。だから帳簿や書類を捨てて、財政を誠実な人の手にゆだねるべきである。それこそが、財政が誠実に管理される唯一の手段なのである。

　いったん公共の資金が確立されたときには、国家の首長は当然その管理者になる。なぜならこの管理は、統治の、いつも同じ程度でではないとしても、つねに本質的な部分をなしているからである。その影響は、他の原動力の影響が小さくなるにつれて増大し、政府がもはや金銭以外の活力を持たなくなるとき、政府は腐敗の極に達したということができる。ところであらゆる政府はたえず放漫にむから傾向があるから、このただ一つの理由だけでも、なぜどんな国家も、その収入がたえず増大してゆかなければ存続しえないのかを示している。

この増大の必要を感じ始めることは、同時に国家の内部的無秩序の最初の兆候である。そして賢明な行政官は、現在の必要を満たす資金を見出すことに注意を払いながらも、この新しい必要の遠因の探求を怠らない。それはちょうど船員が、船が浸水するのを見て、ポンプを動かしながらも同時に穴を見つけだしてふさぐことを忘れないのと同じである。

この原則から、財政の管理についてのもっとも重要な格率が出てくる。それは、収入を大きくすることよりもはるかに多くの注意を払って必要を予防することにつとめることである。救済策は、どんなに敏速に用いることができるとしても、弊害のあとになってはじめて、またそれよりもゆっくりと現われるから、国家をつねに苦痛のなかに放置するものである。人がある不都合の匡正を考えているあいだに、すでに別の不都合が表面化し、救済手段それ自体が新たな不都合を生みだす。このようにして結局は、国民は借金に苦しみ、人民はおしつぶされ、政府はその活力のすべてを失い、もはや多額の金を用いてわずかのことしか行なわないであろう。十分に証明されたこの重大な格率から、古代の政府の驚くべき偉業が生まれたと私は確信する。彼らは、われわれの政府がその全財宝を用いてなしうることよりも多くのことを節約によってなしとげたのであった。そしておそらくここから、経済という言葉の通俗的意味が生まれた。つまりそれは、人がもたないものを獲得する手段よりも、むしろもっているものの賢明な取り扱いと理解されているのである。

管理者の誠実さに比例して国家に利益をもたらす公有地とは別に、もし人が、全般的な行政の力のすべて、とりわけそれが合法的手段に限られるときの、その力のすべてを十分に認識すれば、首長たちが諸個人の財産に手をふれないで、あらゆる公共の必要にあらかじめそなえるために持っている手段［の大きさ］に驚くであろう。彼らは国家の全通商の支配者であるから、多くの場合それに干渉していると見られずに、すべての必要を満たすような仕方で通商を運営することほど容易なことはない。財政の管理者が、十分に広い視野を持ち、場合によっては外見上の間近な損をしても、さきになって莫大な利益を実際に手に入れることを心得ていさえすれば、農産物や貨幣や商品を、時と所に従い必要に応じて公正な割合で分配することは財政の真の秘訣であり、富の源泉である。政府が、豊作の年には穀物の輸出に対して、不作の年にはその輸入に対して、関税を受けとるのではなくて奨励金を支払うのを見るとき、それが本当だと信じるには、その事実が眼前に示されることが必要であろう。もし古代にこのようなことが起これば、人々はそれを作り話のなかに入れたであろう。不作の年に飢饉を防止するために、公共の倉庫の設立が提案されたと仮定しよう。しかしきわめて有益なこの制度の維持が、どれほど多くの国で、新しい租税の口実にならないであろうか。ジュネーヴでは、賢明な行政によって設立され維持されるこれらの穀物倉庫は、不作の年には公共の救済手段になり、またつねに国家の主要な収入になる。この建物の正面には「養い、富ませる」という美しく、正しい銘が見られる。ここで良い政府の経済制度を説明するために、私はしばしばこの共和国の制度に眼を向けた。このように私がすべての国に行きわたらせたいと考える賢明さと幸福の実例を私の祖国に見出すのはなんと仕合わせなことであろうか。

国家の必要物がどのようにして増大するかを調べれば、次のことがわかるであろう。すなわちその増大は、個人の場合とほとんど同じように、しばしば真の必要よりも無用な欲望の増大によって起こること、人はしばしば収入をふやす口実をつくりだすためにのみ支出をふやすこと、したがって国家は、ときとしては、富もうとしないことによって利益を得るし、この外観上の富は国家にとっては、結局のところ、貧困そのものよりももっと厄介なものであることである。たしかに、一方の手で人民から取りあげたものをもう一方の手で与えることによって、人民をいっそう厳密な依存関係のもとにおくことを期待することはできる。そしてそれが、ジョゼフ（一四）がエジプト人に対して用いた政策であった。しかしこの無益な詭弁は、貨幣はそれが出てきたのと同じ人のもとにはもはや帰らないし、このような格率によっては、有用な人間から剝ぎとったもので怠け者を富ませるだけだから、それだけいっそう国家にとって有害である。

　征服欲が、このような増大のもっとも明白で、もっとも危険な原因の一つである。この欲望は、多くの場合、それがあらわすように見えるものとは別の種類の野心から生まれ、かならずしも外見どおりのものではない。その真の動機は、国家を強大にするという外見上の願望よりも、むしろ軍隊の増強の助けを借り、戦争という目的が市民の心のなかにつくりだす気晴らしを利用して、首長の権威を国内において増大させるという隠された欲望にあるのである。

　少なくともきわめて確かなことは、征服国民ほど搾取された貧しい国民はないということであり、彼らの成功そのものが彼らの貧困を増大させるだけだということである。歴史がこのことを教えないとしても、国家が大きくなればなるほど、経費はそれに比例して大きくなり高くつくようになるということを証明するには、理性があれば十分である。なぜなら、すべての州は一般行政の費用に対する割当て分を負担しなければならないし、各州は、そのほかに、自分自身の費用として、独立していた場合と同じ費用を行なわなければならないからである。さらに加えて、あらゆる富が一つの場所でつくられて別の場所で消費されることになり、このことが直ちに生産と消費の均衡を破壊し、ただ一つの都市を富ませるために多くの地方を貧困におとしいれる。

公共の必要の増大にはいま一つの源泉があり、それはさきの源泉に由来する。市民たちが自分たちをもはや共同の大義にかかわりを持つものとみなさず、祖国の防衛者であることをやめ、行政官たちは、自由人をよりよく服従させるために、時と所によって傭兵を用いるに過ぎないとしても、自由人より傭兵を指揮することを好むような時期が来るかもしれない。共和政末期と帝政下のローマの状態は、このようなものであった。なぜなら初期のローマ人の勝利はすべて、アレキサンダーの勝利と同じく、勇敢な市民によってもたらされたものであり、彼らは祖国のために必要に応じてみずからの血を与えることを心得ていたが、けっしてそれを売ったりはしなかった。マリウスが（一五）、ジュグルタの戦いで、解放民や浮浪人やその他の傭兵を軍団に導入して、軍団の名誉を傷つけた最初の人間である。人民を幸福にする義務を負いながら、人民の敵になった圧制者は、表面上は外国人を抑えるために、実際には住民を抑圧するために、常備軍を設立した。この軍隊をつくるためには耕作者を土地から引き離さなければならなかったが、耕作者の不足は農産物の質を低下させ、また軍隊の維持がさまざまな租税を導入し、それが農産物価格を上昇させた。この最初の混乱が人民に不平を言わせ、それを抑えるために軍隊を増強し、その結果、貧困を増大せざるをえなかった。そして絶望が深まれば深まるほど、その作用を防止するためにますます絶望を深化させざるをえない状態におちいった。他方では、これらの傭兵は、彼らが自分を売る値段にもとづいて評価することができるが、彼らは自分の堕落を誇りとし、自分たちを守ってくれる法律や、自分たちがそのパンを食っている同胞を軽蔑し、ローマの防衛者であることよりもカエサルの家来であることのほうがもっと名誉なことだと考えた。さらに彼らは盲目的な服従に身をささげ、職務上、最初の合図で同胞を皆殺しにする用意をととのえて、彼らの同胞に対して短剣をふりかざしつづけた。ここにこそローマ帝国の滅亡の主な原因の一つがあったことを証明するのは困難なことではないであろう。

現代では、大砲と築城の発明が、ヨーロッパの君主たちに彼らの地位を守るために常備軍の使用を復活することを余儀なくさせたが、その動機がより正当であるとしても、その結果は同じように有害であることを恐れるべきである。軍隊や駐屯地をつくるためには、やはり農村人口を減少させざるをえないであろうし、それらを維持するには、やはり人民を搾取しなければならないであろう。そしてこの危険な制度は、しばらく以前から、ヨーロッパ全土で非常に急速に発展しているので、間近に迫ったヨーロッパの人口減少と遅かれ早かれヨーロッパに住む国民が破滅することとしか予想できないほどである。

いずれにせよ、このような制度は、国家の主な収入を公有地からひきだすという真の経済制度を必然的に覆し、献金や租税という厄介な財源しか残さないことを知らなければならない。これらについてはまだ語るべきことが残っている。

ここで、社会契約の基礎が所有にあること、その第一の条件は、各人が自分に属するものを平和に享受することのできる状態におかれることにあることを思いださなければならない。各人は同じ協約によって公共の必要に拠金することを、少なくとも暗黙のうちに、義務づけられているというのは本当だ。しかしこの義務は、基本法を侵害することはできないし、その必要が明らかだと納税者が認めることを前提にしているから、この拠金は、合法的であるためには、自発的なものでなければならないことがわかる。自発的というのは、あたかも市民一人一人の同意を得ることが必要であり、市民は自分の好きなだけしか出さなくてよいというような、連合の精神とは正反対の特殊意志によるものではなくて、多数決と、課税に恣意的なものをまったく残さない比例税率とにもとづく一般意志によるものでなければならない。

　租税は人民あるいはその代表者の同意によってのみ合法的に設立されうるというこの真理は、国家基本法の問題に関してなんらかの名声を得ているあらゆる哲学者と法律家によって、一般に承認されており、ボダンその人もその例外ではない。もしだれかが表面上はこれと反対の格率をうちたてたとしても、その格率をもたらした特殊な動機を容易に見てとることができるだけではなくて、彼らはそこに多くの条件や制限をつけるので、結局のところ、事態はまったく同じことに帰着することになる。実際、人民は拒否することができるというのも、君主は要求してはならないというのも、権利についてはどちらでもよいことであり、力だけが問題だとすれば、合法的であるかないかを検討することはもっとも無益なことであろう。

　人民から徴収される租税には次の二種類がある。一つは物的なものであり、物に対して徴収される。もう一つは人的なものであり、頭割りで徴収される。それぞれに対して租税あるいは献納金という名前が与えられる。人民が彼の与える金額を確定するときには、献納金とよばれ、人民が課税収益全体を承認するときには、それは租税である。『法の精神』(一六)という書物では、頭割りの税は隷属状態により適しており、物に対する税は自由により適していると書かれている。一人あたりの負担額が平等である場合には、このことに議論の余地はないであろう。なぜなら、このような租税ほど比例を無視したものはないし、自由の精神は、とりわけ比例が正確に守られることにあるからである。しかし、頭割りの課税が、フランスで人頭税の名を持ち、このように物的であると同時に人的でもある租税がそうでありうるように、諸個人の資力に正確に比例しているときには、それはもっとも公正なものであり、したがって自由な人間にもっとも適したものである。この比例は、最初のうちは非常に容易に守られるように見える。なぜなら、その申告は各人が世の中で占める身分にかかわっており、つねに公的なものだからである。しかし貪欲や勢力や不正行為は明らかな証拠でさえもごまかす術を心得ているということは別としても、この計算のさいに、そこに入るべき要素がすべて考慮されることはまれなことである。まず第一に、すべての事情が等しいとすれば、他人の十倍の財産を持つ人は十倍多く支払うべきだという量的な比例関係を考慮しなければならない。第二に、用途の関係、すなわち必要なものと余分なものとの区別を考慮すべきである。たんなる必要物しか持っていない人は、なにも支払うには及ばない。余分なものを持つ人に対する課税は、必要な場合には、彼の必要分を越えるすべてのものにまで達することができる。それに対して彼は、自分の地位を考えると、下層の人には余分なものでも自分にとっては必要物なのだと言うであろう。しかしこれは嘘である。なぜなら偉い人も牛飼と同じように足は二本であり、同じように腹は一つだからである。さらにこのいわゆる必要物は、彼の地位にとってほとんど必要ではないから、もし彼が称讃すべき理由からそれを断念することがでってきたとすれば、彼はそのためにいっそう尊敬されるだけであろう。人民は、国家の緊急の必要にあたって馬車を売り払ったために歩いて会議に出かけるような大臣のまえに、ひれ伏すであろう。要するに、法律はだれに対しても豪奢であることを命令するものではないし、身分にふさわしくすることはけっして法律に反対する理由にはならないのである。

第三の比例関係は、各人が社会的結合からひきだす効用の割合であって、それはまったく考慮されていないが、つねにまっさきに考慮されなければならないものである。社会的結合は、金持の莫大な財産をしっかりと保護するが、貧乏人に対しては、自分の手で建てた粗末な小屋に住むことをかろうじて許すだけである。社会のあらゆる利益は有力者と金持のためのものではないだろうか。あらゆる有利な職務は彼らだけによって占められていないだろうか。あらゆる恩恵や義務の免除は彼らのために取っておかれてはいないだろうか。公共の権威はすべて彼らに有利ではないだろうか。名士が債権者のものを盗んだり、その他の詐欺をしても、罰せられないことはつねに確実ではないだろうか。名士が棒で殴ったり、暴行を加えたりしても、また彼に罪のある暗殺や殺人でさえも、事件はもみ消され、六か月もたてばもはや問題にされなくなるのではないだろうか。この同じ人物が盗難にあったときには、全警察が直ちに活動を始める。このような男に疑われた無実の人こそ災難だ！　彼が危険な場所へ行けば、そこでは護衛が活動を開始する。彼の馬車の車軸がたまたま折れると、みんなが助けに飛んでくる。戸口が騒がしいときには、彼が一言いうと、まったく静かになる。群衆が邪魔であれば、彼が合図をするとみんなが道をあける。荷車引きが彼の通行途上にいれば、従者たちがすぐにうちのめす。こうしてこの供回りの一行のうちの一人の怠惰な下司野郎が遅れるよりも、自分たちの仕事にゆく五十人の真面目な歩行者がふみつぶされるのである。これらすべての配慮は彼には一スーもかからない。それは金持の権利であって、富で買うものではないのである。貧乏人の場合の光景はなんと異なっていることだろう。人類が彼に負うところが大きければ大きいほど、社会はますます彼を受け入れることを拒む。彼が扉を開ける権利を持っている場合でさえ、あらゆる扉が閉じられる。さらにもし彼がときとして正当な評価を得るとしても、それは他の人が恩恵を得るよりもずっと多くの苦労によってのことなのである。それに対して賦役を課すとか義勇兵をつのる場合には、選ばれるのは彼である。彼はつねに自分の義務のほかに、もっと金持の隣人がその勢力のおかげで免除される義務をも負担する。彼に起こった事件がどんなに小さくても、だれもが彼に背を向ける。彼の貧弱な荷馬車がひっくりかえれば、だれかに助けられるどころではないのであって、彼が途上で、若い公爵のぶしつけな従者たちから侮辱を受けることを免れることができれば彼は幸福だと私は思う。要するに、あらゆる無料の援助は、まさに彼が支払う金を持っていないことのために、彼が必要とするときに、逃げ去ってしまう。ところでもしこの男が不幸にも正直な心と愛らしい娘と有力な隣人を持っているとすれば、彼はもう万事休したも同然の人間だと私は思う。

これに劣らず重要なもう一つの注意すべきことは、貧乏人の受けた損失は金持のそれよりもはるかに償いがたいということであり、必要の大きさに比例して獲得の困難は増大するということである。無からはなにも生じないのである。このことは物理学においてと同じように商売においても正しい。貨幣は貨幣の種子であり、ときとしては、最初の一ピストル金貨を手に入れることは二番目の百万ピストルを手に入れることよりも困難である。それだけではない。つまり貧乏人が支払うすべてのものは、彼にとっては永久に失われてしまい、金持の手中に残るか、返ってしまうのである。そして租税収入が遅かれ早かれ通過するのは政府に関与する人々、あるいはその側近の人々だけであるから、彼らは、自分の負担額を支払うときですら、租税をふやすことに明白な利益を持っているのである。

この二つの身分のあいだの社会契約を簡単に要約しよう。「お前には私が必要だ。なぜなら私は金持で、お前は貧乏だからだ。だからわれわれのあいだで一つの協定をつくろう。私はお前が私に仕える名誉を持つことを認めよう。その条件は、私がお前に命令するために支払った苦労に対して、お前の手許に残っているわずかのものを私に与えるということだ。」

これらすべてのことを注意深く結びつければ、租税を公正で真に比例的な仕方で配分するには、課税はたんに納税者の財産に比例して行なわれるべきではなくて、さらに彼らの身分の差異と彼らの財産のうちの余剰分との複比例で行なわれなければならないということがわかるであろう。これは非常に重要で非常に困難な演算であって、毎日、正直で算術を心得ている多くの帳簿係が行なっていることであるが、プラトンやモンテスキューのような人たちなら、恐れおののき、天に知識と公正さを願ってからやっと思い切って引き受けるほどの仕事である。

対人税のもう一つの不都合は、それがあまりに強く感じられ、また過度に厳しく徴収されることであるが、それでもやはり対人税の多くは徴収不可能なものになりがちであることに変わりはない。なぜなら納税者名簿や追及から人間を隠すことは財産を隠すことよりも容易だからである。

地租または物品税は他のすべての課税のうちで、人民の不便が最小であることよりも収益の量と徴収の確実さのほうにより多くの配慮が払われる国においては、いつももっとも有利なものと考えられてきた。農民を怠惰からめざめさせるためには負担を負わせるべきであり、農民はなにも支払わなくてもよいときにはなにもしない、と人は図々しくも言いさえしてきた。しかし世界中のあらゆる国民の経験が、このばかげた格率を否定している。実際、土地がもっともよく耕されているのは、耕作者がごくわずかしか支払わないオランダやイギリスにおいてであり、とりわけ耕作者がなにも支払わないシナにおいてである。これと反対に、農民が畑の生産物に比例して負担を課せられるところではどこでも、農民は畑を荒れたままにしておくか、ちょうど生きるのに必要なだけしかつくらない。というのは、自分の労苦の成果を失ってしまう人にとっては、なにもしないほうが得だからである。そして労働に罰金を課するのは、怠惰を追放するためにしてはまったく奇妙な手段である。

土地または穀物への租税からは、とくにそれが過重であるときには、非常に恐るべき二つの不都合が生じ、その結果、かならずやこの租税を制定するすべての国の人々を減少させ、ついには破滅させるであろう。

その第一の不都合は、正貨の流通の不足から生じる。というのは、商業と工業は農村のすべての貨幣を首都にひきよせるからである。そのうえ、租税は、農民の需要と穀物の価格とのあいだに存在しえた均衡を破壊するから、貨幣は農村からたえず流出し、けっして帰ってこない。都市が豊かになればなるほど、農村はますます貧しくなる。租税収入は、君主や財政家の手を通って、手工業者や商人の手に入る。そしてその最小部分しか受け取らない耕作者は、結局、いつも同じように支払って、つねによりわずかのものしか受け取らないから、疲れはててしまう。静脈だけで動脈を持たない人間とか、動脈が心臓のすぐ近くにしか血液を運んでゆかないような人間が生きてゆくことができるなどとどうして期待することができるだろうか。ペルシアでは農産物に対する王の課税は農産物で支払われる、とシャルダン(一七)は述べている。この習慣は、ダリウス王にいたるまで同国で実行されていたとヘロドトスが証言しているが、私が先に述べた弊害を防止することができる。しかしペルシアの知事や監督官や帳簿係や倉庫番がペルシア以外のどの国の人間とも別の種類の人間だというのでもないかぎり、これらの全収益のうちのごくわずかでも国王のもとに届くとか、穀物がどの倉庫においても腐敗しないとか、火事で大部分の倉庫が焼けてしまわないとかいうようなことを、私はほとんど信じることができない。

第二の不都合は、外見上の利益から生じ、それは気づかれないうちに害悪を増大させる。それは、穀物はその生産国においては、租税によってけっしてその値段の上がらない商品であり、その絶対的な必要性にもかかわらず、その量が減少しても価格が上昇しない商品だということである。このことのために、穀物は安価なままであるのに多くの人間が飢えて死ぬとか、農民だけが、販売価格からまえもって控除することのできない租税を負担させられるとかいったことが生じるのである。この土地税については、租税が商品の値段を上昇させ、そのことによって、商人よりも買い手によって多く支払われることになるようなあらゆる商品に対する課税についてと同じように推論してはならないことに十分注意を払わなければならない。というのは、このような租税はどんなに高くても、自発的なものであり、購入する商品量に比例して商人によって支払われるにすぎず、さらに商人は売行きに応じてしか買入れないので、商人は個々の買い手にその支払いを命令することになるからである。それに対して農民は、売ろうと売るまいと、耕作する土地に対して決められた期限までに支払わなければならないから、その商品に自分の気に入る値段がつくまで自由に待つことはできないし、さらに生活のために売らないときでも税金を払うために売ることを余儀なくされ、それゆえ、ときによっては、課税が巨額であることが農産物を低価格に維持するのである。

さらに商業や工業の資力は、貨幣を豊富にすることによって租税をもっと耐えやすいものにするどころか、いっそう耐えがたいものにするだけだということに注目すべきである。ある国の貨幣の最大量あるいは最小量が、大きなあるいは小さな対外的信用をその国に与えるとしても、それは、市民の現実の富を変化させるものではけっしてないし、彼らをより裕福にするものでもより貧しくするものでもないという、まったく明白なことを強調するつもりは私にはまったくない。しかし次の二つの重要な注意をしておこう。一つは、国家が余分の食料品を持ち、貨幣の豊富さが外国人のもとでの販売からもたらされるというのでなければ、商業が行なわれる都市だけがこの豊かさの影響を受け、農民は相対的にいっそう貧乏になるだけだ、ということである。いま一つは、貨幣の増加とともにあらゆるものの値段が上がるので、租税もそれに比例して上がらざるをえず、したがって農民はより多くの財産を手に入れるわけではないのに、より多くの負担を課せられることになる、ということである。

土地に対する課税は、じつは、その生産物に対する租税であることを知らなければならない。しかしながら買い手によって支払われる穀物税ほど危険なものはないということではだれの意見も一致している。そうだとすれば、この租税が耕作者自身によって支払われるときには、その弊害は百倍も大きくなることがどうして理解されないのであろうか。この租税は国家の存在をその根源から攻撃することではないのか。またそれは可能なかぎり直接的に国の人口を減少させ、その結果、ついには国を崩壊させるように作用するのではないか。なぜなら一国民にとって人間の欠乏ほど有害なものはないからである。

本当の政治家だけが、課税の割当てにおいて財政という目的よりも高い視野を持ち、重い負担を有効な政治の規則に変え、このような制度は租税収入よりもむしろ国民の幸福を目的としているのではないかと人民に考えさせることができる。

国は必要としないが、住民が渇望する外国商品の輸入に対する課税、国内で過剰に生産されているわけではないが、外国人がなしですますことのできない商品の輸出に対する課税、無益であまりに営利的な工芸品に対する課税、純然たる嗜好品の都市への移入や一般にすべての贅沢品に対する課税――これらの課税は、この二つの目的をすべて果たすであろう。貧乏人の負担を軽くし、金持に負担を負わせるまさにこのような租税によってこそ、財産の不平等の継続的な増大や、多数の労働者と無用な召使の金持への隷属や、都市における有閑者の増加や農村の荒廃を防止しなければならない。

物の値段とそれに課せられる租税とのあいだに一定の比例関係を設けて、脱税の利益が非常に大きいために個人の貪欲が脱税行為にまで導かれることのないようにすることが重要である。さらに、隠すのがあまり容易でない商品を選んで、闇取引が容易になることを防止しなければならない。要するに、租税は課税された商品の販売者によってよりむしろその使用者によって支払われるほうが望ましい。なぜなら前者に対しては、彼が課せられる税額のためにそれをごまかすより多くの誘惑と手段が与えられることになるからである。これは世界中で租税がもっとも高く、かつもっともよく支払われる国であるシナでたえず行なわれてきた習慣である。そこでは商人はなにも支払わず、買い手だけが税金を支払うが、不平も暴動も起こらない。その理由は、米や麦のような生活必需品は完全に免税されているので、人民はまったく搾取されず、租税は豊かな人々にのみかけられるからである。さらにこれらすべての予防策は、闇取引に対する恐れからよりもむしろ、政府が諸個人を非合法な利益の誘惑から守るために払うべき配慮から行なわれなければならない。非合法な利益は、諸個人を悪い市民にし、やがては、破廉恥な人間にしてしまうからである。

従僕、車馬、鏡やシャンデリアや室内装飾品、織物や金装飾品、屋敷の中庭や庭園、あらゆる種類の見せ物、道化役者や歌手や寄席芸人のような無益な職業、一言で言えば奢侈や娯楽や暇つぶしのための対象に対しては重税をかけるべきである。これらはすべての人の眼をひき、その唯一の用途は見せあうことにあり、見られなければ役に立たないものであるだけに隠すことのできないものである。このような租税収入は、絶対的な必要物ではないものにしかもとづいていないために不確かになるのではないか、と心配するには及ばない。人間はいったん奢侈に魅せられたのちにも、奢侈を退けることができるなどと考えるのは、人間をひどく誤解することである。彼らはむしろ必要品に対しては百倍もあきらめがよいであろうし、恥を受けて死ぬよりも飢えて死ぬほうをはるかに好むであろうからである。自分を裕福に見せる虚栄心が物の高価さや租税負担を利用するときには、出費の増大は出費を維持する新たな理由となるにすぎないであろう。金持がいるかぎり、彼らは貧乏人から区別されたいと考えるだろうし、国家はこの差別感にもとづくより以上に安上がりでより以上に確実な収入を生みだすことはできないであろう。

同じ理由によって、財政を豊かにし、農民の負担を軽くすることによって農業に活気を与え、国家の真の力をなす中産階級のすべての財産を気のつかぬうちに接近させるような経済制度から、工業が害を受けることはまったくないであろう。租税がいくつかの流行をいっそうすみやかにすたらせるのに役立つ場合があるということは認めよう。しかしこれは労働者の儲け仕事がとりかえられるにすぎないのであり、国庫はそれによってなにも失いはしない。要するに、統治の精神はつねにあらゆる租税を富の余剰分に課することであると仮定すれば、次の二つのどちらかが起こるであろう。一つは、金持が彼らの余計な出費をやめて有益なことだけをする場合であり、それは国家の利益になって返ってくるであろう。そのときには租税の割当ては最良の奢侈禁止法の効果をもたらすであろう。国家の出費は個人の出費とともに必然的に減少するだろうし、このやり方によって、国庫の受け取る収入がその支出ほどに減少することはありえないであろう。いま一つは、金持が浪費をまったく減らさない場合である。この場合には、国庫は国家の現実の必要を満たすために探している資金を租税収入のなかに見出すであろう。第一の場合には、国庫はしなくてもよい出費全部の分だけ豊かになるであろうし、第二の場合には、個人のむだな出費の分だけ豊かになるであろう。

以上述べてきたすべてのことに、国家基本法に関する重要な区別をつけ加えておこう。そして自力ですべてをなしとげようとする政府はこの点に大きな注意を払わなければならないであろう。対人税と絶対に必要なものへの課税とは所有権を直接に侵害し、したがって政治社会の真の基礎を侵害するから、人民あるいはその代表者の明白な同意によって設定されるのでなければ、つねに危険な結果に陥りやすい、と私は述べた。しかし使用を断念することのできる物品への課税については、事情は同じではない。なぜなら、この場合には個人はけっして支払いを絶対的に強制されるのではないから、納税は自発的なものと見なすことができるからである。したがってこの場合には、それぞれの納税者の個別的な同意が一般的な同意の代わりをするのであり、また見方によってはそのように想定されさえするのである。実際、支払いたいと考えている人にしか課せられない租税に対して、どうして人民が反対するであろうか。政府は、法によって禁じられてもおらず、習俗に反してもいないが、政府が禁止することのできるすべてのことを、租税の支払いとひきかえに許可することができるということは、私には確かであるように思われる。たとえば、政府が四輪馬車の使用を禁止することができるとすれば、政府はもっと強い理由から四輪馬車に課税することができるし、それこそ、その使用をやめさせずにそれを攻撃する賢明で有効な手段である。このときには、租税は一種の罰金とみなされ、その収入は罰金によって罰せられる悪弊を償うのである。

おそらくだれかが私に次のように反論するであろう。ボダンが詐欺師と呼ぶ人々、すなわち租税を課したり、考えだしたりする人々は、金持階級に属しているから、自分自身を犠牲にして他人の負担を免除したり、貧乏人の負担を軽くするために自分自身で負担したりするような考えは持たないであろう、と。しかしこのような考えは捨てなければならない。実際もし各国民において、主権者が人民の統治をゆだねた人々が、身分上、人民の敵であるならば、彼らが人民を幸福にするためになすべきことをわざわざ研究するには及ばないであろう。

訳注

（一）　サー・ロバート・フィルマー（一五八九―一六五三）。イギリスにおける王権神授説の代表者。『家長制国家』は一六八〇年に刊行。

（二）　ジョン・ロック『統治二論』（一六九〇）とアルジャノン・シドニ『政府論』（一六九八）のこと。

（三）　『百科全書』の実際の項目は「自然法」である。ディドロの執筆に成るこの項目は、一般意志を人類にまで広げている点、社会内の部分集団の持つ意志が全体社会の一般意志と連続的につながっていると述べている点で、ルソーの主張とは大きく相違している。

（四）　プレイアード版では、praticien（臨床医家）となっているが、『百科全書』でもヴォーン版でも patricien（貴族）となっている。前後の文脈も考慮に入れて、patricien を採用した。

（五）　マキアヴェッリ『君主論』のこと。

（六）　プラトン『法律』第四巻、七一九E―七二三E（『プラトン全集』第一三巻、二八二―二九二頁、岩波書店）

（七）　小カトー（前九五―四六）。ローマの政治家。高潔な人物として知られている。

（八）　ポンペイウス（前一〇六―四八）。ローマ共和政末期の政治家、軍人。カエサル、クラッススと結んで三頭政治を起こした（前六〇）が、のちにカエサルと闘い敗北した（前四八）。

（九）　小カトーの娘でブルートゥスの妻。

（一〇）　サミュエル・フライヘル・フォン・プーフェンドルフ（一六三二―九四）。国家の成立を原始契約に求め、国家主権は理性、自然法に制約されると主張した。ここでルソーが言及しているのは、『自然法と万民法』（一六七二）第四篇第一〇章第四節。

（一一）　ジャン・ボダン（一五三〇―九六）。国家主権の絶対性を主張し、近代的主権概念をうちたてた。ルソーが言及しているのは、『国家論』（一五七六）第一巻第六篇第七章。

（一二）　ローマ市の伝説的な建設者。
（一三）　ローマ皇帝（六八―六九）、元老院と人民の擁護者をもって任じ、国家財政の節約に力を尽くした。
（一四）　『創世記』にでてくるエジプト王の代官。
（一五）　ガイウス・マリウス（前一五七―八六）。ローマの将軍。アフリカにおけるジュグルタ戦争（前一一一―一〇五）の平定にあたって、従来の市民兵制度を棄てて、兵役資格のない貧民を集めて軍隊を組織した。ローマにおける軍隊の私兵化の始まりといわれる。
（一六）　『法の精神』第一三篇第一四章。
（一七）　ジャン・シャルダン（一六四三―一七一三）。フランスの旅行家で、インド、ペルシアの旅行記を書いた。

サン＝ピエール師の永久平和論抜粋

宮治弘之 訳

そのとき人類がたがいに相談して武器を棄て、
しかもあらゆる種族がたがいに愛しあわんことを。
ルカヌス（一）

ヨーロッパのすべての諸国民のあいだの永久で普遍的な平和の計画にもまして、偉大で、みごとで、有益な計画はこれまで人間の精神に宿ったことはなかったが、それと同じく、こうした計画を実行に移すためのさまざまな方法を提案する著作家にもまして、民衆の注目をひくに値する著作家もこれまでなかった。こうした議題に出会うと、感受性が豊かで徳の高い人間ならば、ほんのわずかでも感激にむせばずにいるなどということは、まったく難しいことである。それに、自分の熱意さえあれば何事もたやすくできると思っている、真に人間性に富んだ心情の持主の抱く幻想が、いま述べた理由で、気難しくて仮借《かしゃく》なく拒絶するあの理性よりも好ましくないものかどうか私にはわからない。ところでこの理性は公共の福祉に対してつねに無関心なので、この福祉を促すことのできるあらゆる状況にとってはまず障害となる。

私は、大勢の読者があらかじめ疑いの念を固く心に抱いて、確信を得る喜びにさからおうとしていることを疑ってはいないし、ひどく苦々しい顔をして頑固なまでに思慮分別を守ろうとするそんな連中を憐れんでいる。だが私は、どこかの誠実な魂の持主に、人類にとってこれほど興味ある主題について私がペンをとる、えもいわれぬ感動をともに味わってもらいたいと願う。私はともかく頭のなかで、すべての人間が協力し、愛しあう有様を眺めることにしよう。永遠の和合のなかで生き、全員が同じ格率によって導かれ、全員が共通の仕合わせを楽しむような同胞たちの住む、心地よく平和な社会を思い浮かべることにしよう。そして、私自身の心のなかにこのようにほろりとする一場面を描きだしてくれるなら、この世にはありえない至福の面影が、しばしのあいだ私に本当の幸福を味わわせてくれることだろう。

いま述べた最初の数行を、私の心に満ち溢れていた感情からどうしても書かずにはいられなかった。これからは冷静に推論するように努める。何事も証明しないうちは提案するまいと固く心に決めているので、読者の側においても何事も反駁しないうちは否定してもらいたくないと私からお願いしても差し支えあるまい。私が恐れるのは、たんなる理窟屋よりもむしろ、証明されても降参しないばかりか、その証明になんの異議もはさもうとしない連中である。

任意のある統治形態〔政府〕を改善する方法についてじっくりと考察してからでなくとも、その政府の体制からというより、その外部との関係から生まれる面倒な事態や障害は認めることができる。それゆえ、政府の統治に当然払うべき配慮の大部分を、やむをえずその安全保障に向けたり、政府をそれ自体として完全なものにするよりはむしろ、ほかの政府に対抗できるように仕向けることを考慮したりする羽目になる。もしも社会秩序が、よく言われるように、情念よりはむしろ理性の所産だとすれば、世人がわれわれの仕合わせのためにあまりにも情念を燃やしすぎたのか、それとも燃やし足りなかったのか気づくのに、これほど長いあいだ手間どっただろうか。またわれわれのだれもが自己の同胞の市民たちとは社会状態にありながら、残りの世界全体とは自然の状態を保っているので、われわれはひたすらわれわれ個人のあいだの戦いを予防したが、それがかえってさらに千倍も恐ろしい、全体にわたる戦争に火をつけている事実や、さらにまた何人かの人々と協力することによって、われわれが現実に人類の敵となっている事実には、なかなか気づかなかったにちがいない。

こうした危険な矛盾を取り除く方法がなかにあるとすれば、それは、個人相互を結んでいる絆に似たものによって人民を結び合わせ、当事者すべてを同じようにその法律の権限に従わせるような連合政府の形態をとるほかにはありえない。それにこの政府は、大国および小国の利点をすべて同時に含み、その威力によって外部に対しては恐るべき存在となり、法律がそこでは施行されて、臣民も、元首も、さらに外国人も、同じように制御するのにふさわしいただ一つの政府という意味において、ほかのどのような政府よりも好ましいように思われる。

この形態は、いくつかの点で新しいように見えるし、また実際に近代人(二)でなければ十分に理解できないものだったとはいえ、古代人が知らなかったわけではない。ギリシア人には民族連合会議代表《アンフィクチヨン》(三)があり、エトルリア人には十二都市連合《リユキユモニー》(四)があり、ラテン人には民族会議《フエリー》(五)があり、ガリア人には都市国家《シテ》(六)がそれぞれあったし、またギリシアの最期の吐息はアカイア同盟(七)においてやはり目立っていた。だがこうした国家連合のうちどれ一つとして、賢さという点では、ゲルマン連邦(八)や、ヘルヴェチア同盟や、オランダ連邦《エタ・ジエネロー》といった国家連合には及ばなかった。こうした政治体がいまでもごく少数で、しかもその政治体がそなえるにふさわしいと思われている完成度からはるかに遠いのは、最善の状態は当事者の思い通りには実現されず、また政治の分野においても道徳の分野においても、われわれの知識の広がりはわれわれの不幸の増大をたいていの場合証明するにすぎないからである。

こうした世間周知の国家連合のほかに、これほど目立ちはしないが、それでも同じくらい現実的な国家連合が、利害関係の一致や、格率の連関や、慣習の合致によって、はたまた分裂した人民に共通なさまざまな関係を相変わらず続けさせるいろいろなほかの事情によって、それとなく形成されることがある。このようにして、ヨーロッパの強国はすべておたがいにいわば組織を形づくっており、この組織がそうした列強を、同一の宗教により、同一の万民法により、風俗により、文学により、通商により、さらにこうしたすべての現象の必然の結果ともいえる一種の均衡によって結びつけている。ところでこの均衡は、実際にはだれ一人として保持しようなどと夢にも思っていないのに、それにもかかわらず大勢の人々が考えているほどたやすくは破ることができない代物である。

ヨーロッパの人民のこうした社会は、いつも存在していたわけではない。ただ、この社会を産んだ特殊な原因はどれも、いまでもこの社会を維持するのに役立っている。事実、ローマ人の征服する以前は、世界のこの地域の人民はすべて、野蛮でおたがいに相手を知らず、人間という資格のほかには共通な要素はなにも持っていなかったが、この資格も、その当時は奴隷制度のために下落していて、その精神の上では野獣という資格とほとんど違ってはいなかった。それゆえギリシア人は、理窟好きで傲慢なため、いわば人類を二つの種に区別したのだが、その一つ、すなわち自分たちの種は、命令するためにつくられているのに、もう一つの種は、世界の残り全体を含んでいて、ひたすら仕えるためにつくられているのだと述べている。この原理によれば、ガリア人とかイベリア人は、ギリシア人にとってはガフラリア(九)とかアメリカの未開人以上の存在ではないという結果になったし、野蛮人自身は、ギリシア人が自分たちすべてに対して抱いていた以上の類縁関係を仲間のあいだでは抱いていなかった。

だがこの人民が、生まれつき至高なのに、その奴隷であるローマ人に隷属させられて、地球上のこれまでに知られた半分が同じくびきに耐えようとしたとき、すぐに同じ帝国の構成員全体のあいだに市民による政治上の結合が組織された。この結合は、被征服者に征服者のあらゆる権利を分かち与えるという、まったく賢いかそれともまったくばかげた格率によって、また特に、ローマの臣民全員を自己の市民の列に組み入れた、あの有名なクラウディウスの勅令（一〇）によってきわめて固いものとなったのだ。

構成員全員を一つの集合体に結びつけていた政治上の鎖に、市民の制度と法律が加えられ、この絆に新しい力を与えたが、それにともない、広大な帝国において行ないうるかぎりの、公正で、明確で、的確な方法で、統治者と臣民の相互の義務と権利が、さらに各市民相互のあいだの義務と権利が規定された。テオドシウスの法典（一一）、ついでユスティニアヌスの全著書（一二）は、正義と理性の新しい鎖だったが、人目につくほど緩みだした主権の力の鎖にうまく取って代わった。こうした補塡《ほてん》のおかげで、帝国の崩壊は大いに遅れたうえ、帝国を悩ませていた野蛮人自体に対する統制権といったものも長いあいだ保持することができた。

第三の絆は、まえの二つよりはるかに強力なもので、宗教という絆だった。否定しえない事実だが、ヨーロッパでは今日でもやはり、構成員相互のあいだでこれまで続いてきたいわゆる社会は、特にキリスト教のおかげをこうむっている。それゆえ、この構成員のなかで、この点についてほかの連中と同じ気持に少しもならなかった者は、仲間のあいだでいつもよそ者として過ごしてきた。キリスト教（一三）は、はじめの頃はあれほど軽蔑されていたのに、ついには自己を中傷する者に対し避難所の役を務めた。あれほど残酷にキリスト教を迫害してしかも無駄に終わったあとで、ローマ帝国は自己の武力のなかにはまったく持ちあわせていない精神力をキリスト教に見出した。キリスト教の布教は帝国にとっては幾多の勝利にもまして値打ちがあった。帝国は司教たちを派遣してその将軍たちの過失を償わせたし、帝国の兵士たちが敗北したときでも、その司祭たちのおかげで勝利をかち得た。このようにして、フランク人や、ゴート人や、ブルゴーニュ人や、ランゴバルト人[一四]や、アヴァール人[一五]や、そのほかたくさんの民族が、帝国を征服したあとでも結局は帝国の権威を認めたし、少なくとも表面上は、福音書の掟とともに、その掟を自分たちに知らせてくれた統治者の掟も受け入れたのだった。

　滅びかかったこの偉大な集合体〔ローマ〕に対してだれもが抱いていた尊敬の念はじつに大きく、最期の瞬間に至るまで帝国の破壊者はローマ帝国という称号を誇りとしていたほどだった。帝国の権威を失墜させたまさに同じ戦勝者が、帝国の官吏となるさまが見られたし、もっとも偉大な王がローマ貴族の顕職や、長官職や、執政官の職を承諾したり、猟官運動する姿さえ見られた。そしてライオンが食べようと思えば食べられる人間にへつらうように、こうした恐ろしい征服者連中が、自己の思うままに覆すことのできる帝王の座に忠節を誓う姿が見られた。

　以上が、聖職者と帝国がさまざまな人民の社会上の絆を形づくるようになった経緯《いきさつ》である。この人民は現実には共通の利害関係や権利、ないしは依存関係はなに一つ持っていなかったが、共通の格率や見解は一つ持っていたので、その影響は、原動力となったものが消滅してしまっても、依然として残っていた。ローマ帝国のむかしの幻影は、帝国を以前構成していた全構成員のあいだに、相変わらずいわば連関めいたものを形づくっていた。それにローマは、帝国の滅亡後も別の方法で支配していたから、この二重の絆[1]のために、二つの強国が存在していたヨーロッパの諸国民のあいだには、世界のそのほかの地域にくらべて緊密な社会が一つ残されていたのだ。ヨーロッパ以外のさまざまな人民は、ほうぼうに散らばっているのでたがいに文通することもできず、そのうえ会合する地点もまったく持っていなかった。

（1）ローマ帝国に対する尊敬の念は、帝国が権力を失ってからもずっと生き続けたので、大勢の法学者がドイツ皇帝〔神聖ローマ帝国皇帝〕が世界の自然な主権者ではないかと討議したことがあった。さらにバルトールス（二六）は極論して、だれだろうとこうした事実を疑おうとする輩《やから》は異端者として取り扱うとまで言った。教会法学者（二七）の著書はすべて、ローマ教会の世俗上の権威に関してはこれに似た裁決で満ちみちている。

こうした経緯に加えてみるがよい。世界のそのほかの地域より人口の分布が均等で、一様に土地が肥沃で、そのすべての地域がうまくまとまっている、ヨーロッパの特殊な位置。血縁関係、および商業取引、芸術交流、植民地政策などが主権者相互のあいだによび起こした利害関係の絶えざる混淆。多数の河川とその流域の多様性がもたらすあらゆる交通路の便利。住民の移り気な気質により、たえず旅を重ねてたびたび相手の国をたずねあう傾向。印刷術の発明と学芸に対する一般の関心が生んだ、住民相互のあいだに共通する学問と知識の普及。最後に、規模の小さな多数の国家の存在に奢侈への欲望とさまざまな種類の気候とが加味されて、つねに相手の国家が必要となる現実など。こうした原因がすべてあいまって、たんにアジアとかアフリカとかいった名称のほかにはなにも共通要素のない、人民の観念上の集合ではなくて、独自の宗教や、風俗や、慣習や、はては法律までも持っている現実の社会をヨーロッパは形づくっている。そこでこの社会を構成している人民は、どの人民でもこうした要素から遠ざかればたちまち、かならず混乱をひき起こすのだ。

もう一方では、果てしない紛争や略奪、簒奪《さんだつ》、反乱、戦争、殺人が、賢者たちのこの立派な住みかを、学問および芸術のこの輝かしい安住の地を毎日のように荒廃させるのを見ると、またわれわれが口先は結構なことを言いながら実際は恐ろしい手段に訴え、格率のなかでは豊かな人間愛を示しながら現実の行動では残虐性を発揮し、あれほど温和な信仰を持ちながらあれほど血なまぐさい不寛容な態度を見せ、書物のなかではあれほど聡明に振る舞いながら実施にあたってはあれほど苛酷な政治を行ない、あれほど慈悲深い首長がありながらあれほど悲惨な人民を持ち、あれほど穏やかな政府を持ちながらあれほど残酷な戦争を行なう態度を考察すると、どうすればこうした奇妙な矛盾を解決できるか、だれにもまったくわからない。それに、ヨーロッパの人民のあのいわゆる友愛関係というのは、人民相互のあいだの憎悪の気持を皮肉に表現するための、嘲弄した名称にすぎないように思われる。

とはいうものの、この場合、事態はその自然の流れをたどっているにすぎない。法律のない、あるいは首長のいない社会はどれも、または偶然によって形づくられるか維持されている結合はどれも、事情がたまたま変わればたちまち葛藤と紛争とにかならず変質してしまうはずである。ヨーロッパの人民のむかしの結合は、利害関係や権利をいろいろなやり方で面倒なものにしてしまった。人民はじつに多くの点でたがいに通じているので、ある人民のほんのわずかな動きも、かならずほかの人民に衝撃を与えることになる。この人民相互の分裂は、おたがいの連関が緊密であるだけに、それだけ痛ましいものとなるし、そのたびたびの葛藤は内乱のもたらす残虐さに近い状態を示す。

したがって、ヨーロッパ列強の相互の状態はまさしく戦争状態（一八）であり、またこうした諸国間の部分的条約はすべて、真の平和条約というよりはむしろ、束の間の休戦条約だということは認めよう。というのは、これらの条約は一般には締結当事国のほかには特に保証国もないからで、あるいはまた、こうした当事国相互の権利は根本的には絶対にこの条約では解決されないうえに、自分の国より有力な国をまったく認めない列強のあいだでは、こうした権利ないしは、権利の代わりとなるさまざまな主張が、完全に消滅していない場合には、ほかの事情からその権利の主張者に新しい武力が与えられるとたちまち、間違いなく新たな戦争の火種になるはずだからだ。

そのうえ、ヨーロッパの公法（一九）は、打ち合わせて制定または公認されたものではないし、一般的原則はなに一つないうえに、時代と場所とによってたえず変化しているので、矛盾した規定に満ちているが、それはただもっとも強い者の権利によってだけ調整できる。それゆえ、理性は確信に満ちた指導者がいないと、疑わしい事態ではつねに個人の利害に従うので、たとえめいめいが正しい態度を示そうとしても、戦争はやはり避けられないにちがいない。善意にもとづいて行ないうることはせいぜい、こうした類の事件を、武力に訴えて解決するか、それとも一時しのぎの条約を結んで鎮めるかにすぎない。だがやがて同じような葛藤がまた燃えあがると、そうした機会に葛藤の性質を変える別の機会が加わってくる。なにもかも紛糾し、なにもかも複雑になり、事態の真相はもはやまったくわからなくなる。簒奪が権利とみなされ、弱さは不正とみなされる。そしてこの絶え間なく続く混乱のなかで、めいめいが知らぬまにまったく不当な場所に移されているので、確固とした原初の権利までさかのぼることができるならば、ヨーロッパの主権者（二〇）のなかで、自分のいま持っているあらゆる権利を返す必要のないような者はほとんどいないにちがいない。

あまり人目にはつかないが、やはり現実にある、もう一つの戦争の種子は、事物は形態を少しも変えないが、本性は変えるという点である。つまり、実際は世襲相続の国家でも、表面上は選挙制をとっているのだ。君主政諸国に議会ないし国民会議があるとか、共和政国家に世襲の首長がいるとかいうことだ。ほかの国に従属している国が相変わらず自由という外見は保っているとか、人民がすべて同じ権力に隷属していても、同じ法律によって統治されていないとか、同じ主権者から出たさまざまな国家で首長継承順序が異なっているとか、結局、各政府はつねに変質をとげるもので、その進行を妨げることはできないというものである。これこそまさに一般的だが特殊な原因なので、そのためにわれわれはおたがいに協力して相手を滅ぼし、つねに人間の血で染まった手で、じつにみごとな社会上の学説を書くようになるのだ。

悪をもたらす諸原因がひとたびわかれば、その対策は、もし存在すれば、原因そのものによって十分に指示される。だれの眼にも明白なことだが、社会はどんな社会だろうと共同の利害関係で形づくられるし、分裂はどんな分裂でも相反する利害関係から生まれる。それに偶然に起こる多数の出来事は、おたがいに別の出来事を変えたり修正したりしうるので、社会が形づくられるや否や、社会の構成員の動きを秩序立てて調整する強制力が一つ絶対に必要となるのだが、それは構成員自身では持てないような強固さを、共同の利害関係や相互の契約に与えるためなのだ。

さらに、目下のひどい状態が、ただ事物の力だけで、人為の力の助けを借りずに、いつか変わるかもしれないなどと期待するのははなはだしい誤りだろう。ヨーロッパの制度はまさに、完全に顚覆しないかぎり、いつまでも動揺しながらヨーロッパを維持しかねないような度合を帯びている。不幸はつのれども、終わることはありえない。というのは、大きな変革はどんなものでも不可能だからである。

推論に必要な明証を与えるために、まずヨーロッパの現状を大ざっぱに一瞥してみよう。ヨーロッパに住む諸国民にとって国境の役割を果たしている、山岳、海、河川の位置が、その諸国民の数と大きさを決定しているように思われる。世界のこの地域の政治上の秩序は、ある点においては、自然の所産だということもできる。

実際、あれほど誉めそやされたこの均衡がだれかによって定められたとか、均衡を保持するつもりでだれかがなにかを行なったなどとは考えるのはやめよう。均衡が存在することがわかっているだけだ。そして自分自身の心のなかでこの均衡を破るに十分な力量を感じない連中は、その個人個人の意見をこの均衡を支持する口実で覆い隠してしまう。だが均衡のことを考えようと考えまいと、この均衡は存続するので、わが身を保持するためには、自分自身のほかは必要でないし、だれも口を出すには及ばない。しかもこの均衡は一瞬破れるとしても、まもなく回復するにちがいない。それゆえ、世界君主政の夢を抱いていると非難された統治者たちが、もしも現実にそうした帝国を夢見ていたとすれば、その場合には天賦の才能よりはむしろ野心を誇示して見せたのだ。つまり、計画が滑稽だということにすぐに気づかないで、どうして一瞬でもこの計画を直視できるだろうか。ほかの専制君主たちより数段すぐれて、いつかその支配者になりうるような専制君主は、ヨーロッパには一人もいないということを、どうして感じないだろうか。さまざまな変革を行なった征服者はすべて、思いがけない兵力を率いたり、あるいは異国の、しかも異なった戦闘訓練を受けた軍隊を率いて、軍備がない分裂した軍紀のない人民のまえにつねに姿を見せた。だがヨーロッパの一人の統治者が、ほかの統治者をすべて圧倒するためには、思いがけない兵力をどこで集めるのだろうか。というのも、統治者のうちのもっとも強大な者でも全体からみればほんのごく一部分だし、だれもが仲間と組んで警戒おさおさ怠りないからだ。一人の統治者が残りのすべての統治者以上に多くの軍隊が持てるのだろうか。それはできない話で、あるいはそのために破滅が早まるだけかもしれず、それともその軍隊は数がさらにふえるために、いっそう質が落ちるだろう。こうした統治者は、ほかにくらべて十分に訓練の行きとどいた軍隊が持てるのだろうか。割合としては数はあまり多くはないだろう。ところで、軍紀はどの国でもほぼ同じか、それともやがて同じになるものだ。この統治者ははるかに多くの軍資金が手に入るだろうか。資金の出所は共通で、それに金額のおかげでみごとな征服が行なわれたためしは一度もなかった。この統治者はいきなり侵略を始めるだろうか。飢饉《ききん》または要塞のために、一歩ごとに阻まれるだろう。この統治者は一歩また一歩と領土を拡張するつもりだろうか。すると、結合して抵抗する手段を敵に与えるだけだ。時間と金額、兵士が、やがて不足するはずだ。残りの諸国を分裂させて、同士討ちをやらせ相手に勝つ気だろうか。ヨーロッパの格率はすべてこうした政策を無効にさせるし、もっとも愚かな統治者でもこうした罠にはかからないはずだ。結局、こうした統治者のうちのだれも、自分だけで独占する資源を持つことはできないから、抵抗すれば、しまいには、侵略の努力だけを見せることになるのだが、やがて時間がたつにつれて、個人としてのめいめいの統治者にとってではなくとも、少なくとも体制一般にとっては、偶然に起こる唐突な事件によって原状に復することになる。

こう推論してくると、残りの地域をすっかり征服するための、二、三の専制君主の協定をこんどは仮定してみてはどうだろうか。この三人の専制君主は、それがだれであろうとも、三人合わせてもヨーロッパの半分にもならないだろう。そうすれば残りの半分は結束して三人に抵抗することは確かだろうから、そこで三人は自分たち自身より強力な連中に打ち勝たねばならないだろう。一言つけ加えると、一方の目算があまりにも他方の目算と相反しており、味方のあいだであまりにも強い嫉妬心が支配しているので、三人はそもそもそうした計画を立てることさえできない。さらにつけ加えると、三人の専制君主が計画を立てたあと、実行に移し、いくらか成功をおさめたとしても、そうした成功そのものが、同盟を結んだ征服者たちにとっては、不和の種子となるにちがいない。というのは、利益が正しく分配されても、めいめいが自分の分け前に同じように満足できるということはありえないはずで、また、もっとも不利な君主がやがてほかの二人の拡張に反対し、同じ理由でこの二人のほうも、いずれ分裂するにちがいないからだ。私は世界が存在してこのかた、三つの強国が、あるいは二つの強国でさえも、仲良く結束してほかの諸国を征服し、負担額についても分け前についても内輪もめもせず、やがて仲間との不和によって新たな対策を弱者に課さずにすんだことがこれまでにあったかどうか怪しんでいる。それゆえ、どのような仮定を立ててみても、統治者にせよ、同盟にせよ、これからのち、われわれのあいだの事物の状態を著しく変化させて、そのまま固定できるなどとは考えにくいのである。

アルプス山脈やライン河、地中海、ピレネー山脈が野心にとってのり越えがたい障害物だというのではない。そうではなくて、こうした障害物は別の障害物によって支えられている。つまりそのおかげで諸国家は補強され、一時的な圧力でそれまでの境界から遠ざけられた場合でも、同じ境界までふたたび連れ戻してくれるのである。ヨーロッパの制度の真の支柱となるものは、まさしく一部分は外交活動で、こうした交渉はたいていの場合おたがいに平衡を保っている。この制度には、いまでもいっそう強固な別の支持者がいるが、その支持者とはゲルマン連邦で、ヨーロッパのほとんど中央に位置を占め、そのほかのすべての地域を牽制しているので、おそらく自分自身の構成員の維持よりも、はるかにその隣国の維持に役立っているのだ（二一）。その面積の広さによって、その人民の人数と勇気とによって、外国にとっては恐ろしいが、その体制によってすべての諸国にとっては有益な集合体である。ところがこの体制は、なにものかを征服する手段と意志とをこの連邦から取り除くので、この連邦は征服者たちに対する暗礁となっている。こうした帝国の体制にはさまざまな欠陥があるとはいえ、この体制が存続するかぎりは、絶対にヨーロッパの均衡は破られず、どんな専制君主でもほかの君主から王座を奪われはしまいかと気づかう必要はなく、またウェストファリア条約（二二）がわれわれのあいだでおそらく永久に政治制度の基礎となるということは確実である。それゆえ公法というのは、ドイツ人（二三）たちがあれほど入念に研究を重ねているが、彼らが考えているよりはるかに重要なもので、たんにゲルマン人の公法であるばかりでなく、ある点においては、全ヨーロッパの公法でもあるのだ。

　だが現在の制度が揺るぎないものであるとしても、まさにその点において、この制度はいっそう波瀾に富んでいる。つまりヨーロッパの諸国のあいだには、作用と反作用とがあり、これら諸国を完全にぐらつかせるにはいたらないが、果てしない動揺におとしいれているのである。そしてこれら諸国の努力はいつも無駄に終わるが、またかならずよみがえるので、まるで海の波浪が海面の高さはけっして変えないまま、たえず揺れ動いている有様に似ている。それゆえ、人民はすべてたえず苦しめられるが、主権者たちにとっても目立つような利益はなんら得られない。

　ヨーロッパのすべての宮廷の個々の利害関係について同じ真理を詳しく述べることも、私には楽にできるはずだ。つまり、そうした利害関係が、それぞれの宮廷の勢力をすべて相互に牽制するようなぐあいに錯綜していることは容易に証明できるにちがいない。だが商業と金銭についての観念が一種の政治上の狂信[二四]を生みだした結果、すべての統治者の表面上の利害関係をまたたくまに変えているので、統治者たちの真の利害関係についての不動の格率は、だれにもなに一つ立てられない。というのも、いまではあらゆるものが、経済上の制度に依存しているのである。それはともかく、商業は毎日均衡状態を保つことをめざしているので、いくつかの国からその国が商業から得ている独占的利益を奪い取り、ほかの諸国に命令するための既得の有力な手段も奪い取る[1]。

（1）事態は、私がいまの議論を書いていたとき以来変化した[二五]。だが私の主張はいつまでも真実のはずだ。たとえば、じつに容易に予測できることだが、いまから二十年たてば、イギリスは、その栄華の絶頂にもかかわらず没落するだろうし、さらにまた、その自由の残りも失っているだろう[二六]。世人はだれも、農業があの島国のなかで栄えていると保証しているが、この私は、農業はあの島国では衰えていると断言してもいい。ロンドンは日増しに拡張しており、したがって王国の人口は減少している。イギリス人は征服者になることを望んでおり、したがってイギリス人はやがて奴隷となるだろう。

私が、ヨーロッパにおける現在の体制から生じている、勢力の均衡分布について強調したのは、この事実から一つの全体連合組織の設立へ向けての重大な結論を推論するためだった。つまり、強固で永続する一つの国家連合を創設するためには、その国家連合の構成員全員を緊密な相互依存の関係におき、いかなる構成員も独力では残りの構成員全員に絶対に対抗することができず、またこの大連合組織の妨げとなるかもしれない個々の構成員のあいだの連合組織などというのは、あまりにもたくさんの障害物に出くわすので、その実現など到底不可能だということが必要だった。そうでなければ、この国家連合は効果がないだろうし、また各構成員は、表面上は服従しているようにみえても、現実には自主独立しているはずである。ところで、列国すべてがおたがいにまったく思うがままに攻撃のための同盟や条約を結ぶことのできる現在でも、こうした障害物の実状が先に述べた通りだとすれば、武力を持った強力な同盟が一つ成立して、この同盟の消滅とか、同盟への対抗とかを企てようとする連中の出現を予防しようとつねに身構えているとすれば、障害物はどうなるのかを判断していただきたい。このことは、こうした連合組織が、各構成員がいくら対抗しても罰を受けないような、むなしい討議の末に成り立つものではなくて、野心家といえども全体の条約の制限内で振る舞わざるをえないようにさせることのできる実際の権力が、この連合組織から生まれるはずだということを示すのに十分である。

こうした論証から異議なく三つの真理が生まれてくる。一つは、トルコ人を除けば、ヨーロッパのすべての人民のあいだには、不完全ではあるが、人類という大ざっぱでゆるやかな結びつきよりもはるかに緊密な社会上の連関が支配していること。二番目は、この社会が不完全なために、社会を構成している人民の状態が、そうした人民のあいだにまったく社会関係がない場合にもまして悪化していること。三番目は、このはじめの二つの絆はこの社会を有害なものにしているが、それと同時に社会を完全なものにするのも容易にしていることだ。それゆえ、社会の構成員ならすべて、目下の自分たちの悲惨さを生みだしている現実のなかからわが身の仕合わせをひきだし、仲間のうちにみなぎっている戦争状態を永久の平和に変えることができるにちがいない。

さてこんどは、このすばらしい事業が、はじめは偶然の所産にしても、どのような具合に理性の力で仕上げられるかを、さらに、拘束されない自由意志による社会が、どのようにヨーロッパのすべての国家を結びつけ、真の政治体の持つ力と強度とを手に入れて、現実の国家連合の姿に変わることができるかを見てみよう。このような機関が、この連合組織にもともと欠けていた完全性を与えるならば、連合組織の悪弊は一掃され、その利点は拡張され、すべての部分が共同の福祉に協力するよう促されるだろうということは疑う余地がない。だがそのためには、この国家連合が完全に全体のもので、いかなる有力な国も喜んでこの連合に参加させるようにすること、この連合に司法機関を設けて、構成員全員が当然従わねばならぬ法律と規約とを制定できるようにすること、この連合に強権的かつ強制的武力を与えて、行動するためだろうと、抑制するためだろうと、共同の議決に従うことを各々の国家に強制させること、最後に、この連合を堅固で永続するように努めて、構成員の個々の利害が全体の利害と相反していることがわかったと当事者が思っても、その構成員がすぐに自分勝手にこの連合を脱退できないようにさせることが必要である。こうした徴候がたしかに現われると、そこではじめて、この制度が思慮分別に富み、役に立ち、揺るがないものだということが認められるだろう。いまや次の問題点は、この仮定を拡張して、どのような効果がそこから生まれることになるのか、仮定を立てるのにどのような手段が適切なのか、またこの仮定を実現するにあたり、どのような正当な期待を抱くことができるのかを、分析して探究することである。

われわれの国では、ときどき会議という名目で総括議会のような集会が開催されるが、その会議にはヨーロッパのすべての国家から代表が勿体ぶってやって来て、同じように帰って行く。会議に寄り集まっても、だれも大した話はせず、会議では公の用件はすべてひそかに処理される。食卓は丸いのがよいか四角がよいか、会議室の扉は多いほうがよいか少ないほうがよいか、某全権委員には窓のほうに顔を向けてもらえばよいかそれとも背を向けてもらえばよいか、ほかの某委員には視察のときに二プース〔約五センチ〕だけ余計に進んでもらうのがよいか歩かないでもらうのがよいかが、三世紀このかた空しく論議されてきた。たしかにわれわれの世紀の政治家たちに専念してもらうにふさわしい多数の問題が、会議では討議されているようだ。

そうした集会の一つで委員たちがたまたま常識をそなえていることはありうるし、その連中が真剣に公共の福祉を望んでいるということもまったくありえないわけではない。それに以下に詳しく述べる理由によって、委員たちが多くの困難を克服したのち、そのそれぞれの主権者の命令をさずかって、私の仮定では、要約すれば次の五箇条を内容とする国家総連合に署名することもまた考えられるのである[二七]。

第一に[二八]、締結者である主権者たちは、永久に続く取り消しのできない同盟を当事者間で制定し、さらに全権委員を任命して、一定の場所で連合議会または常設の会議を開き、この会議において締結当事者間の紛争はすべて仲裁ないしは審判という方法により調停され解決される。

第二に、全権委員にこの連合議会の票決権を与える主権者、条約への加入を招請されることになる人々の数、議長の職をある全権委員から別の委員へ均等な期間をおいて委譲するための順序と時間と方法、最後に共同支出を支払うための分担額の負担率およびその徴収方法が明示される。

第三に、この国家連合は、その構成員のそれぞれが現在有しているすべての国家の所有物および統治権を、さらにまた選挙による継承ないし世襲による継承を、何事も各国の基本法に制定された通りに保証する。そしてたえず繰り返されるいざこざの根源を一挙に絶滅するために、現在の所有権と最近の諸条約とを締結諸国のすべての相互の権利の基礎として認めることに同意する。ただしこのほかの過去の主張はどんなものでも今後永久にかつおたがいに放棄し、係争中の将来の相続権およびそのほかの偶然に生じる権利はすべて、これとは別に連合議会の仲裁によって調停されねばならず、いかなる口実をもうけてなされるにせよ、暴力行為によって相手に制裁を加えたり、相手に対して武力を行使したりすることは絶対に許されない。

第四に、同盟国で条約に違反する国はどの国でも、ヨーロッパから爪弾《つまはじ》きを受け、公共の敵として追放されることが明示される。すなわち、この強力な同盟の決定の執行を拒否したとか、戦争の準備をしたとか、国家連合に反する条約を交渉したとか、国家連合に対抗するためないしは同盟国のある者に攻撃をしかけるために武器をとったとかいう場合である。

さらにまた同じ条項によって、ヨーロッパから爪弾きを受けたいかなる国家に対しても、その国家が武装を解除し、連合議会の決定と調停とを実施し、損害を賠償し、支出した費用を弁済し、そして条約に反して戦争準備をした事実の釈明をするまでは、全員が一致協力して共同の費用を払い、武装し、攻撃的行動をとるという取り決めがなされる。

最後に、ヨーロッパ連邦の全権委員たちには、連合議会において、暫定的には多数決の票決によって、最終的には五年後に四分の三の票決によるが、それぞれの宮廷の訓令にもとづき、ヨーロッパ共和国およびその構成員の各国にできるだけあらゆる利益をもたらすために、それぞれが重要だと判断する規定を作成する権限をつねにもたせる。この五つの基本条項については、連合諸国の全員一致の合意がなければ絶対に何事も変更できない。

この五箇条は、このように要約して一般的な規則として記される一方、多数のこまかい難点が含まれ、そのうちいくつかは長い説明が必要にちがいないということは、私も気づかないわけではない。だがこまかい難点はすべて必要に応じてたやすく取り除けるし、それにいま進めている企てのように重大な企てにおいては、こうした難点はまったく問題にはならない。会議の管理方式の詳細が問題となるときには、千にも及ぶ障害物と、この障害物を取り除くための十倍も多数の方法とが見つかるだろう。この場では、事物の本質からみて、この企てが可能か否かということを検討することが問題なのだ。あらゆることを予測し、あらゆることに対応しなければならないとすれば、くだらぬことばかり書いた多数の書籍に埋もれて混乱するにちがいない。争う余地のない原則を守る場合には、あらゆる精神の持主を満足させる必要も、あらゆる異論を解決する必要も、あらゆることがどのようになされるかをわざわざ述べる必要もない。あらゆることがなされうるということを示すだけで十分なのだ。

それではこの制度を十分に批判するためにはなにを検討せねばならないだろうか。問題はただ二つしかない。つまり、一般論として平和状態が戦争状態より好ましいなどと証明するのは、読者に対する侮辱であって、私はそんなことはしたくない。

第一の問題は、提案された国家連合がたしかにその目的に到達できるかどうか、さらにヨーロッパに強固な永久平和を与えるのに十分なものだろうかという点である。

第二の問題は、この国家連合を制定して、その代償として恒久の平和を買うことが、主権者たちの利益になるかどうかという点である。

全体および個々の効用がこうして証明されると、事物の道理として、どのような原因があれば利害関係者の意志だけに依存する一つの機構の効果が妨げられるのか、もうだれにもわからない。
まず第一の条項を論議するために、ヨーロッパの一般の制度について、また各国をその境界のなかにおおよそ閉じこめて、ほかの諸国を完全に壊滅させることなど許さない共同の努力について、私が以前述べた推論をこの場合に適用してみよう。この点に関して私の推論をもっとわかりやすくするために、ヨーロッパ共和国を構成すると思われる一九か国の一覧表を私はここにつけ加える。それゆえに、各国が同等の票決権を持つと仮定すれば、連合議会には一九の票決権があることになる。

すなわち、
ローマ皇帝
ロシア皇帝
フランス王
スペイン王
イギリス王
オランダ連邦
デンマーク王
スウェーデン
ポーランド
ポルトガル王

ローマ教皇
プロシア王
バヴァリア選挙侯およびその連合諸侯
プファルツ選挙侯およびその連合諸侯
スイス連邦およびその連合諸国
選挙聖職者諸兄およびその同僚諸兄
ヴェネツィア共和国およびその連合諸国
ナポリ王
サルジニア王（二九）

これほど有力ではないいくらかの主権者、つまりジェノヴァ共和国や、モデナ公およびパルマ公、それにほかの主権者などは、この一覧表から省かれているので、さらに勢力の弱い主権者たちと結合して、連合組織の形をとり、全員が一体となって、帝国の親任地方官《コント》（三〇）たちの《Votume curiatum《ウオトウメ・クリヤトウム》》（全体投票権）に似た一つの投票権を持つことになるだろう。ここでこの投票資格者一覧表をこれ以上正確にする必要はない。というのは、計画の実施には、刻々いろいろな事件が不意に起こって、そのために一覧表を修正せねばならないかもしれないからだが、こうした事件も制度の根底にはなにも変化を及ぼさないはずである。

先の一覧表をちょっと見ただけですぐに、このうえなくはっきりとわかることは、一覧表を構成している諸国のうちどの国も、集合体に結合した残りのすべての諸国と対抗できる状態にはないし、この強力な国家連合に歯向かえるような、どのような部分的な同盟も形づくられることはありえないということだ。

こうした同盟はどうしたらつくれるのだろうか。もっとも強大な諸国のあいだにだろうか。こうした同盟が永続することはありえないということをわれわれはすでに示した。さらに、こうした同盟がそれぞれの強力な国の個々の制度とも、その体制とは切り離せない利害関係とも両立しがたいものだということは、いまやきわめて容易に理解できる。この同盟が一つの強力な国家といくつかの弱国とのあいだに存在するだろうか。国家連合によって結合したほかの強力な諸国は、まもなくこの同盟を壊滅してしまうだろう。その場合、強大な同盟はつねに協力して武器をとるので、第四の条項によって、平和と公共の秩序を乱そうとする、部分的だが不穏ないかなる同盟もすぐに予防し、鎮圧するのは容易だと感ぜられるはずである。その管理方式に弊害があり、その構成員に極度の不平等があるにもかかわらず、ゲルマン連邦においてなにが起こっているのか見てもらいたい。もっとも強大な構成員のあいだにさえ、連邦帝国の体制に公然と背いて、あえて(三一)帝国から爪弾きを受ける危険に身をさらす勇気のある者が、ただの一国でもあるだろうか。もっとも、この構成員が、帝国のほうで本気で自分に反対の行動をとろうとしても、少しも恐れずにすむ立派な理由がいろいろあると思っている場合は話は別である。

したがって私は、ヨーロッパ連合議会は一度制定されたなら、恐ろしいほどの反抗は絶対に受けないだろうし、弊害はいくらか紛れこむことはあっても、機構の目的をそらせるまでには絶対に至らないことが証明されたと考える。

というわけで、統治者たちに武器をとらせる動機を考察してみよう。こうした動機とは、あるいは征服を行なうことであり、あるいは一人の征服者から身を守ることであり、あるいはあまりにも強大になった隣国の力を弱めることであり、あるいは侵害された権利を擁護することであり、あるいは示談では終わらなかった紛争を解決することであり、あるいは結局は条約の約定項目を果たすことである。以上の六項目のどれかに分類できないような戦争の原因もしくは口実はない。ところで、この項目のどれも、強力な国家連合という新たな事態をまえにしては存在しえないことは明らかである。

第一に、征服者は自分が持ちうる力よりはるかに強大な兵力によって、行手を阻止されることが確実であるから、征服が不可能だという理由で、征服行為をあきらめねばならない。それゆえ、なにもかも失う危険を冒しながら、なにも手に入れることができないのだ。ヨーロッパにおいて自己を強大にしようと望んでいる野心的な統治者なら、二つの仕事を行なうだろう。まず有利な同盟によって自己を強化し、ついで敵を不意討ちしようと努めるのだ。だが個々のあいだの同盟はすべて、はるかに強大で、しかもいつまでも続く同盟に対してはなにも役に立たないはずだし、またどのような統治者も、武装するという口実はもはやなに一つ持てなくなるので、武器をとるとすればかならず、いつも武装した国家連合に発見されて、妨害を受け、懲罰されるにちがいない。

こうして個々の統治者は、征服したいといういかなる希望も奪い取られ、それと同時に襲われはしまいかといういかなる危惧の念も取り除かれる。国家はどれも、ヨーロッパ全土によって保証されているので、統治者にとっては、市民にとってその財産が治安のゆきとどいた国のなかでは安全なのと同じ程度に安全であるばかりか、全ヨーロッパが一人の統治者よりはるかに強力である以上、自分一人が市民たちのただ一人の特別な保護者でいた場合よりもはるかに安全である。

もはや隣国を恐れるなんの理由もないので、その力を弱めようと望む理由はなくなっている。それに、成功する望みはなにもないのに、そうしたことを企てる気にはだれもとうていなれない。

自己の権利の擁護という点について、まず指摘しておかねばならないのは、わかりにくいうえに紛糾した、無数の訴訟沙汰や権利の主張はことごとく、同盟した主権者たちの相互の権利すべてをその現在の所有権にもとづいて最終的に規定する、国家連合の第三の条項によって消滅しているはずだということだ。したがってなしうる要求や主張はすべて、今後は明らかになるし、生まれてくればそれに応じて、連合議会において裁決されることになる。なお、私の権利が侵害されるならば、私も同じ方法に訴えて当然私の権利を擁護するはずである。ところで、武力を用いて要求や権利を侵害すれば、かならず連合議会の爪弾きを受ける。そこで、私もまた武器を用いて権利を擁護する必要はなくなる。不法行為についても、損害についても、損害賠償についても、また二人の主権者のあいだで持ちあがるかもしれない思いがけない紛争すべてについても、同じことが当然言えるはずだ。そこで主権者の権利を擁護するはずの権力が、同時にその被害をも当然償うことになるのだ。

最後の条項に関しては、解答は一目瞭然だ。まず気がつくことは、もう恐ろしい侵略者はいないのだから、防衛条約は二度と必要ではないし、強力な国家連合の条約以上に強固で確実な条約を締結することはできないはずだから、ほかのいかなる条約も役に立たず、合法的でなく、したがって無意味となるにちがいない。

そこで、国家連合が一度制定されると、連合諸国のあいだになにか戦争の種子が残されるような事態はありえないし、永久平和の目的が、提案された制度の実施によって正確にかなえられないということもありえないのだ。

いまやわれわれに検討するよう残されているのは、締結当事者たちの利益に関する別の問題である。つまり、個々の利益をないがしろにして公共の利益を口にしても無駄だろうということは十分にわかるからである。普通では平和が戦争よりも好ましいということを証明しても、平和よりも戦争を選ぶ理由がいくつもあると思っている者に対しては、それはなんの意味も持たない。そしてこういう者に恒久平和を確立する方法を示しても、ただ刺激を与えて、反対させるだけだ。

実際は、と非難されるかもしれない。あなたは、主権者たちから自分のほうが正しいと称する権利を、つまり自分が好きなときに不正を行なう権利を奪っているのだ。隣人（二二）の犠牲において自己を増強する権限を奪っているのだ。主権者たちに、世界を脅かす仕掛けのついたあの権力と恐怖の装置や、本人の名誉となるあの征服に伴う栄光を断念させるのだ。そして結局は、無理やりに公正で平和を好むように仕立てるわけだ。これまで忍んできた苛酷な窮乏の償いはどうなるのか、と。

私にはサン＝ピエール師（二三）と同じようにこう答える勇気はない。つまり、統治者たちの真の栄光は公益とその臣民の仕合わせをもたらすことにあり、その利害関係はすべて当人が名声を得るかどうかにかかっており、それに賢者たちから認められる名声は、人々に対して施される善行の度合で測られる。永久平和という企てはこれまでなされたもっとも偉大な企てだから、それを立案した当人を不滅の栄光でおおうことがもっとも可能だ。この同じ企ては人民たちにとってもやはりもっとも有益なものだが、さらに主権者たちにとってはもっとも名誉なもので、とりわけ、流血や、略奪や、号泣や、呪詛などによって汚されていないただ一つの企てなのだ。要するに、大勢の国王のなかで頭角をあらわすもっとも確実な方法は、公共の仕合わせのために尽くすことである、などとだ。重臣方の官房で立案した当人とその計画とがこっぴどく笑い者にされるこうした議論は、演説屋さん(二四)にお任せしよう。だが重臣方のように相手の言い分を軽蔑するのはやめよう。それに統治者(二五)たちの美徳がどうだろうとも、その利害関係について話すことにしよう。

　ヨーロッパ諸国はすべて、おたがいに他国と相反する権利または権利の主張を持っている。こうした権利は、いつかは完全に明らかにすることができるような性質のものではない。というのは、こうした権利を判断するための共通で恒久的な規定などまったくないし、しばしばあいまいで疑わしげな事実にもとづいているからだ。権利がひき起こす紛争もやはり、当然の権限のある仲裁者がいないだけに、いつまでたっても絶対に解決できないにちがいない。つまり各統治者は、もっとも強い者による条約とか、敗北した戦争のあとの条約で、力ずくで奪われた譲渡はすべて、必要があれば平然と取消すのである。それゆえ、こうしておたがいの権利の主張を言いはる手段において、どちらの側でも正義や利益が相手より多くない場合は、相手に対する自分の主張だけを思い浮かべて、われわれに対する相手の主張を忘れるのは誤りである。あらゆることが偶然に頼るようになるとたちまち、現実に所有することになにか値打ちが生まれるので、思慮分別があればたとえひとしく好機に恵まれるとしても、将来の利益と引きかえにこの値打ちを危険にさらすことはできなくなる。そこで世人はだれもが、安楽な暮らしの人間が自分の財産をできれば二倍にしたいと期待してさいころを一振りしてあえて財産をする危険を冒すのを非難するのだ。だがわれわれは領地拡張計画のなかで、各国は現在の制度のもとにおいてさえ、拡張能力よりはるかにまさる抵抗に出会うということを証明した。その結果、もっとも強大な者でも博打《ばくち》をする正当な理由はなに一つないし、もっとも弱い者でも利益を得るなんの希望もないので、すべての者にとって、自分の欲しいものをあきらめ、いま所有しているものを確保するのが善だということになるのだ。

人的資源の消耗や金銭の支出、あらゆる種類の力の消費のことを、どんな国家でももっとも恵まれた戦争からでさえかならずこうむる疲弊のことを考察してみよう。そしてこうした損害をその国家が戦争から得るさまざまな利益と比較してみよう。するとわれわれは、国家が利益を得たと信じているとき、しばしば損失をこうむっていることや、また勝者は戦前よりはかならず力が衰えているので、敗者の力が自己より衰えているのを見ることだけが慰めなのだということに気がつく。さらにこの利益も見かけほどには現実のものではない。というのは当面の敵に対しては優位を手に入れたかもしれないが、それと同時に中立諸国に対しては優位を失ってしまったからだ。つまり中立諸国の状態は変化していないので、われわれとくらべれば、われわれが衰弱した分だけそっくり強化されているのである。

たとえすべての王が征服というばかげた夢からはまだ醒めていないとしても、少なくとももとびきり聡明な連中は、征服というのは、実際の値打ち以上に高価につくということにうすうす気づき始めているように見える。この点についてあれこれとはっきり述べすぎて重大な事態をまねきたくはないが、一般論として言いうることは、統治者で、自国の国境を広げようとして、新たに獲得する臣民と同じくらいにそれまでの臣民を失うような者は、領地をふやしながら国力を弱めているのだ。というのははるかに広い防御すべき地域を手に入れながら、防御に当たる者はそれまでより多くはないからだ。ところで、だれでも当然知っていることだが、今日の戦争のやり方によると、戦争がもたらす人口減少はもっともわずかな場合でも軍隊を通じてなされる。それはまさしく、著しい損失だが、それと同時に国家全体で、死亡する人々の損失以上に重大で取り返しがたい損失が、人々が生まれないために、租税の増加のために、商業の中絶のために、田園の荒廃のために、農業の放棄のために生じる。こうした弊害ははじめのうちはだれもまったく気がつかないが、そのうちに厳しく感じられるようになる。そしてそのときにはじめて、これほど強大となったために、かえって衰退していることにだれもがびっくりするのだ（二六）。

さらに征服の興味を弱める事実は、それはいまやだれもが、たんに自己の領土を拡大しないばかりでなく、ハドリアヌス皇帝（二七）がきわめて聡明に行なったことだが、ときには領土を縮小した場合でも、どんな方法を用いれば自己の国力を倍増し、三倍にふやすことができるかを知っているためなのだ。周知のように、王たちの支柱となるのは、部下の人々だけである。そして、これは私がいま述べたことから出てくる命題なのだが、同数の住民を抱えている二つの国家のうちで、占めている土地の面積の狭いもののほうが、現実にははるかに強大な国家である。それゆえ、まさに善い法律や、聡明な管理方式や、卓越した経済上の所見を行使して、正しい判断力をそなえた主権者は、何事も偶然に任せたりはせずに、確実にその勢力を増強できる。その隣国に対して行なう真の征服とは、主権者が国内につくりだすはるかに有益な諸施設にほかならない。そしてその手もとで臣民が生まれれば生まれるほど、それはすべてそれと同数の敵が、その手で殺されていることになる。もしも事態が私が描いている通りで、各主権者は戦争状態に入らないことが本当の利益だと思い、そして平和を維持するために個人別の利害関係が共同の利益と結びついているとすれば、この平和は国家間の連合はなに一つなくとも、それ自体で確立し、またいつまでも持続するはずだから、その点で私は余計なことを証明しているのだなどと、ここで私に反駁すべきではない。そうすれば、現在の体制のなかでは非常に間違った推論をすることになる。つまり、つねに平和を保つということは、全員にとってなおいっそう善いことではあるが、この点についての保証が一般に欠けているために、各主権者とも戦争を避けるための確信が持てないので、好機に恵まれれば、少なくとも自己に有利なように戦争を開始して、逆の場合にはかならず向こうから先に仕掛けるにちがいない、隣国の主権者の先手を打とうと心掛けることになるのだ。それゆえ、多くの戦争は、たとえ侵略的なものでさえも、他人の領地を強奪する手段だというよりもむしろ、自分自身の領地の安全を確保するための不正な配慮である。公共の福祉という格率が一般的にはどれほど有益であろうとも、政治の上で、またしばしば道徳の上でさえも、目先の対象だけを考察する場合には、こうした格率は、だれ一人として一緒にこの格率を実行してくれないときでも、あくまでもみんなと一緒にそれを実行しようと思う者にとっては、有害なものになるのは確かだ。

武器の装備については私はなにも言うことはない。というのは、恐怖とか、期待とかいう、強固な基盤がなくなれば、こうした装備は子供の遊び道具にひとしくなるし、王たちは人形など持つべきではないからだ。征服者たちの栄光についてもやはり、なにも言う気はない。というのは、殺戮する相手がだれもいないという理由だけで悲しむような人非人がどこかにいるとすれば、そうした相手には理にかなった話をする必要はまったくないばかりか、その狂熱的な殺人欲を行使する手段を奪うことが必要になるはずだからだ。第三箇条の保証は戦争の強力な誘因をどれも予防しておいたので、だれも他国の対して戦火をいどむ動機は持ちえないだろうし、他国のほうもわれわれ自身に対して戦火をいどむ動機を第三者に示すことはできない。各主権者は独力で全員を敵とするような危険から免れるのはたいそう得なことである。

各主権者が共同の裁判機構に属する従属に関しては、それが主権の諸権利をなに一つ弱めないばかりか、かえって諸権利を確立し、かつ第三箇条によっていっそう安泰にさせることはじつに明瞭である。つまり、各主権者に対して、どんな外敵の侵略からもその国家を保証するだけでなく、その臣民のどんな叛逆からもその権威を保証するのである。したがって、統治者は、みんな依然として絶対的な力を持ち、その王冠はそのためにさらに安泰となるだろう。それゆえ、たがいの紛争のさいには、対等な資格で連合議会の裁定に服することによって、他国の領土を横取りする危険な力を失うとしても、統治者たちは自分の本当の権利を確保して、自己のものではない権利を放棄するだけの話なのだ。そのうえ、他者に従属することと、集合体を構成している各主権者が順番にその主宰者となる集合体にたんに従属することとのあいだには非常な相違がある。つまりこの後者の場合には、だれでも自己の自由を、世間が託してくれる保証者によって強化するだけのことだからである。構成員の自由は、一人の指導者の掌中に握られると失われるかもしれないが、連合諸国の掌中に託されれば確立される。この事実はゲルマン連邦の実例によって立証される。つまり、その構成員の主権はその体制のために多くの点で損なわれており、その結果ヨーロッパ連邦の構成員が置かれるはずの立場以上に不利な状態にあるにもかかわらず、それでもその構成員のうちただの一国として、どれほど自己の権威に恋々《れんれん》としていようとも、やれば実行できるときでも、連邦帝国を脱退することによって、絶対的な力を持つ独立を確保しようと望むものはいないのである。

そのうえ、ゲルマン連邦は恒久不変の元首を持っているので、この元首の権威は必然的にたえず簒《さん》奪《だつ》をめざすにちがいない、ということに注目していただきたい。だが同様な事態は、議長職がまわり持ちで、しかも勢力の不平等は考慮せずに開かれるはずのヨーロッパ連合議会においては起こりえない。

これまで述べたすべての考察に、つねに金銭に貪欲な統治者と同じくらい欲深い配下の連中のために、はるかに重要なもう一つの考察がさらに加わる。それは、統治される人民と統治者にとっては、持続する平和から生じるあらゆる利益のおかげで、また軍事優先の国家の改革、あの多数の城塞の廃棄、自身の歳入を使い果たすので人民および統治者本人には日増しに重荷となってゆく、あの莫大な量の軍隊の廃止がもたらす法外な支出の節約のおかげで、多くの金銭を手に入れることがさらに著しく容易になることだ。すべての主権者にとって、自己の軍隊をすべて撤廃することや、思いがけない暴動を鎮圧するとか、突然の侵略を撃退するための国家の兵力をいっさい掌中にしないでいることは、妥当ではないことは私も承知している。(1) さらに、ヨーロッパの境界警備のためにも、必要に応じて総会の命令を執行する役割を担う連合諸国の軍隊の維持のためにも、国家連合へ供出すべき割当兵員があることも承知している。だがこうした支出がすべてなされたとしても、臨時戦事費は永久に廃止されたのだから、経常軍事支出の半分以上がまだ残っていて、臣民の負担の軽減と統治者の国庫とに分けられるはずである。それゆえ、人民の納税額はずっと少なくなるはずだし、統治者もはるかに豊かになって、商業や、農業や、芸術を奨励し、有益な諸施設をこしらえることができるようになり、そのため人民および自己の富はさらにふえるにちがいない。そして国家はそれにともなって、その軍隊や、平和のさなかにあってもたえず国家を疲弊させるあの戦争設備全体から手に入れることができる保証よりも、いっそう完全な保証を受けるにちがいない。

（1） ここではさらに別の反論がいろいろと提出される。だが平和論の著者が自分で反論を提出していないので、私は「批判」のなかでこれらの反論に反駁しておいた。

それでは、ヨーロッパの境界諸国がほかの国より不利な立場に置かれて、あるいはトルコ人と、あるいはアフリカの海賊と、あるいは韃靼《だったん》人と、まえと同様に戦争を続けねばならないかもしれない、とおそらく言われるだろう。

これに対して、私は答える。第一に、それらの諸国は今日でも同じ状況にある。したがってそれはそれらの諸国にとって特に指摘するほど明確な不利益ではなくて、たんに比較的恩恵がうすく、その位置のためにこうむるやむをえない不都合があるだけである。第二に、ヨーロッパの側からのいかなる不安からも解放されるので、それらの諸国はまえよりいっそう外敵に対抗できるようになるはずである。第三に、ヨーロッパの内部のすべての城塞の撤廃とその維持に必要な費用の廃止のために、国家連合は連合諸国の負担にならずに、境界地方に多数の城塞を建設することができる。第四に、これらの城塞は共同の費用で建設され、維持され、警備されるので、境界諸国にとってはそれだけ安全が保たれ、経費節約の方法となり、国家の保証となるはずである。第五に、国家連合の軍隊はヨーロッパの境界すべてに配置されるので、侵略者を撃退する準備はつねに整っているだろう。第六に、結局、ヨーロッパ共和国のような恐るべき連邦は、外敵からその構成員のいかなる国家をも攻撃する意欲を失わせるだろう。これと太刀討ちできないほど非力なゲルマン連邦でも、とにかく十分に恐るべきものなので、隣邦諸国から尊敬を受け、連邦を構成している統治者をくまなく有効に保護しているのだから。

それでもかれこれ言われるかもしれない。ヨーロッパ人はもはや仲間同士では戦争をしなくなるので、戦略はいつとはなしに忘れ去られてしまうだろう。そして軍隊はその士気と規律とを失うだろう。またもはや将軍も兵士も存在しなくなるだろう。ヨーロッパはだれだろうと侵略者の意のままにされてしまうだろう、と。

私は、二つの事態のうちの一つが起こるだろうと答える。あるいはヨーロッパの隣邦諸国はヨーロッパを攻撃して戦争をいどむだろうし、あるいは国家連合を恐れてヨーロッパをそのまま平和にしておくだろう、と。

第一の場合には、まさに軍人の素質と手腕とを養成し、軍隊を鍛え、訓練する絶好の機会だ。国家連合の軍隊はこの点に関してヨーロッパの学校となる。だれもが戦争を学ぶために境界へ出かけるだろう。ヨーロッパの内部では、平和が享受されるだろう。しかもこうした方法によって、平和と戦争のもたらす利益をあわせ持つことになる。戦士となるためには、国内で戦争することがかならず必要だとみんなは本気で思っているのだろうか。それに、トゥレーヌ州と隣のアンジュー州とが敵対して戦っていないからといって、フランス人はまえほど勇敢ではないのだろうか。

第二の場合には、もはやだれもが戦争に不慣れになるかもしれない。その通りだが、もはや戦争の必要はなくなるのだ。つまり、いかなる人間に対しても戦争を仕掛けないのに、戦争の演習を積んでもなんの役に立つのか。有害な技術を修得することと、それともその技術を不必要にすることと、どちらが立派だろうか。健康を損なわれずに享受する秘訣があるならば、医者たちに経験を積ませる機会を失わせてはならないといって、その秘訣を投げ捨てるような良識があるだろうか。あとはただ、この比較の場合に、二つの技術のどちらがそれ自体としてはるかにためになり、保持される値打ちがずっとあるかを調べればよいのだ。

いきなり侵略されるかもしれないといってわれわれを脅かさないでいただきたい。周知の通り、ヨーロッパはそうした侵略をまったく恐れる必要はないし、そんなふうに手当たり次第にはだれも絶対にやって来ない。もはや、雲のあいだから降って湧いたように見える、あの蛮人が不意に侵入する時代ではない。われわれが好奇の眼差で地球の表面をすっかり見回して以来、はるか以前から予見しえないような出来事が、われわれのところまでやって来ることは、もはやまったくありえないのだ。世界中で、現在ヨーロッパ全土を脅かすことができるような強国は一つもない。それに、やがてそうした強国が現われるとしても、あるいはそなえる余裕があるだろうし、あるいは少なくとも、一連邦に団結していれば、積年の紛争を一挙に解決して、急いで結合しなければならない場合にくらべて、はるかに強国に対抗しうる状態にあるだろう。

われわれがいま調べたように、すべて十分に考察した結果、国家連合のもたらすいわゆる不都合はまったくないという結論となる。われわれがそこで問いたいことは、統治者同士の紛争はすべてどちらか強い者の権利によって解決するという現在の方法から生じる不都合についても、同じようにわざわざ述べる勇気がこの世界のだれかにあるかということである。つまりヨーロッパにおける統治者相互のあいだを支配している不完全な社会のなかで、主権者全員が絶対的に、またおたがいに独立していることから必然的に生まれる治安の不備と戦争の状態のもたらす不都合についてだ。こうした不都合をさらに十分に考察していただけるように、私はその要旨を数語にまとめて、読者の検討にお任せする。

㈠　もっとも強い者の権利以外にはいかなる権利も保証されない。㈡　人民相互のあいだにたえず起こる、やむをえない力関係の変動。このために、人民たちのいずれも、現に享受している勢力をその掌中に確保することはできない。㈢　隣邦諸国が服従しないあいだ、または滅びないあいだは、完璧な安全はない。㈣　手当たり次第征服しても、また別な国が現われるので、全員を滅ぼすことは一般論としては不可能だということ。㈤　自国の警備にあたるのに必要な、限りない配慮と途方もない費用。㈥　少数党が乱立し、叛乱が起これば、軍事力と防衛力とは不足する。つまり、国家が分裂しているとき、だれがいったい諸党派の一つを支持して他国に対することができるだろうか。㈦　諸国の相互の約定にさいしての保証の欠如。㈧　途方もない費用と損失を覚悟しなければ絶対に他国の公正は望めないうえに、その場合でもかならずしも公正をかち得るとはかぎらないし、係争の対象がその損害を償うこともきわめてまれである。㈨　自己の権利の追求にさいして、その国家や、ときには自己の生命の危険は絶対に免れられない。㈠心ならずも隣邦諸国の葛藤にまきこまれ、まったく戦争を望まないような場合でも、戦争をするかのようにかならず迫られること。㈡通商の、それももっとも必要なさいの公共資源の取引の中断。㈢その国が弱体の場合は強力な隣国から、強大な場合は他国の同盟からたえずこうむる危険。㈢最後に、偶然が重要な役割を演じて、思慮分別が役に立たないこと。人民たちのたえず抱く深い悲しみ。首尾よくいった場合も敗北した場合も起こる国家の衰退。いつか善い統治形態を確立することも、統治者本人の資産を当てにすることも、また自己も他者も仕合わせにすることがまったく不可能なこと。

これと同様にヨーロッパ仲裁裁判制度が国家連合に加入の統治者たちに与える利益を繰り返し要約しておこう。

㈠統治者相互の現在ならびに将来の紛争が、いかなる戦争も起こさずにつねに解決されるという完全な保証。これは、個人にとって絶対に訴訟がないという保証があった場合よりも、統治者にとっては比較にならないほど役に立つ保証だ。

㈡それ以前のいかなる主張も無効になるため、紛争の原因は取り除かれるか、きわめてささいな問題になり、けっきょく主張放棄は償われて、所有はすべて確立する。

㈢統治者の身柄や、その家族や、その国家や、各国の法律によって定められた相続の順序について、不当で大望を抱いた権利主張者の野心、ならびに叛逆する臣民たちの叛乱に対する全面的で永久にわたる保証。

㈣統治者同士が交わしたすべての相互的約定の実施について、ヨーロッパ共和国の責任による完全な保証。

(五) 国家相互間ならびに各国の遠隔の地域内での通商に関して、完全で永久な自由と保証。

(六) 戦時においては、加入者の陸軍および海軍の臨事軍事支出の全額の永久な廃止、また平時においては加入者の経常支出のかなりな額の軽減。

(七) 農業ならびに人口の、国家の財産ならびに統治者の歳入の著しい発展。

(八) 主権者の栄光と権威、公共の資源、および人民たちの仕合わせを増進させられるような、あらゆる施設が容易につくられること。

私はすでに述べたように、以上のすべての条項の検討および国家連合から生じる平和状態とヨーロッパの治安の不備から生じる戦争状態との比較を、読者の判断に任せることにする。

この計画の説明においてわれわれが十分に推論を尽くしたとすれば、次のことが証明されている。すなわち第一に、永久平和の機構はひたすら主権者の同意にかかっていて、当人たちの反対のほかには取り除かねばならない困難にはまったく出会わないこと。第二に、この機構はどう考えてみても主権者に役立つはずで、当人たちにとってさえ、その利害得失を比較する必要がまったくないこと。第三に、主権者の意志が自己の利益と一致すると仮定するのはもっともだということ。最後に、この機構は、提出された計画にもとづいてひとたび組織されると、堅固で恒久的なものになり、その目的を完全に達するはずだということなのだ。もちろん、これは、主権者たちがこの計画を採用するだろうというわけではない。(だれがいったい他人の理性に責任を持てようか。) そうではなくてただ、自己の真の利害を考慮するならば、この計画を採用するにちがいないというだけの話だ。つまり、われわれは人々を善良で、寛容で、無私で、人類愛の気持から公共の福祉を願う、といった、そのあるべき姿としてではなく、不正で、貪欲で、なににもまして自己の利益を選ぶといった、あるがままの姿として仮定したことは、十分に着目していただきたい。主権者に仮定するただ一つのことは、それは自己の役に立つものを見てとるに十分な理性と、本人自身の仕合わせを求めるに十分な勇気となのだ。以上の論議を尽くしたにもかかわらず、この計画が実践されずに終わるとすれば、それは、この計画が妄想の産物だからではない。それは、人々に分別が足りないからだし、狂人たちの真中にいて思慮分別を持つことは、いわば狂気だからである。

訳注

（一）　哲学者セネカの甥で、コルドバ生まれのラテンの詩人ルカヌス（三九—六五）の未完の叙事詩『ファルサリア』（六〇年頃）からの引用。紀元前四八年にテッサリアのファルサロスでポンペイウスを破ったカエサルの戦いを描いている。

（二）　一六八七年のルイ十四世の病気回復を祝うアカデミーの集会で、シャルル・ペローがルイ王の時代をアウグストゥスの時代にまさると誉めたたえ、近代（十七世紀）の作家は知識の面でギリシア・ローマの古代の作家よりすぐれていると主張したことから、当時の文人すべてをまきこんだ古代人・近代人比較論争が起こり、九五年頃まで続いたが、ここで古代人、近代人という場合も、こうした事実を念頭においているものと思われる。

（三）　古代ギリシアの諸民族全体の宗教および政治上の利害を討議し、諸民族間の紛争を調停するために年二回テルモピュライとデルフォイで行なわれた民族連合会議（アンフィクチョニア、隣保同盟とも言う）に出席する代表を言う。ただしサン＝ピエール師はここでは十二都市連合などのほかの連合には言及していない。

（四）　紀元前十五世紀頃、リュキュモンいとう名の最高統治形態の下に、エトルリアの十二共和国が組織した連合体。

（五）　古代ローマでは神々をまつる盛大な祭典の日を意味し、とくにラテン同盟の諸都市によって、ユピテルをたたえるためにアルバ山で祝われた式典が有名だった。この同盟は紀元前三三八年に解消したが、祭典はそのまま紀元四〇〇年頃まで続いた。最初の二日は民衆のお祭騒ぎだが、三日目にはおごそかな行列のあとに、ローマの執政官が白い雄牛をユピテルにささげた。

（六）　ガリア人の共同体で、『社会契約論』第一篇第六章にも、「そのほかのすべての人々の結合によって形成されるこの公共の人格はかつては都市国家という名前を持っていた」と述べられているし、その原注には、「この語の真の意味は、近代人たちのあいだではまったくといってよいくらい見失われてしまった。近代人の大部分は、都市を都市国家と、都会の住民を市民と取り違えている。この連中は、家屋が都会をつくることは知っていても、市民が都市国家をつくることは知らないのだ」と記されている。

（七）ギリシアのペロポネソス半島の十二都市の国家連合で、とくにマケドニアに対抗するために設けられた。はじめは紀元前五世紀につくられ、前二八一年にふたたびつくられたが、前一四六年にローマ人によって消滅させられた。

（八）ゲルマン連邦とはドイツ、ヘルヴェチア同盟とはスイスのことだが、ルソーはサン＝ピエール師の用いたゲルマン連合、ヘルヴェチア連合、ベルギー連合という不正確な名称を正式な名称に改めている。なお、モンテスキューの『法の精神』第九篇第一章にも同趣旨の記述がある。

（九）赤道の南のアフリカ地域にかつてアラビア人がつけた名称。現在は喜望峰のある地域をさす。

（一〇）ルソーの思い違いで、ローマ皇帝クラウディウス一世ではなく、ローマ皇帝（在位二一一—一七）マルクス・アウレリウス・アントニヌス・バスシアヌス、通称カラカラ（一八八—二一七）が二一二年に制定した「アントニヌス法典」をさす。この法令により帝国の臣民たちに都市国家ローマの市民権が与えられた。

（一一）東ローマ帝国皇帝（在位四〇八——五〇）テオドシウス二世（四〇一—五〇）が四三五—三八年に編纂させた法典で、コンスタンティヌス大帝以来の三一二——四三八年のあいだのキリスト教徒のローマ皇帝の憲法のほか、刑法、会計法、行政法、陸軍法、宗教法、民法などを収め、全一六巻からなる。

（一二）東ローマ帝国皇帝（在位五二七—六五）で、現在のスコピアの近くに生まれる（四八二—五六五）。トリボニアヌスをはじめとした十人の学者に法律編纂委員会を組織させて、歴代皇帝の『勅令集』、諸学者の学説の集大成である『学説彙集』、その縮刷版の『法学提要』の三部作を五三三年に編纂させた。これに五六四年までの勅令を集めて後人が編纂した『新勅法彙集』を加え、この四部をあわせて、ローマ法大全と言われている。

（一三）草稿では「キリスト教は」の代わりに「この宗派は」となっていた。ルソーはこの言葉に卑しめた意味を与えるつもりはなかったが、草稿を読んだデュクロと出版者のバスチードが心配して改めるように頼み、けっきょく現行のように「キリスト教は」となった。

（一四）一世紀頃はエルベ河とオーデル河のあいだに住んだゲルマン民族で、低エルベ地区からきて六世紀になってイタリアを侵略し、パヴィアを首都とする強大な国家ランゴバルト王国をつくった。七七四年カルル大帝によって王国は征服されたが、王朝はベネヴェントで一〇四七年まで存続した。
（一五）もとは中央アジアのモンゴル系遊牧民族だが、五世紀頃からヨーロッパに侵入し、現在のハンガリア西部のパンノニアの居住権を五五七年にユスティニアヌス東ローマ皇帝から獲得した。その後エルベ河、黒海、バルト海にまたがる広大な領域を支配したが、七九六年カルル大帝に敗れて帝国に加えられ、その後九世紀末には東方から進入したマジャール人と混血した。
（一六）ウルビノ公国サッソフェラート生まれのイタリアの法学者（一三一四―一三五七）。
（一七）原注の最後の文章は、ルソーの生前の出版である。ヌーシャテル版第五巻（一七六四）にも、アムステルダムのレイ版（一七六九）にも見出されない。死後出版であるジュネーヴのムルトゥーおよびデユ・ペールー版（一七八二）にはじめて現われる。この一行はデュ・ペールーの用いた書物にルソー自身が書き加えたものと思われている。
（一八）『戦争状態は社会状態から生まれる』および『戦争についての断片』『ほかの断片』などで、ルソーは同じ趣旨のことを述べている。
（一九）「公法」という表現は『抜粋』のなかでたびたび用いられているが、これはサン＝ピエール師の考えではない。ルソーはこの言葉を、十八世紀の法学者たち、モンテスキューないしはビュルラマキから借用している。『社会契約論』の最終章の結論に、「国家法の真の諸原理を設定し、国家をその国家法の基礎にもとづいて築くことに努力してきたが、そのあとには、国家をその対外上の諸関係によって強固にするという課題がまだ残されているはずだ。それは、万民法、すなわち、通商、戦争および征服法、公法、すなわち、同盟、交渉、条約などを含むことになる」と記しているが、この公法とは現在の国際公法を意味している。
（二〇）原稿は「ヨーロッパの統治者で、……ただの一人もいない」だったが、バスチードの要請で変更した。一七六一年二月十三日付の手紙で「一〇頁の変更に同意する」と書いている。
（二一）サン＝ピエール師は、ヨーロッパ連邦のモデルとしてむかしのゲルマン帝国を引用しているだけだが、ここでルソーはプーフェンドルフなどの影響を受けて、ゲルマン連邦の連邦組織を歴史的事実としてとらえることにより、師の説をかなり改めている。

（二二）神聖ローマ皇帝が、三十年戦争を終わらせるために、一六四八年にウェストファリア公国のミュンスターとオスナブリュックで、九月十七日にはフランス、スペインなどの諸国と、八月四日にはスウェーデンとそれぞれ別々に調印した、ミュンスター条約とオスナブリュック条約の両方をあわせて、十月二十四日にミュンスターで再調印された講和条約で、交渉から調印まで五年間もかかった。北ドイツの統治者たちに宗教の自由と外国との同盟権を与えた、近代最初の国際条約だが、ドイツの統一を意図するハプスブルク家の衰退をもたらした。

（二三）ドイツ人の法学者とはプーフェンドルフ（一六三二―九四）とアルトゥジウス（一五五七―一六三八）をさすと思われる。前者の『自然法と万民法』、後者の『政治論』はルソーの政治論に多くの影響を与えている。

（二四）通商の自由が世界の平和の回復に役立つという、モンテスキューやミラボー侯などに代表される当時の大勢を占めた考えにルソーは反対だった。一七四三―四七年に外務国務卿だったダルジャンソン侯にも同様な考えが見られる。「外国貿易に対する熱狂はすべての政府をとらえている。……だがこれは、隣国を衰退させてひたすら自国の栄華を望むという忌まわしい原理である。」（『回想録』）

（二五）『抜粋』を書き始めた一七五六年には七年戦争が起こったが、オーストリアと結んだフランスは、けっきょくプロシアとイギリスに敗れて、六二年にフォンテーヌブローでの仮条約、六三年にはパリ条約が結ばれ、北アメリカの植民地全部と、わずかな商業都市を除く全インドとを失った。一七六〇年末に校正刷で書き加えたと思われるこの注は、おそらくフランス軍隊の敗北とその海外貿易の英国人による没落という印象で書かれた。こうした表現は、ヨーロッパの戦争の主な原因は、イギリスの植民地政策が原因だと考えている、十八世紀のフランスの平和主義者のものの考え方の現われの一つである。

（二六）ルソーは最初は「イギリスはその自由を失ってしまっているだろう」と書いたが、「さらに正確を期すために」「自由の残りを」と改めた。一七六〇年十二月十八日のバスチード宛ての手紙には、「イギリス人たちはかなり愚かなので、まだ自由を持っていると考えている」と書いている。

自由貿易は、諸国家のあいだの勢力の均衡を確立するので、戦争の主な原因の一つを遠ざけることができるとルソーは考えていた。それゆえ、七年戦争のあいだ、イギリスの経済上、政治上の帝国主義を非難していた。

「二十年後には没落するだろう」という断定は、まるでアメリカの独立を正確に予測していたみたいだが、ルソー自身は、十五年後の独立戦争の初期のころ書いた『ルソー、ジャン＝ジャックを裁く』の第三の対話の冒頭にこの注を再録し、「この指摘が、一七六〇年に、つまり今日チャタム卿となっているピット氏の宰相のあいだの、イギリスがもっともすばらしく繁栄していた時期に書かれ、出版されたことに注目するのはいいことだ」と自讃している。

（二七）　これに続くルソーの削除した文章。「そう仮定すれば、はっきり言っておくが、五箇条がその基礎となる国家連合は、ひとたび署名され、批准され、確立されれば、過去および未来の条約の施行に完全な保証を十分に与えて、ヨーロッパの諸国家の外部にだろうと、内部にだろうと、変わることのない平和を十分にもたらしてくれるのだ。」

（二八）　ここまでの部分には、サン＝ピエール師の意見はほとんど含まれていず、師を隠れ蓑にしてルソーは自分の意見を展開している。「基本条項」の内容を忠実に要約しようとする『抜粋』は実質的にはここから始まると言ってよい。

（二九）　サン＝ピエール師の場合は国家連合は二十四の構成員の予定だった。すなわち、（1）フランス、（2）スペイン、（3）イギリス、（4）オランダ、（5）サヴォワ、（6）ポルトガル、（7）バヴァリアおよび連合諸国、（8）ヴェネツィア、（9）ジェノヴァおよび連合諸国、（10）フィレンツェおよび連合諸国、（11）スイスおよび連合諸国、（12）ロレーヌおよび連合諸国、（13）スウェーデン、（14）デンマーク、（15）ポーランド、（16）ローマ教皇、（17）モスクワ、（18）オーストリア、（19）ダンツィッヒ、ハンブルク、リューベック、ロストックのようなラトヴィアおよび連合諸国、（20）プロシア、（21）ザクセン、（22）プファルツおよび連合諸国、（23）ハノーヴァーおよび連合諸国、（24）大司教、選挙侯および同僚諸兄。

ルソーが改めた国の順序は、フランス王のまえにローマ皇帝やロシア皇帝を並べたりした気まぐれみたいな点もあるが、おおよそ当時の一七一二年以来のヨーロッパの政治勢力の関係の順序に従っていると思われる。

（三〇）　フランク王国時代に地方の行政上の実権を握っていたのは王の親任の役人だったコントだが、メロヴィング王朝の末期に王の権力が弱くなると、王の罷免にも応ぜず従わないものもふえてきて、その官職が終身化し、やがて九世紀末には世襲化した。コントは本来は王の任命する地方官であるのに、実質は地方の独立勢力となり、中央と対抗する勢力を獲得し、地方の領主となった。

（三一）「ゲルマン連邦において」以下の文章は、最初は検閲官に対する政治的な配慮で削除されていたが、「もっとも」以下の文章をつけ加えて文章を和らげることによって全文を生かしたいという一七六一年二月十三日のルソーの申し出をバスチードが受け入れたため、元通りとなった。

（三二）「隣人の犠牲において」という文句は一七八二年の「ムルトゥーとデュ・ペールー」の版で追加された。このあと、ルソーは「だれでも出世するにつれて権利の主張が広がるものだから、主権者たちに、得体が知れないということでかえって値打ちがある、あのむかしの権利の主張を断念させるのだ」という文句を削除している。

（三三）検閲官は「答える勇気はないのだ」を「答えるつもりだ」と訂正したので、ルソーは誤植としてあとで訂正してもよいから「答える勇気はないのだ」と印刷してくれという奇妙な手紙をやはり一七六一年二月十三日付の手紙で書いている。バスチードはこれを受け入れた。

（三四）「演説屋さんにお任せしよう」という文句は「一七八二年版」による。

（三五）検閲官は「統治者たちの美徳については語らずに」とあった原文を「美徳のことを忘れずに」と訂正したが、ルソーはこの修正を承認せず、本文のように「美徳がどうだろうとも」と訂正した。

（三六）この文章はサン＝ピエール師の『永久平和論』の利益第一二章の冒頭の次の文章にヒントを得て書かれたものらしい。「戦場で殺される連中は、その数に応じて国家に衰退の原因をひき起こす。この大多数の兵士や将校は、こうした会戦で非業の死をとげるとしても、臣民の増加には役立ったはずである。ところで臣民の数が増せば増すほど、工場の製品は生産され、大地は耕され、収穫をもたらすことになる。それに、商業に従事する人間がふえればふえるほど、国は豊かになる。われわれが現在暮らしている戦争の体制と、暮らすことのできる平和の体制とのあいだでは、この点について比較することはとうていできない。」

（三七）在位一一七―一三八年のローマ皇帝（七六―一三八）だが、先帝のトラヤヌスが典型的なローマ人だったのに対して、ギリシア的学芸を好み、トラヤヌスの外征政策を改めて、ローマ帝国に統合した地方をすべて放棄し、帝国の維持と繁栄だけに尽くしたことをさしている。

永久平和論に関する断片（一）

ヨーロッパを構成している諸国家の体制を検討してみて、ある国家は余りに大きすぎて十分に統治することができず、またほかの国家は余りに小さすぎて独立状態を維持することができないのを確かめた。すべてにみなぎっている計り知れない悪弊は、私には予防することは困難なうえに、こうした悪弊の大部分は、悪弊を打破できると思われる国家だけが持っている利益そのものにもとづいているので、改めさせることは不可能なように思えた。私はまた、すべての諸国のあいだに存在する関係は、その諸国のどれにも、自己の体制を改造するために必要な余裕と保証とを与えないはずだということを認めた。結局、予断はすべてあらゆる種類の変化にまったく反対なので、権力を掌中にしていなければ、どのような統治形態だろうとも、最少限の改革を提案するためには、サン＝ピエール師と同じくらい素朴になる必要があるのだ。

訳注

（一）この断片は、草稿のままヌーシャテルに保存されていたが、一九〇〇年にヴァンダンベルジェの『ルソーの国際政治思想――小国連合共和国』に掲載され、ついでヴォーンの『政治論文集』第一巻（一九一五）に収録された。ヴォーンは、この断片は、ルソーが預かったサン＝ピエール師の草稿および印刷された作品の一覧表と関係があるから、『永久平和論』ないしは『ポリシノディ論』のための断片だと考えている。なおページの欄外に、「一七五八年、パリ」とルソーの書き込みがある。

永久平和論批判

宮治　弘之　訳

永久平和論というのは、その対象の性質上廉潔の人の心をひくのにもっともふさわしい計画だから、サン＝ピエール師のあらゆる計画のなかでもやはり、師がもっとも長期間にわたって冥想をこらし、もっとも執拗に追求したものだった。つまり、あの布教者の熱意を執拗という以外になんと呼んでよいかわからないのだが、そのおかげで、成功することは明らかにありえないし、日増しに嘲笑に身をゆだねて、たえず嫌悪の念を味わわねばならなかったにもかかわらず、師はこの点に関しては絶対に計画を断念しなかった。この健全な魂の持主はひたすら公共の福祉に気を配り、事物に加えるさまざまな配慮を加減する場合は、もっぱらその事物の効用の程度にもとづいて行ない、障害に出会っても絶対に尻込みせず、個人の利益など夢にも考えなかったように思える。

これまでに道徳上の真理が証明されたことがもしあったならば、それはこの計画の一般的および個別的な効用だと私には思われる。各統治者にとっても、各人民にとっても、またヨーロッパ全体にとっても、この計画の実践の結果生じるはずの利益は、莫大で、明瞭で、議論の余地はないし、著者がこの利益を確証するときに用いる推論にもまして、強固で正確なものはなにもありえない。著者のヨーロッパ共和国をほんの一日のあいだでも実現させてみたまえ。そうすれば永久に続けさせることも十分に可能なのだが、それほどめいめいは、体験上その個別的利益を共同の福祉のなかに見出すにちがいない。とはいうものの、もしも共和国が存在した場合にはその全力を傾けてこの共和国を防衛するにちがいないこの同じ統治者連中が、現在ではやはり共和国の施行に反対するはずだし、また共和国の消滅を当然防ぐように、共和国の樹立も間違いなく妨害するはずだ。それゆえ、永久平和についてのサン＝ピエール師の著作は、さしあたり提出してみせることも無用だし、保管しておくのも余計なことのように見える。それでは、それは無意味な空理空論だ、とどこかの短気な読者は言われるかもしれない。そうではない。それはしっかりした、思慮に富んだ書物であって、その書物が存在することがきわめて重要なのである。

まず、意見を理性によって判断しないばかりかただ事象だけによって判断し、この計画が施行されなかったということを除けば、ことさら反論すべき言い分はなにもないような連中の異議の検討から始めよう。事実、とそうした連中はもちろん言うだろう。もしそのさまざまな利益がそれほど現実のものならば、いったいなぜヨーロッパの主権者たちはこの計画を採用しなかったのか。もしその利益がそれほどはっきりと証明されているならば、なぜ主権者たちは本人自身の利益をおろそかにするのか。おまけに、主権者たちが自己の歳入と勢力とを増強する手段を放棄しているのが理解できようか。もしこの手段がだれもが主張するほどその目的にかなっているならば、主権者たちが、あれほど以前から何度となく惑わされてきたこれまでの手段に対するほどには、こんどは熱心ではなかったことや、明白な利益よりも当てにならない方策のほうをやたらと選んだことは信じてよいことなのだろうか。

もちろん、こうした態度は信じてよいのである。ただし、主権者たちの思慮分別がその野心と同じくらい深くて、自己の利益を人一倍激しく望むほど、それだけはっきりと利益を心得ているのだと仮定すれば、話は別だ。これに反して、さまざまな手段につねに訴えて利己心を濫用すれば、利己心の過剰に対し重い罰を受けることになるし、情念の激しさそのもののために、情念はたいていの場合その目的からそれてしまうことになる。それゆえ、政治ならびに道徳の分野で、本当の利益と見掛けの利益とを区別しよう。第一の利益は永久平和のなかに見出されるはずだが、このことは『平和論』のなかで証明済みである。第二の利益は絶対的独立状態のなかに見出されるが、ここでは主権者たちは法の支配を免れて、偶然の支配にゆだねられるので、空しい学識をひけらかせて配下の水夫たちに命令を下したいために、嵐の続くあいだも碇《いかり》でその船をつないでおくよりは、岩の合間を漂うほうを好むような、向こう見ずな水先案内人にそっくりである。

王たちの、あるいは王からその職務の委託を受けている人々の念願は、ひたすらただ二つの目的につながっている。つまり、王の支配を、国外に対しては拡大し、国内に向かってはさらに絶対的なものにすることだ。そのほかの立論はどんなものだろうと、あるいはこの二つの念願の一つに結びつくか、あるいはその連中の口実として使われるだけだ。「公共の福祉」とか「臣民の仕合わせ」とか「国民の栄光」とかいった立論がそれだが、こうした言葉は、閣議からは永久に追放されているのに、政府の布告のなかではひどく重々しく用いられるので、ただ不吉な命令を告示するだけになり、人民は自分の支配者たちがその国父としての配慮について話す場合は、まず悲鳴をあげる。

この二つの基本的格率にもとづいて判断していただきたいのだが、一方の格率と真向《まっこう》から衝突し、もう一方の格率にとってもおよそそれほど有利とは言えない提案を、統治者たちがどうして受け入れることができようか。ヨーロッパ連合議会によって各国家の統治形態はその境界（二）と同じ程度に定着することや、統治者は、臣民が統治者の圧制から守られないかぎりは、臣民の叛乱からも守られず、またさもなければこの制度は存続しえないだろうということが十分に感じられるのである。ところで、私は訊ねてみたい。この世界のなかで、自分のもっとも大切な計画においてこのように永久に制限を受けたうえ、たんに外国人に対してばかりでなく、自身の臣民に対してさえも公正になることを強いられていると考えるだけで、憤慨もせずに我慢していられるような主権者がただの一人でもいるかどうかと。

さらにたやすくわかる話だが、一方では戦争と征服が、他方では専制政治の進行がたがいに補いあい、奴隷状態の人民のなかからは、ほかの人民を征服するために勝手気ままに金銭と兵士とが調達され、逆に戦争は、金銭を搾取する口実と、人民を制圧するための強力な軍隊を常設するというやはりもっともらしい口実を提供する。結局、だれにも十分にわかることだが、征服者である統治者は、ともかくその臣民に対してもその敵に対するのと同じ程度に戦争を行なっているし、勝者の状態が敗者の状態より一段と良いわけではないのである。「私はローマ人を打ち破った」とハンニバルはカルタゴ人たちに書いて知らせた。「私に軍隊を送れ。私はイタリアに強制徴税金を出させた。私に貨幣を送れ。」これこそまさに、その支配者たちの輝かしい勝利に対する感謝の歌《テ・デウム》、祝いのかがり火、さらに人民の歓喜が意味することなのだ。

統治者同士の紛争に関して言えば、あつかましくも自己の権力は自己の剣だけで手に入れるなどと自惚《うぬぼ》れて、神が天にましますという理由だけで神の御名そのものを口にする人々をば、最高の裁判機構に引き渡すことなど期待できるだろうか。主権者たちがその相互の葛藤にさいして、このうえなく苛酷な法律といえども、個人相互の葛藤の場合に個人への適用は絶対に強制できなかったような法律上の手段に従うだろうか。侮辱されたたんなる貴族でさえ、〔貴族の争いを裁く〕フランスの元帥法廷に告訴することは潔いとは思わない。（三）それなのに王ともあろう者がみずからヨーロッパ連合議会へ訴え出ることなど望めようか。そのうえ次のような相違がある。一方は法律に違反して二重の意味でわが身を危険にさらすのだが、これに反して他方は、ほぼその臣民を危険にさらすだけで、武器をとることによって人類全体から公認され、しかも神ただひとりだけに責任を負っていると主張する権利を行使しているのである。

その大義名分を戦争の偶然にゆだねる統治者でも、危険を冒していることを知らないわけではない。だが身の危険を心配するよりも、ひそかに期待している利益のほうに心が動いているのである。というのは、偶然を懸念するよりはむしろ本人自身の思慮分別にはるかに期待を寄せているからである。本人が強力ならば、自分の武力を当てにするし、弱体ならば加入している同盟に頼る。統治者としては、不愉快な気分を一掃し、御しがたい臣民の力を弱め、またときには失敗を冒すことさえ国内に向けては役立つが、敏腕な政治家は、自身の敗北からも利益をひきだす術《すべ》を心得ている。お願いしておくが、こんなふうに推論しているのは私ではなくて、宮廷の詭弁家《ソフィスト》なのだということを思い出していただきたい。そうした輩《やから》は、仕合わせで隆盛する人民を基盤に正義と法律が統治者に与える揺るぎない支配力よりも、広大な領土とほんのわずかしかない貧乏で従順な臣民のほうを選ぶものである。

そのうえ、まさに同じ原則に則って、この詭弁家は、通商の停止や人口の減少、財政の乱脈、空しい征服がひき起こす本当の損失からひきだされる議論に内心で反駁する。主権者の利益ないし損失をつねに金銭で評価するのは非常にあやふやな計算法である。主権者がめざしている権力は世人が所有している富の大きさでは見積もれない。統治者は自己の計画をつねにそれとなく周囲に伝える。豊かになるために支配し、支配するために豊かになることを望むのである。統治者は権力と富とをかわるがわる犠牲にして、二つのうち自己に不足しているものを獲得しようとする。両者を別々に追求するのは、結局は同時に両者をうまく所有するためにほかならない。つまり人間と事物とを支配するためには、支配力と貨幣とを同時に持つことが必要なのである。

最後に、商業について、全体にわたる永久平和から生じる膨大な利益に関してつけ加えておくが、この利益はまさしくそれ自体としては確実で紛れもないものだが、万人に共通なものなので、特定の個人にとって現実のものとはならない。というのも、こうした利益はその間の差異が出てはじめて感じられるもので、自己の相対的な勢力を増強するためには、だれでも独占的利益だけを探究しなければならないからである。

事物の外観にたえず欺かれ、統治者は自分の利害関係を自身で選択したあげく、こうした平和を拒絶するにちがいない。ましてその利害関係がつねに人民の利害関係と対立し、またたいていは統治者の利害関係とも対立する部下の重臣に利害関係を計らせる場合はどうなるだろうか。重臣たちにとっては、自分たちが必要とされるために、自分たちがいなければうまく切り抜けられないような窮境に統治者を追いこむために、また必要ならば、自分たちの地位を失うよりは国家を滅ぼすために、戦争が必要である。国家の緊急事態という口実で人民をいじめるために戦争が必要である。自分たちの手下に地位を与え、取引で金を儲け、ひそかに無数の忌まわしい独占を行なうために戦争が必要である。自分たちの情念を満足させ、おたがいに仲間を追放するために戦争が必要である。宮廷で自分たちに反対する危険な陰謀が企てられるとき、統治者の心をしっかりととらえて宮廷から連れだすために、重臣は戦争が必要である。こうした輩《やから》は永久平和によっていま述べた方策をいっさい失うにちがいないし、民衆はそうした計画が可能ならばなぜ採用しなかったのか、とかならず問いかける。この計画には不可能な点はまったくないが、重臣に採用されるのは別な話だということが民衆にはわからない。では、この計画に反対するために、連中はなにをするのだろうか。これまでにいつもやってきたことだ。つまり、この計画を嘲弄するだろう。

これもまたサン＝ピエール師と同じように、統治者やその重臣が絶対に持つことはないような善意さえあれば、この制度の実施に都合のよい時機を見つけるのは容易だなどと信じてはいけない。つまり、そのためには個人個人の利害関係の総和が共同の利益を超えないこと、および全員の福祉のなかに自分自身として期待しうる最大の幸福があると思うことが必要なはずである。ところで、これには人々の思考における思慮分別の合致と、利害関係における類似点の合致とが求められるが、必然的な情況がすべて偶然に一致するような僥倖はほとんど当てにしてはならない。とはいうもののもしなにか一致が起こらなければ、その埋め合わせをすることができるのは武力以外にはない。その場合は説得することはもはや問題ではなく、強制することが問題となり、書物など書く必要はなくて、軍隊を召集せねばならない。

したがって、計画はきわめて聡明ではあったが、その実施の手段は著者の単純さの名残りが認められる。著者は正直にも、会議を召集して、そこに自分の条文を提出しさえすればよいのだと、そうすれば一同はすぐ署名してくれ、万事終了するはずだと思いこんでいるのである。ただし認めておきたいのは、この誠実な人間は、そのすべての計画のなかで事態が確立された場合の効果は相当にわかっていたが、事態を確立する手段はまるで子供のように判断していたということである(三)。

私はキリスト教共和国(四)の計画が妄想の産物でないことを証明するために、その最初の立案者の名前をあげるだけにしておく。つまりアンリ四世（五）は狂人ではなかったし、シュリー（六）も誇大妄想狂ではなかった。サン＝ピエール師はこうした偉大な名前を楯にとって、そうした制度を変革しようとした。だが、時代においても、周囲の情況においても、提案においても、提案するときの態度においても、また立案者においても、なんと相違していることか。その相違を考えるために、アンリ四世が自己の計画を実施するために選んだ時期、事態の一般的情勢にざっと目をやってみよう。

世界に君臨して、残りの地域を戦慄させていたカルル五世（七）の権勢は、成功するための重要な手段と、その手段を駆使するすぐれた人材を持っていたので、世界帝国の夢をかねがね大帝に抱かせた。その子息ははるかに裕福で器量はそれほどでもないにもかかわらず、実施する能力のない計画を休みなく追求し、ヨーロッパにたえず不安を与えた。しかもオーストリア王家はほかの諸国に多大な影響を及ぼし、いかなる統治者もこの王家と友好関係を保たなければ安心して統治できなかったのである。その父よりさらに能力の劣るフェリーペ三世（八）が父の野心をすべて受けつぐ。イスパニアの勢力に対する恐怖はまだヨーロッパを威圧していたが、イスパニアは服従させる権力というよりむしろ、命令を下す習慣によって支配していた。事実、ネーデルランドの叛乱やイギリスに対抗する軍備、フランスの内乱が、イスパニアの国力を疲弊させ、西インド諸島の財宝はすでに使い果たしてしまっていた。オーストリア王家は二家に分裂しており（九）、もはや一致協力して行動していない。しかも皇帝はドイツでカルル五世の権威の維持ないし回復に努めたけれども、かえって統治者諸侯を遠ざけ、諸同盟を誘発しただけだった。実際この同盟はまもなく実現して、もう少しで皇帝を失脚させるところだった。したがって、オーストリア王家の没落と共同の自由の回復とははるか以前から準備されていたのである。

とはいうものの、だれ一人としてくびきを逃れようと真先に危険を冒し、独力で戦火に身をさらす勇気のある者はいなかった。あれほど悪戦苦闘したアンリ四世の実例そのものがほかの統治者全員の勇気を失わせていた。そのうえ、余りに弱体で、余りに抑圧されていたために何事も企てられないサヴォワ公（一〇）は問題外として、なにか計画を立てて遂行しうるようなしっかりした人間は、あれほどたくさんの主権者のなかでただの一人もいなかった。めいめいが自己の鉄鎖を断ち切る機会を、時の流れと周囲の情況から待ちかまえていたのである。事態はおよそ以上のようなものだったが、ちょうどそのとき、アンリ四世がキリスト教共和国の企図を実施する覚悟を固めた。計画自体としてはまったく偉大で、まったく感嘆すべきもので、その名誉を汚そうとは思わないが、ひそかな理由として、一つの恐るべき敵［ハプスブルク家］をくじくという望みを持っており、こうした切実な動機から、たんに共同の利益という点ではなかなかひきだせなかった力を授かっていた。

さてここで、この偉人がこれほど高尚な企てを準備するためにどんな手段を用いていたか調べてみよう。私は、この企ての難点をすべて十分に見通していた点をまず第一に尊重したい。この偉人は幼少期からこうした計画を立てていたが、その一生を通じて考察を行ない、老境を予定して実施は留保しておいたのである。こうした行動は、まず第一に、困難な事態においても独力で大きな障害を克服することのできる、あの激しく衰えない欲望と、さらに、十分な先見の明と準備によってかなりまえから行手の道筋を平らにならす、あの辛抱強く慎重な思慮分別を証明する。つまり、ぜひとも必要だが慎重な態度をとればどうしてもなにかを偶然に任せざるをえないような企てと、成功してはじめて正当化しうるが、実行せずにすますこともでき絶対に確実なときしか試みなかったにちがいない企てとのあいだには著しい相違があるのである。その生涯を通じて実施の瞬間にいたるまで王は心底から秘密を守り通したわけだが、それはこれほど大きな事業には難しいと同時にまた肝心な点だった。この場合は多数の協力が必要だし、多数は妨害したがっていたからである。この王はヨーロッパの主要な部分はすっかり味方に引き入れ、もっとも強力な専制君主と同盟を結んではいたものの、腹心の部下はまったくただの一人しかいなかったように思われる。しかもその部下だけがその計画全体を心得ており、諸王のうちもっともすぐれた王だけが天から授かった仕合わせに恵まれたのだが、この腹心の部下は廉潔な大臣だった。ともかくこの偉大な目論見は少しも漏れないで、何事も暗黙のうちに着々と実施に向かって進む。二度ほどシュリーはロンドンへ出かけていった。この相談はジェームズ王（一一）と密接な関係があり、スウェーデン王（一二）も自分のほうから参加していた。同盟はドイツの新教徒とも締結された。イタリアの統治者諸侯も信頼できた。全員が目的がなんであるか言うことができないのに偉大な事業に協力していた様は、まるでその形も用途も知らない新しい機械の部品を別々に製作している労働者のようだった。ではこうした一般動向を助長していたのは、いったいなんであろうか。それはだれ一人として予測せず、ほとんどの者が気にも留めなかったにちがいない、永久平和だったのか。絶対にだれか一人の利益にはならない、公共の利益だったのか。サン＝ピエール師ならそんなふうに期待したかもしれない。だが現実には、各国はその個々の利益だけをめざして動いており、アンリ王はそれをきわめて魅力に満ちた局面で諸侯全員に示してみせる秘訣をかねがね心得ていたのである。イギリス王（一三）は、イスパニアによって始終誘発される、王国の旧教徒による絶え間ない陰謀から解放される必要があった。イギリス王はさらに援助が高くついていたネーデルランド北部七州同盟（一四）を解放すれば多くの利益があると思っていた。この同盟のために恐れている戦争が始まる前夜にいる思いを日々味わっていたので、いっそ戦争から永久に解放されるためなら、ほかのすべての諸国と手を組んで一度ぐらいなら戦争に協力するほうがましだとすら思っていたのである。スウェーデン王はポメラニアを手に入れて、ドイツにしっかりした地歩を占めたいと望んでいた。プファルツ選挙侯は、当時は新教徒であり、アウクスブルクの信仰告白派(一五)の首領だが、ボヘミア地方を手に入れようとねっており、イギリス王のあらゆる目論見に参加していた。ドイツの統治者諸侯はオーストリア王家の簒奪《さんだつ》を抑えねばならなかった。サヴォワ公は、是非ともと熱望していたミラノ領とロンバルジアの王冠を獲得しようとしていた。教皇自身も、イスパニアの圧制にうんざりしていたので、傘下に入る予定だったナポリ王国を仲だちにしてこの相談に加わった。オランダ人は、ほかのすべての連中よりずっと高い代償を払って(一六)、自由の保証を手に入れていた。結局、全体を支配しようと望む傲慢な権力をくじくという共同の利益のほかに、各国は特殊な、きわめて活発な、すぐにそれとわかる利益を持っていたが、この利益は一人の専制君主を別の専制君主にかえるだけかもしれないという恐怖では帳消しにはならなかった。というのは、手に入れた領地は、フランスとイギリス以外のすべての同盟国に分割されることに決められており、両国は自分の手にはいかなる領地も残しておかなかったのである。それはアンリ四世の野心についてもっとも不安を抱いていた者でさえなだめるのに十分だった。だがこの聡明な統治者は、この条約によってなに一つ留保しないでも、それでもほかのどの国よりもたくさんかち取っていることを知らないわけではなかった。つまり、先祖伝来の領地になに一つ加えなくとも、自分より強大なただ一つの領地を分割して、自身がもっとも偉大な者となれば、それで十分だったからである。しかもきわめてはっきりとわかるのだが、この統治者は、企ての成功を揺るぎないものにしうるような配慮をすべてくばりながら、設立を望む集合体の主導権を掌中にする配慮もおろそかにしていなかったのである。

それぱかりか、準備は、国外において恐るべき同盟を設立し、自分の隣邦諸国および敵の隣邦諸国と条約を結ぶことだけに限られなかった。ヨーロッパ第一の専制君主を屈従させることに多数の人民の関心を引き寄せながらも、自分自身の力でこんどは自分がそうした君主になれるように手配することを忘れてはいなかった。十五年間の平和を使って、自分がじっと思いつめていた企てにふさわしい準備にあてた。貨幣でその国庫を、大砲と武器と弾薬でその兵器廠をいっぱいにした。思いがけない場合の必要にそなえて早くから資源の節約をはかった。聡明にその人民を統治し、不和の種子をすべていつのまにか根だやしにし、その財政の弊害を十分に改めて、臣民を搾取せずにあらゆる事態にそなえることができるようにしたので、この聡明な統治者は、もちろんいま述べたこと以上のことをなしとげた。それゆえ、国内に向かっては泰然自若として、国外に対しては恐るべきものとして、六万人の兵士と二十隻の軍艦を武装して保有し、王国をあとにしてもほんのわずかな騒動の種子も残さないばかりか、六年間もその経常歳入には手も触れず、新たな税金はただの一スーも課税しないで、戦火を開くことができると考えたのである。

これほど周到な準備のうえに、その重臣の側にもまた本人の側にも、企てを遂行するにさいして、以前立案したときと同じ熱意および慎重さがあったことをつけ加えておきたい。要するに遠征軍の先頭には隊長としてみずから出馬するのだ。ところが敵方のほうでは王に匹敵しうる隊長はもはやいなかった。そこで首尾よく成功する見込みのありそうな予感めいたものが、成功を願うその心になかったかどうか、よく考えていただきたい。王の意図を見破ってはいなかったので、ヨーロッパはその莫大な準備に注目しながら、恐怖めいた気持で出てくる結果を待ち受けていた。あるささいな口実からこのすばらしい変革が始まろうとしていた。最後の戦争となるはずの戦争が、不滅の平和の準備をしていたちょうどそのとき、不気味なほど神秘に満ちているので恐怖がつのるが、ある事件（一七）が起こって世界からこの最後の期待を永久に追放してしまった。この襲撃はこの善王の生命を断ち切り、それと同時にヨーロッパをふたたび果てしない戦争の渦《うず》に投げこんだので、ヨーロッパはこうしたさまざまな戦争が終結するのを見ようと二度と期待してはいけないのだ。それはともかく、サン＝ピエール師が一巻の書物によって作成するつもりだったのと同じ機構を立案するために、アンリ四世が取りまとめた手段は以上述べた通りである。

　それゆえ、王の考えた制度が採用されなかったのは、それが善くなかったからだなどと言ってはいけない。それと反対に、採用されるにはあまりに善すぎたのだと言ってもらいたい。つまり、多くの人々がつけこむ弊害と悪習とが、ひとりでに紛れこんでくるのである。だが民衆にとって役立つのは、個々の利害関係はたいていは民衆と対立するので、強制力によるほかはほとんど導入されないということである。言うまでもなく、永久平和は現在ではきわめて不条理な計画である。だがわれわれの手にアンリ四世やシュリーを届けてもらいたい。そうすれば永久平和はふたたび道理にかなった計画となるだろう。いや、むしろ、これほどみごとな企画をたたえることにしよう。だがこの企画が実施されずにいるのは善いことだと考えよう。というのは、この計画は人類に対する狂暴で恐ろしいさまざまな手段によってはじめて行なわれうるからだ。さまざまな革命による以外に国家連合同盟が設立されることはまったくありえない。そこでこうした原則に立ったとき、われわれのうちのだれが、このヨーロッパ同盟は切望すべきものか、それとも危惧を抱かせるものかをあえて断言できるだろうか。この同盟はおそらく、以後数世紀にわたって防止するにちがいない害悪以上の害悪を、一挙にもたらすはずだからである。

永久平和論批判(一八)

注意。この原稿は、きわめて知性に富み、ひどく凡帳面で、しかも中味を判断して口など差しはさんだりしないような人物だけに清書させるよう注意してもらいたい。

訳注

（一）一七八二年版では「その境界によってと同じ程度に」となっていて意味不明だったが、ヴォーンが原稿を見直して本文のように改めた。

（二）決闘についてルソーは、『社会契約論』第一篇第四章や、『戦争状態は社会状態から生まれるということ』の最初でも触れているが、『ダランベールへの手紙』で詳しく取り扱っている。

（三）『サン＝ピエール師についての断片と覚書き』に師についてのルソーの詳しい判断が示されている。

（四）キリスト教共和国とは、アンリ四世が構想したといわれる大平和計画で、トルコ人をアジアに追放し、ヨーロッパを六世襲王国、六選挙王国、三連邦共和国に分け、各国に宗教上の寛容政策をとらせるとともに、これら諸国によってヨーロッパ連合会議と国際軍を組織させ、国際間の利害関係の調停と紛争の仲裁とを計ろうとした平和案で、サン＝ピエール師の平和案はこれに暗示を得ている。王の死後、宰相のシュリーが『王室財政論』のなかで王の計画として発表したものだが、生存中のアンリ四世の現実的な政策と矛盾する点が多く、現在ではシュリーの創作と思われている。

（五）アンリ四世（一五五三―一六一〇、在位一五八九―一六一〇）はナヴァル王アントワーヌ・ブルボン（一五一八―七二）と、ジャンヌ・ダルブレ（一五二八―七二）との子で、母方の影響で新教徒に近づき、ユグノー戦争ではユグノー派の重鎮だった。一五七二年国王シャルル九世の妹マルグリット（一五五三―一六一五）と政略結婚した直後の八月二十三日夜、聖バルテルミーの虐殺に出会い、捕虜になってカトリックに改宗したが、四年後の七六年に監視の目を盗んで逃亡し、アンリ三世、およびアント・ド・ギーズと戦う。アンリ三世の死によってフランス国王の位につき、ブルボン王朝の開祖となったが、カトリック教徒が王位を認めないので、一五九三年にカトリックにふたたび改宗し、翌年パリに入城して戴冠式をあげた。九八年には信仰の自由を認める「ナントの勅令」を発布して宗教戦争を終わらせ、シュリーを登用して財政を建て直し、産業の復興をめざした。九五年にマルグリットと離婚し、翌年マリー・ド・メディシス（一五七三―一六四二）を王妃とした。フランス絶対主義の基礎を築き、フランスの安全のために、いわゆる「大計画」を立てて、ハプスブルク家を抑えようとしたが、一六一〇年狂信的なカトリックのラヴァイヤックにより暗殺された。

（六）マクシミリアン・ド・ベチュンヌ・シュリー公爵（一五六〇―一六四一）。アンリ四世時代に国務卿、財務長官、土木長官を歴任し、王を助けて、宗教戦争で荒廃したフランスの財政の回復に努めた。道路や橋を整備し、タイユ税の縮小をはかり、農業、牧畜を奨励した。

（七）フランスではシャルル・カン（一五〇〇―五八、在位一五一九―五六）とも言い、ハプスブルク家の出で、ヘントに生まれ、一五一六年にスペイン王カルロス一世（一五一六―五六）となり、一九年には対立候補のフランソワ一世との選挙に勝って神聖ローマ皇帝に選ばれた。新大陸を含むスペイン、フランドル、オーストリア、ドイツを支配し、中世的世界国家の樹立をめざして、フランソワ一世と三十年以上争い続けた。ローマ教皇と提携してルッター派を弾圧したが、ドイツ諸侯がフランスと結んで反抗したため、ついにアウクスブルクの宗教和議（一五五五）でルッター派を公認し、信仰の自由を認めた。

（八）フェリーペ二世（一五二七―九八、在位一五五六―九八）は神聖ローマ皇帝カルル五世とポルトガルのイサベラの子で、父王の絶対主義を極限にまで展開した。一五五六年イスパニア王に即位とともに新大陸の広大な領土を基盤に、国威を誇り、熱心なカトリック教徒としてプロテスタントを圧迫した。フランスの宗教戦争に介入し、八一年にはポルトガルを併合したが、八八年エリザベス女王のイングランド征圧をめざした無敵艦隊の敗北により、イスパニア没落の発端をつくった。

フェリーペ三世（一五七八―一六二一、在位一五九八―一六二一）は父のフェリーペ二世から敬虔さしか受けつがず、無能で、王国からムーア人を一掃したため、工業の職人や、熟練した農民を失ってしまった。イスパニアの威力を保つために結婚政策に踏みきり、父王の外交政策とは反対にイギリスと一六〇四年にロンドン条約を結び、〇九年にはネーデルランド北部七州同盟と十二年間の休戦を求めた。なお、ネーデルランドの叛乱とは、フェリーペ二世が中世的世界統治を志してプロテスタントの撲滅をはかり、宗教的、政治的弾圧を企てたことに反対する運動で、一五六四年頃より始まり、六七年のアルバ公の恐怖政治以来盛りあがり、ナッサウに亡命中のウィレム一世の指導の下に六八年以降本格的な独立運動を起こした。イギリスに対する軍備とは、一五八五年以来エリザベス女王がネーデルランド北部七州に支持を与え、またメアリー・スチュアートを八七年に処刑したことから、フェリーペ二世がヨーロッパのプロテスタントの一大勢力のイギリスと戦う決意をして、けっきょく八八年に無敵艦隊が敗れた事実をさしている。

フランスの内乱とは、シャルル九世の後継者アンリ三世、のちにアンリ四世となるアンリ・ド・ナヴァルのカルヴァン派の同盟、アンリ・ド・ギーズを指導者とするカトリック同盟、の三者による宗教戦争でフェリーペ二世が旧教同盟と一五八五年に提携してカトリックを応援し、アンリ・ド・ギーズの暗殺後も、アンリ四世に反対した事実をさしている。

（九）　カルル五世は世界征覇に失敗して、そのむなしさに気づいた結果、帝国を皇太子フェリーペ二世と弟のフェルディナント（一五〇三―六四）に分割して一五五六年に譲位した。ドイツ諸侯のフェリーペ二世に対する反感によって神聖ローマ皇帝に即位したフェルディナントはオーストリア・ハプスブルク家の祖となり、傍系のほうが栄えた。その孫のフェルディナント二世（一五七八―一六三七、在位一六一九―三七）は、イエズス会の教育を受けてプロテスタントを憎み、カトリック主義の再建に努め、ハプスブルク家領土内のプロテスタントを弾圧したので、三十年戦争の発端をつくり、またスウェーデン王グスタフ・アドルフに侵入された。

（一〇）　サヴォワ公シャルル・エマニュエル一世（一五六二―一六三〇、在位一五八〇―一六三〇）は、ブルボン王朝とオーストリア、スペインのハプスブルク家の二大強国のあいだにはさまれて、どちらかに味方して他方と戦うという愚行を繰り返して、領土を荒らされた。こののち歴代のサヴォワ公は領土の拡大をイタリアに求めて、サルディニア王となる。

（一一）　メアリー・スチュアートの子（一五六六―一六二五、在位一六〇三―二五）で、一五六七年にスコットランドの王になっていたが、直系の後継者のないエリザベス女王のあとをついでイギリス国王に即位し、スチュアート王家の祖となった。イギリス国教制度を施行してカトリック教徒を迫害し財政上の必要に迫られて、議会の許可なしに新税をつくったりして議会と対立した。

（一二）　このスウェーデン王はカール九世（一五五〇―一六一一、在位一六〇四―一一）で、グスタフ・ヴァーサ

（グスタフ一世、一四九六―一五六〇、在位一五二三―六〇）の三男だが、無能な兄たちに代わりルッター派を国教に定め、プロテスタントによる国民的結果を回復し、父の安定した政治を復興して、息子のグスタフ・アドルフに伝えた。

（一三）ジェームス一世の即位は一六〇三年で翌四年にはフェリーペ三世とロンドン条約を結んでいるので、「イスパニアによって始終誘発される王国の旧教徒たちの絶え間ない陰謀」というルソーの記述は、エリザベス女王の時代の一五八五年以降のネーデルランド北部七州同盟対フェリーペ二世とフランスのカトリック同盟の対立と混同しているように思われる。

（一四）イスパニア領ネーデルランドの、ホラント、ゼーラント、ユトレヒト、ヘルデルラント、オーフェルアイセル、フロニンゲル、フリースラントのカルヴァン派の北部七州が、一五七六年のネーデルランド全州のガン同盟条約がカトリック派の南部諸州との対立で機能しなくなってからも結束して反抗を続け、七九年ユトレヒト同盟を結成し、八一年七月、ウィレム一世指導の下にスペインからの独立を宣言して、オランダ連邦共和国の基礎を築いた。エリザベス女王は八五年にこれを支援している。

（一五）神聖ローマ皇帝カルル五世は一五二九年になってルッターの教養の布教を禁じようとしたので、ルッター派の人々に抗議された。皇帝はアウクスブルクの国会でなだめようとしたが、仲裁を断わったルッター派の人々は、メランヒトンが編纂した信仰告白でその信仰を固めた。三一年にルッター派は、ザクセン選挙侯ヨーハン・フリードリッヒなどを中心にシュマルカルデン同盟をつくって、皇帝に対抗し、三四年にはフランソワ一世と結んだ。

（一六）オランダ人はフェリーペ二世により一五八〇年ポルトガルが征服されてからは、リスボン港から締めだされたので、香料を求めて生産国に直接に出向いて、いたる所でポルトガル人と競争しながら植民帝国を建設し始めた。

（一七）アンリ四世を暗殺したのは狂信的なカトリックのラヴァイヤック（一五七八―一六一〇）だが、彼が共犯を否定したにもかかわらず、共犯者がいると思われて、王に恨みを抱くはずのカトリックや、イスパニア王や、外国の君主たちをはじめ、王の側近までが疑われた。王室の内部にも、外部と同じように根強い反対が予測されていたのだ。

（一八）　ルソーの注意は、二つに折られた草稿の最後のページに、縦に書かれている。場合によって出版したいというバスチードの意向に対して書かれたと思われる。

戦争状態は社会状態から生まれるということ（一）

宮治　弘之　訳

それにしても、無限でしかも抑制しがたい貪欲が、われわれの詭弁家《ソフィスト》が仮定するすべての人々のなかで繰り広げられるということがたとえ真実だとしても、それでもやはり、ホッブズ（二）がわざわざいやらしく描いている、万人に対する各個人のあの共通の戦争状態はこうした貪欲さからは生まれないはずである。どんなものだろうとすべて自分のものにしたいということの並はずれた欲求は、自分の同胞はすべて絶滅したいという欲求とは相容れない。しかも勝者は、なにもかも殺したあげく不幸にもこの世でただ一人だけ残るという目にあうはずで、なにもかも手に入れるというただそのことのためにこの世でなにも享受できないにちがいない。財産がいくらあろうとも、ほかに伝えられなければいったいなんの役に立つのか。世界全体を所有したとしても、自分がただ一人の住民になるならば本人にとってなんの役に立つだろうか。どうなのだろう。自分だけの胃で大地の果物をすべて食べつくせるだろうか。あらゆる土地の産物をだれが集めてくれるのだろうか。自分がまったく住まない広大な無人の土地のなかでだれがその支配権を証言してくれるのだろうか。巨万の富をどうすればよいだろうか、農作物はだれが消費してくれるのだろうか、自分の勢力をだれの目に見せびらかせばいいのだろうか。私にはわかっている。だれも彼も殺戮するようなことはしないで、この勝者は少なくとも奴隷を手に入れるためにあらゆる人を鉄の鎖につなぐだろう。そうなればたちまち問いそのものが変わってしまう。絶滅することはもはや問題とはならず、戦争状態は消滅する。読者はここで自己の判断は一時留保していただきたい。私はこの点を論ずるのをおろそかにはしないつもりだ。

人間は本来の性質から平和を好み、臆病であり（三）、ほんのわずかな危険に出会った場合でも、最初の反応は逃げだすことである。戦争に慣れるというのも、習慣と経験を積んだためにほかならない。名誉や利益、偏見、復讐、危険と死をものともせずに立ち向かうことのできるあらゆる情念は、自然状態における人間とはかけ離れたものである。だれかほかの人間と社会をつくったあとではじめて、人間はほかの人間を攻撃する決心を固める。しかも市民となったのちにはじめて兵士となる。この点からは、自分の同胞すべてに対して戦争を挑む激しい気性があるなどとはとうてい考えられない。だがいまは、ばかげていていまいましい一つの理論にあまりかかずらいすぎた。なにしろこれはいままでに何度となく論破されてきたのだから。

それゆえ、人間と人間との全般的な戦争はまったく存在しない。（四）しかも人間という種はひたすらおたがいに相手を絶滅するためにつくりだされたわけではない。残された問題は、二人ないしは数人の個人のあいだに生じうる、思いがけない個々の戦争を考察することだけである。

もし自然法が人間の理性のなかにしか書き記されていないとすれば、われわれの行為の大部分を管理することはできないはずである。しかし自然法は人間の心のなかにもやはりかき消せない文字で刻まれており、まさにそのために、哲学者《フィロゾフ》連中のあらゆる教訓よりもはるかに力強く人間に語りかける。自然法は、同胞の生命を犠牲にすることが許されるのは、自身の生命を保存する場合に限られると人間に呼びかけ、しかも止むをえない場合でさえ、腹も立っていないのに他人の血を流すことについて嫌悪感を催させる。

自然状態のなかで起りうる仲裁者のいない葛藤においては、いら立った人間が、あるいは正々堂々と武器を用いて、あるいは不意を襲ってほかの人間を殺すこともときにはありうる、ということは私にもわかる。だが本当の戦争ということが問題となると、他人の生命を犠牲にする以外に自分の生命を保存できないためどんなに奇妙な立場に立たされるかということ、また両者に確立した関係によって一方の死が他方の生には必要だということを想像していただきたい。戦争とは持続的な関係を前提とする永続的状態であり、こうした関係は人間と人間との場合にはめったに成立しない。個人同士の場合にはあらゆるものが絶え間ない流れのなかにあり、すべての関係も利害関係もそのためにたえず変化する。(五)したがって、論争の種子は持ちあがるとほとんど同時に消え失せ、葛藤は一日のあいだに始まって終わり、闘争や殺害がいくらか起きることはあっても、長期間の確執とか戦争には絶対にならないか、めったにならない。

　社会状態においては、すべての市民の生命は主権者の意のままであり、だれであろうと本人の生命はもちろん他人の生命を自由に処理する権利は持っていないので、戦争状態は個人相互のあいだではやはり起こりえない。ところで、決闘(六)や、果たし合いや、挑戦や、一騎打ちの申込みなどについては、これはまったく軍隊式の制度による非合法で野蛮な悪習だったが、そればかりか、本当の戦争状態はもたらさなかったものの、その結果として個人間の紛争を生じた。それにこの紛争は限られた時間と場所とで解決されたので、そのために二度目の一騎打ちのための新たな申込みが必要となったのである。したがって神の平和を求めた日々の休戦(七)によってさしとめられ、聖ルイの布令集(八)によって認可を受けた私的な戦争は除外しなければならない。だがこの例は歴史上で唯一のものだ。

　さらに、実際に人間の力強さとは関係のない諸王が、国家の戦争とは関係なく、私的で個人的な戦争をおたがいのあいだで企てるようなことがあるかどうか、問うてもかまわない。それこそたしかに無駄な質問だ。つまり、他人の身をいたわってわざわざ自分の身を危険にさらすようなことは、周知のように統治者たちの慣習ではないからである。そのうえこうした質問は、私の力では解決できないもう一つの質問、すなわち、統治者自身が法律に従うか否かということに左右される。つまり、法律に従えば、その身柄は国家に拘束され、その生命は最後の市民の生命として、国家に従属する。だが統治者が法律を超越しているならば、純粋な自然状態で生活しているので、自分の行為のいかなるものについても、その臣民に対しても、またほかのだれに対しても責任は負わないからである。(九)

社会状態について

そこで、われわれは事物の新たな秩序に入る。いまやわれわれは、人為的な一致によって結合した人々がおたがいに殺しあうために寄り集まる姿、戦争を予防するためにとられたさまざまな措置から戦争のもたらすあらゆる惨禍が生まれる有様を見ることになる。だがまず肝心なことは、政治体というものの本質についてこれまでなされた以上に正確な概念が形成されることである。ただ読者に考えていただきたいのだが、ここで問題にしているのは歴史や事実よりも法や正義であり、私がわれわれの偏見に従うよりもはるか以前から本性にもとづいて事物を検討しているということである。

最初の社会が形づくられれば、その結果かならずほかのすべての社会の形成が行なわれる。その社会に属するか、またはその社会に対抗するために団結するかせねばならない。(一〇)真似た社会をつくるか、またはその社会にそのまま併合されるかせねばならない。

大地の表面はすっかり様相が変わってしまう。あらゆるものを通じて自然は姿を消す。あらゆるものを通じて人為の技術が自然にとって代わる。独立と自然的自由とは法律と奴隷状態とに道を譲った。もはや束縛されていないものは存在しない。哲学者は人間の本来の姿を探し求めるが、そうしたものはもはや見つからない。だが自然を全滅させようなどと考えるのは空しいことである。自然はよみがえって、まったく思いもよらなかったような場所に姿を現わす。独立は人々から奪われると、さまざまな社会のなかに避難の場を求めるが、こうした大きな集合体はそれ自体の衝動に引きずられるので、集合体の総量が個人の数の総量を圧倒するにつれて、はるかに恐ろしい衝撃をひき起こす。

だが、と言われるかもしれない。こうした集合体がそれぞれ、それほど堅固な基盤を持っているならば、やがて偶然にぶつかりあうなどということがどうしてありうるのか。その体制そのもののために、こうした集合体はどれも永久平和の場合に存続しえなくなるはずではないのか。集合体内部の要求を満たすのに必要なものをほかの人々と同じようにわざわざ外部に探しに行かざるをえないのか。自己を保存するのに絶対必要なあらゆるものを自己自身の内部に持てないのか。競争と交換とが避けがたい不和の根源であるとしても、世界のすべての国において、住民は商業の開始以前に生存していたのではないのか。これは商業を行なわなくとも住民が生活することができたという否応ない証拠ではないか、などとだ。

《この章の目的、戦争は人間相互のあいだではまったく起こらず、国家間でのみ起こる。》

この点について、私は事実によって答えることで満足できるし、反論を懸念する必要はまったくないだろうが、私がつねに心掛けている通り、ここでの私の推論は事物の本性にもとづいているのであって、共通な原則とは関係のない無数の個々の原因に由来するかもしれない、さまざまな実際の出来事にもとづいているのではない。さて、政治体の体制を注意深く考察してみよう。そうすれば、政治体はそれぞれ自己保存にはそれ自体で事足りているとはいえ、とにかく政治体相互の関係は、個人相互の関係よりもはるかに緊密だということがわかるだろう。つまり人間の場合には、実際はその同胞とどうしても関係を持たねばならぬ必要はまったくないし、あらん限りの気力をふるい起こせば他人と協力しないでも生活していくことができる。他人の配慮よりはむしろ大地の果実のほうがはるかに必要で、しかも大地はそのすべての住民を養うのに必要以上の収穫物をつくってくれる。それに加えて、人間には自然から定められた体力と大きさの限界があり、これをのり越えることはできない。どんな方向から自分を眺めても、人間は自分の能力すべてに制限があることがわかる。人間の寿命は短く、年齢にも限りがある。その胃袋は財産がふえるようには大きくならないし、情念がいくら高まっても、快楽には限度があり、心情はそのほかのすべてのものと同じく限りがあるし、楽しさを味わう能力はいつも同じである。人間は理念のなかで背伸びをしてみても、いつも卑小な状態のままなのである。

国家はこれに反して人為的な集合体だから、きまった限界はまったくないし、国家にふさわしい大きさには際限がなく、どこまでも拡大させることができるので、国家は自国より強大な国家がわずかでもあるかぎりは、弱小だと感じる。自国の保障と保全とが、すべての隣邦諸国より強大になることを命じる。国家は隣国を犠牲にしてはじめてその勢力を強大にし、充実し、行使することができるが、自国の生存に必要な食糧を国外に求める必要がない場合でも、さらに揺るぎない強固さをもたらしてくれる新たな構成員をたえず国外に求める。つまり、人間相互の不平等には自然の手によって置かれた限界があるが、社会〔国家〕相互の不平等はたえず増大してゆき、ついにはただ一つの社会がほかのすべての社会を併合してしまうこともありうる。

このように政治体の大きさはもっぱら相対的なので、国家は自らを知るためにどうしてもたえず比較せざるをえない。自らを取り囲むあらゆるものに左右されるので、周囲で起こるあらゆることに関心を示さねばならない。つまりなにも獲得も失いもせずに、国内に閉じこもろうと思っても無駄である。国家は隣国が拡大するか縮小するかに従って、また強力になるか弱小になるかに従って、小さくも大きくもなり、また弱くも強くもなる。結局、その強固さそのものが、他国との関係をさらに恒久化することによって、自らの行為すべてにいっそう確実な効果を与え、しかも葛藤すべてをいっそう危険なものにするのである。

事物の真実の理念をすべて覆そうという努力がなされていたように思える。あらゆるものが自然人を休息に導く。食べることと眠ることは自然人が知っているただ一つの欲求だし、飢餓だけがどうやら怠惰を防いでくれるのである（一一）。この自然人から、本人のまったく知らないさまざまな情念が働いて、自分の同胞たちをいつもすぐに苦しめる怒り狂う人間がつくられた。ところがこうした情念は、なにかきっかけがあれば火がついて、社会のまっただなかで燃えたぎるのに、社会には存在しないものと思われている。無数の著作家が、政治体には情念はないとか、理性そのもの以外に存在理由はまったくないとか、これまであつかましくも述べてきた。これでは、社会の本質はその構成員の活動のなかにあり、行動を起こさない国家は死体にすぎないということが、まるでだれにもわかっていなかったみたいである。まるで世界のすべての歴史が、もっともみごとに組織された社会はまた同時にもっとも活動した社会であり、国内にせよ国外にせよ、その構成員全員のたゆまぬ行動と反応とが集合体全体のたくましさの証言となるということをわれわれに教えてくれなかったようである。

人為の技術と自然の所産との相違は、その効果のなかで感じられるので、たとえ市民が国家の構成員だと自称しても、本物の手足が胴体に結びつくようには国家と結合することはできない。市民それぞれに個々別々な生活をまったく営ませないなどということはできないし、こうした個々の生活のおかげで、だれも自己保存は自分だけで十分になしうる。神経がしだいに鈍感になり、筋肉がたくましさを失い、絆がすべてゆるむにつれて、ほんのささいな偶然の出来事でもあらゆるものを分離させることができるのである。

政治体という集合のなかで、警察力が個々人の力の総和よりどのくらい劣っているか、機構全体が活動した場合、いわば摩擦がどれだけ生じるか考察していただきたい。そうすれば、あらゆる関係を考慮しても、もっとも弱い人間のほうが、もっとも強固な国家以上に、より大きな自己保存の力を持っていることがわかる。

それゆえ、こうした国家が存続するためには、その情念の激しさが機動力の不備を補い、権力が衰える分だけ意志が活発に働くことが必要である。これが自然そのものがすべての種のあいだに定めている生存法則であり、そのために種のあいだの不平等にもかかわらず全員が維持される。これがまた、ついでに述べておくのだが、小国が大国に比較してはるかにたくましい理由である。つまり国家の感受性は領土とともに増大はしないし、領土が広がれば広がるほど、意志の働きは鈍くなり、機動力は弱まるが、この大きな集合体は自身の負担能力以上の加重がかかると、崩れ落ち、憔悴して倒れ、衰弱してしまう。

ある国家を弱体化することができ、しかも敵に危害を加えるため、戦争がその使用を正当化するようにみえるさまざまな手段について概念を与えるには、こうした例をあげれば十分である。こうした手段のいくつかがその条件となっている条約に関していえば、敗北した敵がもはや自衛する権利も持てないほどの残虐さで戦争が続いた場合を別にすれば、そのような平和とは実際はいったいなんなのか。私は別の機会にその話をするつもりである（一二）。

以上述べたすべての話に、悪意がはっきりとわかる証言を加えておきたい。つまりある国に危害を加え、しかもその国に当然受けるべき資格を与えることを拒否し、その権利は無視し、その権利の主張はすべて却下し、その臣民からは貿易の自由を奪い、その国にいろいろと敵をつくりだす意図について述べているのである。要するに、その国に関するかぎり、どんな口実を用いようとも、万民法に違反しようというのである。

ある政治体に危害を及ぼすこうしたさまざまな方法はすべて、同じように実行できるものではないし、この方法を利用する政治体に同じように役立つものでもない。しかもわれわれ自身の利益と敵の損害とが同時に生じるような方法が、もちろん選ばれる。土地、金銭、人々、自分のものにしうるすべての戦利品などが、このように相互の敵対行為の主要な目標となる。この卑しい貪欲さがいつとはなしに事物についての概念を変え、戦争はついに強盗略奪行為に変質し、全員が敵方と戦士から暴君と盗賊にしだいに変身するのである。

思いもよらないことだが、こうした概念の変化が採用されるといけないから、まずわれわれの概念を一つの定義によって規定しておこう、それにこの定義はごく簡単なものにして、濫用できないようにしてみよう。

そこで私は、敵の国家を滅ぼすか、それとも取りうるかぎりのあらゆる手段を駆使して少なくとも相手を弱体化するかを表明した、相互に行なう恒久不変の措置の効果を、国家と国家の戦争と呼ぶことにする。こうした措置がやむをえず実行に移されれば、いわゆる戦争となる。この措置が効果をもたらさないでいるかぎり、それは戦争状態にすぎない。

私には反論が予測できる。私の考えによれば戦争状態は列強のあいだでは自然なのだから、戦争が結果として生じるような措置がどうして表明される必要があるのかというのだ。それに対して私はこう答える。私は以前に自然状態について話したので、いまは合法的な状態の話をするが、状態を合法的にするために、戦争には宣言が必要だということをこのあと証明するつもりである。

基本的区別

読者にお願いしておくが、私は、戦争を仕掛ける者に戦争を有利に導く理由を探しているのではなく、戦争を合法的なものにする理由を探しているのだということを忘れないでいただきたい。正義であるためには、たいていの場合高くつく。だからといって、正義であることを免除されるだろうか。

個人相互のあいだには真実の戦争は絶対に起きなかったし、また起こりえないとすれば、相互のあいだで戦争が起こる人々とは、いったい何者で、また実際にどんな連中が敵と名づけられうるのか。それは国家の要人たちである、と私は答える。それでは国家の要人とはなんだろうか。それは主権者と呼ばれる道徳上の存在で、社会契約によって存在を認められてきたうえ、その意志すべてが法律という名を持っている、と私は答える。ここでまえの区別をあてはめてみよう。戦争のもたらすさまざまな効果のなかで、損害を与えるのは主権者で、損害をこうむるのは国家だと言うことができる。

もしも戦争が道徳上の存在相互のあいだでだけ起こるのであれば、そのためにだれも人々をねらったりしないし、だれの生命も奪わずに戦争を仕掛けることは可能である。だがこれには説明が必要である。

事物をもっぱら社会契約に厳密に当てはめて検討してみれば、土地も、金銭も、人々も、さらに国家の囲いのなかに含まれているあらゆるものが、国家に無条件に属している。だが社会の権利は自然の権利にもとづいており、この権利を無効にすることはできないので、こうしたものはすべて二通りの点から考察せねばならない。すなわち、土地は国家の領土および各個人の世襲財産として、財産はある意味では主権者に、また別の意味では所有者に所属するものとして、住民は市民および人間としてである。事実、政治体は法人格にすぎないので、架空の存在にすぎない。国家の協約を取り除いてみるがいい。国家を構成する要素全体にまったく変動がなくとも、たちまちその国家は滅びる。ところが人々のあいだの協約はすべて、事物の自然の法則には絶対になんの変化も及ぼすことはない。それではある主権者に戦争を挑むとはどういうことだろうか。それは国家の協約とその結果生じるあらゆる現象とを攻撃することである。つまり国家の本質はまさにこの点にあるのである。もしも社会契約がただの一撃で断ち切られるようなことがあれば、たちまち戦争はもう起きなくなるにちがいない。しかもただこの一撃で国家は滅ぼされるとしても、人間はただの一人も死ぬことはないはずである。アリストテレスが述べているように、スパルタでは奴隷が苦しむひどい虐待を公認するために、民選長官は就任するときに、奴隷に向かっておごそかに戦争を宣言した。この宣言は野蛮であると同時に余計なものだった。戦争状態はこの両者のあいだでは、一方が支配者であり、他方が奴隷であるというこの事実だけで、必然的に存在していたからである。スパルタ人が奴隷を殺していたのだから、奴隷のほうでもスパルタ人を殺す権利があるのだということは疑う余地はない。

私は法律と道徳の書物を読み、学者や法律学者（一三）の話に耳を傾け、その言葉巧みな演説に心動かされて、自然の悲惨な状態を嘆き、文明社会の秩序によって確立した平和と正義とをすばらしいと思い、さまざまな国家制度の思慮深さを心から喜び、自分は市民だと思いながら、人間であることで心を慰めている。自分の義務と仕合わせとを十分に知らされて、私は書物を閉じ、教室を出て、周囲を見まわす。私には不幸な民衆が鉄のくびきの下であえぎ、人類が一握りの圧制者に押し潰され、群衆が貧しさに苦しみ、苦痛と飢えとに打ちひしがれている姿が見える。しかも裕福な者は平穏のうちに群衆の血と涙とを飲み、いたる所で法律という恐るべき権力で武装した強者が弱者を圧迫しているのである。

こうした経緯《いきさつ》はすべて穏やかにしかもなんの抵抗もなく行なわれる。それは食べられるのを覚悟しながら、キクロポスの洞窟（一四）に閉じこめられたオデュッセウスの仲間たちの平静さと同じだ。うめいてしかも口をつぐまねばならない。こうした身の毛のよだつものには永遠の帳《とばり》をおろしてしまおう。私は眼をあげて、はるかかなたを眺める。私には地獄の燃える火と炎とが、人っ子一人いない荒野が、略奪に任せた町がいくつも見える。残忍な連中よ、あの不幸な人たちをどこに連れていくのか。私にはなんとも恐ろしい物音が聞こえる、なんという騒々しさ！　なんという悲鳴！　私は近づく。私には殺人の現場が、一万人もの人々が惨殺された姿が、累々と積み重なった死体が、馬の足で踏みにじられた瀕死の人たちが見える。どこもかしこも死と断末魔の苦しみとの面影だ。これこそまさに、この平和な制度のもたらす所産なのだ！　憐れみの情、憤怒の気持が私の心の奥底に立ちのぼる。おお、野蛮な哲学者《フィロゾフ》よ！　われわれとところにやって来て、戦場で君の書物を読んでもらいたい！

　こうした惨めなものを見れば、人間らしい情愛の持主ならばだれだろうと感動しない者があるだろうか。だが人間であることも、人類を弁護することももはや許されない。正義と真実とはもっとも権力のある連中の利益に従わねばならない。それがしきたりである。人民は年金も、仕事も、教授の職も、アカデミーの会員（一五）の地位も与えてはくれない。どうやって人民を擁護すればよいだろうか？　寛大な統治者たちよ、私は文学集団を代表して話しているのだ。やましい気持がなく安心して人民を虐げていても、われわれがあらゆることを期待しているのは、じつはあなたがただけなのだ。人民はわれわれにはなんの役にも立たないのだ。

　これほどかぼそい声は、金銭目当ての騒々しいたくさんの要求を貫いてどうしたら聞いてもらえるだろうか。残念だ！　私は口をつぐんでいなければならない。だが私の内心の声が、これほどつらい沈黙を貫いて漏れて出てはくれないものだろうか。駄目だ。真実にちがいないというただそれだけの理由で、いかがわしいとみなされるような忌まわしい細かい説明などは行なわずに、私は、いつもしてきたように、人間の機構をその本来の原理によって検討するだけにしておこう。また立案当事者たちがわれわれに与える間違った観念を、もしできるなら訂正し、そしてせめて、不正と暴力とが法と公正の名を破廉恥にも名乗ったりはしないようにさせるだけでとどめておこう。

人類の現況を考察して私がまず気がつくことは、その体制のなかにある明白な矛盾だが、そのために体制はいつもぐらついている。個人と個人の場合には、われわれは社会状態のなかで法律に従って生きているのだが、人民と人民の場合には、各人民は自然的自由を享受している。このため実際われわれの状況は、こうした区別を知らずに過ごしたときよりもずっと悪化している。つまり、社会秩序のなかでも自然状態のなかでも両方で生きているので、われわれはその双方の不便な点を否応なく味わわされ、しかも双方のどちらにも保証が見つからないのである（一六）。社会秩序の完成は、なるほど力と法との協力のなかにあるが、そのためには法が力を管理しなければならない。これに反して、統治者の抱く完全な独立という理念においては、力だけが、法という名目で市民に、国益上の理由という名目で外国人に話しかけ、外国人からは反対する権限を、市民からは反対する意志を奪っているので、そのために正義という空しい名称がいたる所で暴力を保証する役目だけを果たしている。

普通万民法と呼ばれているものに関しては、制裁措置がないために、その法律はたしかに、自然法よりはるかに効力の薄い空想の産物にすぎない。自然法は少なくとも各個人の心に話しかけるが、これに反して万民法はこの法に従う者に役立つ以外になにも保証がないので、その決定は利益がたしかに立証される場合に限って尊重される。われわれが現在置かれている折衷状態においては、この二つの制度のうちどちらかを選ぼうとも、やりすぎるかやり足りないかどちらかなので、結局なにもしていないことになり、われわれは置かれうるかぎりで最悪の状態におちいっている。これこそまさに、私の考えによれば、国家の災害の起源である。

ちょっとこの理念をホッブズの恐ろしい理論と対比してみよう。そうすればわれわれには、彼のばかげた学説とはまったく反対に、戦争状態は人間にとって自然であるどころか、戦争は平和から生まれたことが、あるいは少なくとも、人々が恒久平和を確保するためにとったさまざまな配慮から生まれたということがわかるだろう。だが、こうした議論に入るまえに、彼の意図(一七)をなんとか説明してみよう…

万人に対する各人の自然な戦争という常軌を逸した理論を戦慄もせずにだれが想像したことがあるだろうか。自分の幸福がその種全体の絶滅と結びついていると思うような人間は、なんと奇妙な動物だろう！　それにこの種が、これほど醜く、これほど忌まわしければ、どうにか二世代も続くことができるなどとどうして考えるのだろうか。それにもかかわらず、まさにここまで、独裁政治と盲目的服従とを確立したいという欲求が、というよりむしろ熱狂が、これまで存在したもっともすぐれた天才の一人〔ホッブズ〕を駆りたてたのだ。これほど残忍な原則でもいかにも彼の目的にはふさわしかった。

社会状態は生まれながらのすべての気質に束縛を加えるが、それでもこの気質をなくしてしまうことはできない。われわれの抱いている偏見やわれわれ自身の意志に反して、この気質はわれわれの心の奥底でいまもなお話しかけ、空想に向かうため離れがちな真実のほうにしばしばわれわれを導いてくれる。もしあの相互に抱く相手を破滅させる敵意がわれわれの気質に結びついているとすれば、この敵意もやはり感じられ、社会のすべての鎖を通じて不本意ながらわれわれを拒絶するにちがいない。人類をひどく憎む気持が人間の心をきっと蝕むはずである。人間は自分自身の子供の誕生をひどく悲しむにちがいない。自分の兄弟の死を喜ぶにちがいないし、だれかが眠っているのに気づく際にまずその心に浮かぶ思いは、きっと相手を殺すことだろう。

　われわれの同胞と仕合わせを分かつ気にさせる慈愛心や、苦しんでいる人の身になって相手とともに深く悲しむ同情心は、経験したためしのない、自然とは正反対の感情となるにちがいない。感受性が豊かで情深い人間というのは怪物(一八)となるだろうし、われわれは生まれながらに、われわれにつきまとう堕落のさなかでは、とうていなりがたいような別の姿になっているにちがいない。

　詭弁家ならば、この相互に抱く敵意は先天的ですぐに現われるものではなくて、いかなる事物についてもめいめいが持っている権利のやむをえない競合にもとづいているのだと無駄口をきくかもしれない。というのは、こうしたいわゆる権利という感情は、この感情から生みだされる戦争と同様に人間には自然ではないのである。

　私はこのことについてすでに述べたが(一九)、これは何度繰り返し述べても言いすぎることはない。ホッブズや哲学者たちの誤謬は、自然人を自分たちが眼のあたりに見ている人々と混同して、ある理論のなかに別の理論のなかでしか生存しえない存在を持ちこむことにあるのである。人間は自己の生活の安定とこの安定に貢献しうるあらゆるものを求める。このことに議論の余地はない。だがもちろんこの生活の安定は身体上の必需品に限られる。つまり、その人間が健全な魂の持主で、その身体に具合が悪い点がなければ、その体格に応じて仕合わせになるためにはなにが不足しているのだろうか。なにも所有していない人はたいした物を求めない。だれも指図しない人はほとんど野心を持たない。だが余分なものは貪欲な気分をかきたてる。物が手に入れば入るほど欲しくなる。たくさん持っている人は、なにもかも持ちたくなる。それでも世界帝国という気違いじみた考えは、これまで一人の大王の心(二〇)しか悩ましたことはない。これが自然の成り行きだし、情念の進展なのである。ある浅薄な哲学者《フィロゾフ》は、社会という酵母の中で百回も練り直して醗酵させた魂を観察して、人間を観察したと思っている。だが人間を十分に知るには、人間の感情の自然な漸進過程を洞察できなければならないし、人間の心に刻印されている自然の最初の筆致を探す必要があるとすれば、それは大都会の住民のなかではないのである。

それゆえ、こうした分析的な方法は、もっとも聡明な者でもまったく理解できないような、測り知れない謎と神秘しか与えてくれない。精神が啓発されるにつれて、なぜ風俗が腐敗するのか、どうか問うていただきたい。その原因が見つからないので、哲学者の連中はあつかましくも事実を否定するだろう。われわれのあいだに連れてこられた未開人が、なぜわれわれと情念も快楽もともにできないのか、しかもこれだけ熱烈にわれわれが欲しがっているあらゆるものをなぜまったく意に介しないのか、どうか問うていただきたい。連中は絶対に理由を説明してくれないか、それとも私の原理によってしか説明できないだろう。連中は自分たちがいま見ているものしか知らないし、自然は一度も見たことがないのである。ロンドンとかパリのブルジョワ(二一)とはなにかということはとてもよくわかっているが、連中には、人間とはなにかということは絶対にわからないだろう。

訳注

（一）　この論文は草稿のままヌーシャテルに保存され、ドレフュス＝ブリザック編の『社会契約論』（一八九六）の付録としてはじめて印刷され、次にヴァンダンベルジェの『ルソーの国際政治思想——小国連合共和国』（一九〇〇）に掲載されたが、ヴォーンの『政治論文集』（一九一五）に現在のような形で印刷された。

（二）　ホッブズ（一五八八—一六七九）の説は『不平等起源論』の第一部冒頭にも出てくるが、「万人の万人に対する戦争」がホッブズからみた人間の自然状態である。

（三）『人間不平等起源論』第一部の冒頭でも同じことを述べている。

（四）『社会契約論』第一篇第四章に「それゆえ、戦争は人間と人間との関係ではなくて、国家と国家との関係なので、その場合に個人同士は人間としてではなく、市民としてでさえなく、ただ偶然に兵士として敵となるのだ。祖国を構成する者としてではなく、祖国を守る者としてなのだ」と同じような意味の文章がある。

（五）　ルソーは同じ考えを所有権という新たな要素を入れて、もっと簡潔かつ完全に、『社会契約論』第一篇第四章で述べている。「戦争をつくりだすのは物同士の関係であって、人間同士の関係ではない。しかも戦争状態は、たんに個人相互の諸関係からは生まれえないうえに、現実の事態のあいだの諸関係からだけ生まれるので、私的な、ないしは人間と人間との戦争というのは、恒久不変の所有権のない自然の状態においても存在しえないし、いっさいが法律の権威のもとにある社会状態においても存在しえないのだ。」つまり戦争が自然状態においては存在しないことを証明するために、戦争は持続状態を前提としているのに、人間同士のあいだでは恒久不変な諸関係が欠如していると主張している。

（六）　前注のすぐあとの『社会契約論』第一篇第四章にほとんど同じ文章がある。「個人同士の一騎打ちや、決闘や小ぜりあいなどは、戦争状態にはまったくならない行為である。そして、フランス王ルイ九世の布令集によって認可を受け、神の平和によってさしとめられた私的な戦争について言えば、それは封建的な統治形態の濫用である。」

（七）一〇三八年ガリアの司教たちが貴族の争いをやめさせるために公布したローマ教会の掟だが、一〇九五年のクレルモン宗教会議で全キリスト教徒に対し「神の休戦」がしかれた。水曜の夕方から月曜の朝まで戦闘行為が禁止された。
（八）ルイ九世（一二一四—七〇、在位一二二六—七〇）が一二七〇年頃に編集させた布令集と言われているが、実際はアンジュー、トゥーレーヌ、オルレアン地方の私撰の慣習法で、そのなかで、貴族間の紛争を裁くために、武力に訴えるまえに、四十日間の休戦期間を守るよう命令している。
（九）独裁権力の合法性の問題を提起して、ルソーは自分で答えている。統治者が法を超越しているのは、自然状態で生きているからだ、つまり社会契約や社会体制以前の状態にいるせいだとルソーは主張している。社会状態で生きていれば、自分が元首の国家に束縛されて、公共の福祉とか、共同の利益のために統治する必要があり、法律に従うことになるからである。
『社会契約論』第一篇第四章では、キクロポスの洞穴に閉じ込められたギリシア人の例を引いて、専制君主がその臣民に社会の安寧を保証する問題を提起している。注（一四）参照。

（一〇）同じ考えはすでに『不平等起源論』第二部のなかほどで述べられている。「ただ一つの社会の成立が、いかにしてほかのすべての社会の成立を必要欠くべからざるものにしたか、団結した力に立ち向かうためには、いかにして自分たちもまた団結しなければならなかったかは、容易にわかることだ」。
（一一）『言語起源論』第九章にも同じ考えが述べられている。「人間が生まれつきどの程度まで怠けものであるかは想像もできないくらいだ。まるで眠るために、無為に世を送るために、じっと動かないため以外には生きていないみたいだ。……人間を不安にし、用心深くさせ、活動的にさせる情念は、社会のなかでだけ生まれる。……めいめいが働くのは、休息を得るためなのだ。」
（一二）「別の機会に」というのは、実際に『永久平和論抜粋』の最初で列強相互のあいだの「部分的条約はすべて、真の平和の条約というよりはむしろ、つかの間の休戦条約だ」と述べている。
（一三）ロベール・ドラテは『ジャン＝ジャック・ルソーとその時代の政治学』のなかでルソーの読書にふれて、

影響を受けた法学者としてグロチウス、プーフェンドルフ、ビュラルマキ、バルベラック、アルトゥジウスの五人を挙げ、さらに政治学の著作家としてホッブズ、ロック、ジュリーユーの三人を挙げている。

（一四）注（九）に示したように、「キクロポスの洞穴に閉じこめられたギリシア人たちは、食い殺される順番がくるまでは、そこで安らかに暮らしていたのだ」と『社会契約論』第一篇第四章に同じ例を引用している。

（一五）バルベラック（一六七四―一七四四）はフランスの法学者で、グロチウス、プーフェンドルフの作品の仏訳で知られるが、ナントの勅令のあと、フランスを立ち去り、ベルリン、ローザンヌ、グロニンゲンなどの大学の教授を務めた。グロチウス（一五八三―一六四五）はオランダの法学者で政治家で、『戦争と平和の法』で有名だが、ロッテルダム市で年金をもらっており、フランスに亡命後もルイ十三世から三千リーヴルの年金をもらっていた。スウェーデンに仕えたときは、約十年間スウェーデンのフランス駐在公使だった。したがって年金はグロチウス、教授の椅子はバルベラックに対するあてこすりと思われる。アカデミーの会員はサン＝ピエール師を除名した人たちではないか。なお、『エミール』第五篇「旅について」にも同じ趣旨の文章がある。

（一六）『永久平和論抜粋』の冒頭でこの考えを発展させている。「われわれのだれもが自己の同胞市民たちとは社会状態にありながら、残りの世界全体とは自然の状態を保っているので、われわれはひたすらわれわれ個人のあいだの戦いを予防したのだが、それがかえってさらに千倍も恐ろしい全体にわたる戦争に火をつけている……」

（一七）草稿では途中で消してあってあとは書いてない。

（一八）「怪物」とは、十七世紀以来十八世紀にもまだ用いられていた、「自然の規則から外れたもの」という意味で、「子供を生まないもの」という意味に近い。

（一九）ホッブズに対しさまざまなやり方で反対論を展開しているが、ここでは心理的な動機をもちだしている。ロベール・ドラテも指摘しているように、利己心が戦争の動機の一つであるとしても、「それは自然感情からは遠いし、社交性の発達にともなってはじめてあらわれるにすぎない」ので、自然状態では存在することはできないはずだ、というのだ。

（二〇）カルル五世をさしている。『永久平和論批判』参照。

（二一）『エミール』のなかで、ルソーはこの考えを発展させている。「自然感情の優位性を社会状態のなかで保持しようと思う者は、自分自身と矛盾を起こすので、絶対に人間にも市民にもなれないだろう。

戦争についての断片（一）

宮治　弘之　訳

新しい諸国家の土地が守られるのを確かめて、こうした国家相互のあいだで、相手方の破壊をめざす一般的関係を見出した以上、われわれに残されている課題は、新しい国家の存続や安寧、生命などが正確にどの点にあるのかを確かめてみることである。これはどのような種類の敵意によって国家がたがいに相手を攻撃し、害しあうことがあるかを次に見つけるためのものである。

政治体が共同の統一性と自我を受けとるのは社会契約からだが、政治体の統治と法律はその体制をおよそたくましくさせる。政治体の生命は市民の心のなかにあり、市民の勇気と風習とがおよそ政治体を長持ちさせ、政治体が拘束を受けないで行なうものの、責任は負わされるおそれのある行動だけが一般意志によって語られ、しかもこの行動の性質そのものから、この行動を産みだす存在がうまく構成されているか、それとも構成が不十分であるかが判断できる。

それゆえ、社会契約と法律を遵守するという共同意志が存在するかぎり、その契約はやはり効力を保つし、それにこの意志が外部に出た行為によって表明されるかぎり、国家はけっして滅びない。だが相変わらず存在を続けていれば、国家はある程度の力強さを保つこともあるし、また衰退に陥ることもある。その際弱くとも健全な場合と損傷を受けている場合があり、しかも自滅する傾向にあるか、それとも自己を強化する傾向にあるかによって、国家の安寧は、無数の、それもほとんど全部が国家自体の意向による方法で増大したり、損なわれたりすることがある。こうした経緯を無限に詳しく述べることは私の主題ではないが、主題と関係のある事項の要旨を次に述べておく。

国家相互のあいだの戦争の一般的概念

政治体の生命の原則は、そしてこんなふうに話してもよければ、国家の心臓というのは、社会契約なのだが、その場合心臓に傷を受けるや否や、たちまち国家は力が衰えて、倒れ、崩壊してしまう。けれども、この契約は、破棄しようと思えば破くだけで十分な羊皮紙の憲章などではなく、一般意志のなかに書きこまれているので、まさにこれが容易には取り消せない理由なのである。

そこでまず、全体を分割することができないので、各部分ごとに襲いかかる。胴体に傷をつけられないならば、身体を弱めるために手足を傷つけ、相手の生存を奪うことができなければ、少なくともその生活の安定だけは損ない、生活の本拠地に到達できなければ、生活を支えているものを破壊し、政府や、法律や、風習や、財産や、所有地や、人々を攻撃するのである。国家を維持しているあらゆるものが消滅すれば、国家はかならず滅びるのである。

こうした手段はすべて一国の他国に対する戦争において用いられているか、それとも用いられる可能性があるし、またしばしば、武装解除された敗者に危害を加えるために勝者が強制する条件である。というのは、戦争によって自分の敵に加える悪全体の目的は、平和によってさらにそれ以上の悪を相手に与えてむりやり我慢させることにあるからである。こうした種類の敵意で、歴史が実例を提供してくれないようなものは一つもない。商品とか食糧品への強制徴税金や奪った領土、移住させた住民について私は話す必要はない。人々を毎年奴隷として貢ぐことは珍しい事例でさえない。クレタ島やアテナイ人たちにさかのぼらなくても、周知のように、メキシコの皇帝は生贄にするための捕虜が必要だという理由だけで隣国を攻撃したし、現代でもギニアの諸王相互のあいだの戦争や、ヨーロッパの人民とのその条約は、奴隷の年貢条約だけが目標である。戦争の目的と効果とが、ときには敵国の体制を変えるだけにすぎないとすれば、目的を正当化することもやはり別に難しくはない。

ギリシアの共和国はすべて、おたがいに相手の自由を奪うためというより、自分たちの政府を変えるために共和国相互のあいだで相手を攻撃したが、自分たちの属領のなかで敗者をさらに上手に服従させる以外には、相手の政府を変えなかった。マケドニア人とスパルタのすべての征服者は、リュクルゴスの法律(二)はスパルタではやめるという重大な契約をかならず取り交わしたし、ローマ人は、帰服した民族にその民族自身の法律をそのまま施行させることにもまして、すばらしく寛大な処置を与えることはできないと思っていた。これもまた周知のことだが、放縦なうえ、家にこもって行なうので、人々を無気力にし、柔弱にする技芸を自分たちの敵のあいだにはやらせて、自分たち自身から遠ざけることがローマ人の政策上の格率の一つだった。「タレントゥム人(三)にやつらのいらだった神々は残しておこう」と、タレントゥムの町を飾っていた立像や絵画をすべてローマに運ぶようにすすめられたときにファビウス(四)は言ったものである。そこで、シュラクサイの町で同じ方針に従わなかったために、ローマ人の素行の最初の堕落はまさしくマルセリュス(五)の責任となる。このようにして、実際、抜け目のない征服者でも、敗者からなにを奪うかということよりも、敗者になにを残しておくかということによって、ときには敗者を余計に傷つけることがあり、これと反対に、貪欲な簒奪者は、直接には敵に被害を与えないのに、敵よりも自分のほうがしばしば傷つく。風俗のこうした影響は、真に教養ある統治者からは、いつも非常に重要なこととみなされてきた。キルス（六）は叛乱を起こしたリディア人に刑罰を課したが、その刑罰たるや優柔で放縦な生活にほかならなかったし、自己の属領のクメの住民を扶養するために専制君主のアリストデメスが振る舞った態度は、あまりに奇妙なので、述べることはできない。

戦争状態とはなにかということ

戦争と平和というこの二つの語はまさに相関的であるように見えるけれども、第二の平和という語のほうがさらにいっそう広い意味を含んでいる。というのは、平和をいくつかの方法で中断したり妨げたりしても、戦争にならずにすむこともあるからである。休息、結合、一致といった、好意と相互の愛着心を示すすべての概念は、平和というこの優しい語を含んでいるように見える。この語は、われわれ自身の存在と他人の存在とが同時に身近に感じられる充実した感情を魂にもたらし、この二つの存在を普遍的な制度のなかで統合する、人間相互の絆をあらわしているうえ、いまこの世にあるものからまったく害を受けないが、みずからつくられたすべての人間の保存を望まれる神の御心のなかでだけは完全な広い意味を持っているのである。

世界の体制は、この世界を構成している感受性の鋭いすべての人間が、同時に自分たち相互の仕合わせに向かって協力することは許さない。一人の福祉がもう一人の弊害をつくり、めいめいが自然の法則に従って仕事をするときは、自分自身のためにまず自己の利益を、つまり他人の損害のほうを選ぶ。するとたちまち、耐えしのんでいる人間の平和は乱され、その場合、われわれを悩ます弊害を拒絶するのは当然だが、そのうえ聰明な人間ならばだれでも、この弊害が他人の悪意からくるということが見てとれるので、そのためにいらだち、この弊害を拒絶しようと努める。こうして不和や葛藤が、ときには小ぜりあいを生むが、まだけっして戦争にはならない。

結局、事態はついに、理性をそなえた人間でも、わが身の保存の配慮はだれか他人の生活の安定と両立しないばかりでなく、自己の生存とも相容れないことを確信するまでになる。その場合、この人間は自己の生命を守るために武装し、わが身自身を守ろうとするのと同じ熱意で、しかも同じ理性で、相手を滅ぼそうと努める。攻撃を受けた側は、自己の生存の保証が攻撃側の生存と両立しないことを感じて、自分の生命をねらう人間の生命を、今度は自分のほうで全力をあげて攻撃する。相手を滅ぼそうというこの意志が表明され、すべての行為がこの意志に左右されると、この双方の敵のあいだに戦争と呼ばれる関係が成立することとなる。

その結果、戦争は、あらかじめ計画してはいない一つないしはいくつかの小ぜりあいのなかに存するのでも、ましてや激怒のあまり犯された人殺しや殺人のなかに存するのでもなくて、恒久不変で、熟慮した末の、自己の敵を滅ぼそうと表明された意志のなかに存することになる。つまり、この敵の存在がわれわれの生活の安定と両立しないという判断を下すためには、冷静さおよび理性が必要で、それが恒久的な決断を産みだすのである。しかもこの関係が双方で成り立つためには、敵のほうでも自分の生命がねらわれていることを知り、われわれの生命を犠牲にして自己の生命を守ろうという覚悟がなければならない。こうした概念がすべて、戦争という語のなかに含まれている。

この悪意が行為にまで追いこまれた場合の国家による実践が、敵対行為と呼ばれる。だが敵対行為があろうとなかろうと、戦争関係はひとたび確立すると、明白な平和による以外には中止できない。さもないと、双方の敵対者のどちらも、相手が自己の生命をねらうのをやめたという証拠はなにも持てないので、相手の生命を犠牲にして自己の生命を守ることをやめることはできないはずだし、やめてはいけないはずである。

こうした相違が言葉の上でいくらか区別をひき起こす。絶え間なく続く敵対行為によっておたがいが不安にあえいでいるとき、それがまさにいわゆる戦争をするということである。これに反して、敵対者双方が宣戦を布告しても、平穏なままで、双方とも相手に対して攻撃的行為をまったく仕掛けない場合は、そのために両者の関係は変化しないのだが、この関係は、現実に影響を及ぼさないかぎりは、たんに戦争状態と呼ばれる。長い戦争で、だれもがあきあきしながら終わらすことができないようなときは、普通はこうした状態が産まれる。ときには無為の状態にまどろむどころか、憎悪にかられて、敵の不意を襲うのに絶好な瞬間をひたすら望むこともある。しかもしばしば規律の弛緩を生じるので、戦争状態は戦争そのものよりかえって危険である。

休戦や、停戦や、教会の命じる敵対行為禁止令などは、戦争状態か、それとも平和状態かどうかを、討議したことがあっただろうか。これまでに得た知識で明らかなように、こうした現象はすべて、修正された戦争状態にすぎないし、その場合敵対者双方はたがいに束縛は受けているが、相手を害しようという意志は、失いも隠しもしない。準備を整え、攻略のための武器や設備が集められ、特に明示されない軍事上の作戦がすべて続けられる。これは意図はすべて変わっていないことを十分に示すものだ。敵対者双方が中立の場所で出会いながら、相手を攻撃しない場合も、事情はやはりまったく同じである。

訳注

（一）この『断片』は、一九六七年のマルセル・レーモン教授ジュネーヴ大学退官記念論文集のなかで、当時同大学図書館長だったベルナール・ガニュバン教授がはじめて印刷した未発表原稿である。これもほかの断片と同じく、一七五六―一七六〇年に書かれたものだろうと、ニース大学のミッシェル・ローネ教授は推測している。ローネ教授編集の「スーイユ」版アンテグラル叢書に収録されている。

（二）スパルタの伝説的立法者で、紀元前一一〇〇年頃から前六〇〇年頃まで年代は一定していず、実際に生きていたかも疑わしいが、土地の均等配分、元老会の設置、民会の定期的開催など、スペルタの固有の全制度を制定したと伝えられている。

（三）南イタリアの都市で、紀元前七〇〇年頃、スパルタ人によって植民され、前四世紀頃ギリシア諸都市同盟の中心となり、商業、手工業によって栄えたが、前二七二年ローマによって占領された。『社会契約論』第四篇第八章に同じ趣旨の引用がある。

（四）ファビウス・マクシムス（前二七五頃―〇三）。ローマの将軍で、戦争にのぞむときの慎重な態度のため、クンクタトル（優柔な人）という渾名がある。五度執政官になり、ポエニ戦役の敗戦で、ハンニバルの跳梁を許したが、その消極的性格がかえってハンニバルに勝つのに役立った。

（五）クラウディウス・マルセリュス（前二六八頃―〇八）。ローマの将軍で、五度執政官となった。第二回のカルタゴ戦争のときに、前二一二年シュラクサイの町を占領したが、ハンニバルと戦って、敗れて死んだ。

（六）アケメネス朝ペルシア帝国の創設者キルス大王（前五五五年頃―二八）。リディアの王クレジュスを前五四年に破り、バビロニアをはじめ、イラン高原全域を領土としたが、被征服民族の風習を重んじた。

戦争についてのほかの断片

宮治 弘之 訳

1（一）

戦争の権利とはなにかということを正確に知るために、事物の本性を丹念に検討して、この本性から必然的に導きだされる結果しか真実と認めないことにしよう。二人の人間が自然状態で闘っていれば、これはまさに二人のあいだで戦争が勃発したのである。だがなぜ二人は闘っているのか。たがいに相手を食いあうためなのか。こうした現象は、動物のあいだですら異なった種のあいだでしか起こらない。（二）狼同士のあいだと同じく人間相互のあいだでは、葛藤の理由は闘う者の生命とはいつでもまったく無関係である。二人のうちの一人が闘争で命を失うようなことはかなりしばしば起こりうるが、一方の死は勝利のための手段であって目的ではない。つまり、敗者が譲歩するや否や、勝者は争っていたものを奪いとり、闘争は終了して、戦争は終わりとなる。

注意しておかねばならないが、社会状態は、われわれの欲求よりも気紛れな願いにもとづいているうえ、本来われわれにはどうでもよかった無数の事物をわれわれの周囲に寄せ集めているので、戦争の原因の大部分は自然状態の場合よりもさらにいっそう人々の生活とは無縁なものとなっている。そのためにしばしば、各個人が国家の戦争の成り行きをまったくといってよいほど意に介しない、というようなことまで起こる。勢力や、財産や、あるいは尊敬の念を争うために武器がとられるが、葛藤の原因が要するに市民たち個人からひどくかけ離れているので、勝者となろうが敗者となろうが、市民の暮らしはそのために善くも悪くもならない。（三）こうして起きた戦争が市民の生活となにか関係があるというのも、相手より強いことを示すために相手を惨殺する権利があると思ったりするのも、とても不思議な話にちがいない。

相手を殺したすえに勝つことはよくあるが、勝ってから相手をわざわざ殺すほど残虐な人間は一人もいない。

2

自然状態はわれわれのあいだではなくなっている。戦争は個人相互のあいだではもはや存在しないし、ほかの人々からなにか不当な損害をこうむったあとでさえも、自分たちの元首のために相手を攻撃する人々は、相手から敵としてではなく本物の強盗とみなされる。このことはまったく事実で、開戦宣言という言葉を文字通りに理解して、王の許可書も捺印済みの公式書状もないのに自分の統治者の敵に襲いかかろうとするような臣民は、統治者から罰を受けるか、それとも罰を受けねばならない。

3㈣

戦争を利用して独自の職業をつくり、この職業に従事する連中で特殊な階級をつくりだすことを考えることができるのは、だいぶまえから平穏に国家を樹立した人民たちだけである。共同利益が相変わらず幅をきかせている新興の人民のなかでは、市民はすべて戦時には兵士となるが、平時には兵士などもはや存在しない。それは一国民の持つ若さとたくましさのもっとも善い徴候の一つである。その結果当然、つねに武装した連中は、国家によっては、残りのすべての人たちの敵となるか、それともこの人為的な力を国内の弱体化を防ぐ一つの方便として以外には絶対に用いないかのどちらかになるにちがいないし、そして正規軍がはじめてつくられるのは、統治形態がまもなく衰退することを告げる最初のさざ波である。

4（五）

幸いにも、ヨーロッパ人相互のあいだではこうした現象はもはやまったく見られない。その捕虜を虐殺させるような統治者は忌み嫌われるにちがいない。捕虜を虐殺する統治者に対してはみんな憤慨さえしている。理性に反し、人類を戦慄させるこうした憎むべき格率は、この格率から自分たちの政治制度の基礎を悠々とつくりあげ、主権者の権限は人々の仕合わせの源泉だと教える代わりに、敗者への拷問だとわざわざ教えてくれる法律家の連中のほかには、もはや知られてはいない。

結論から結論へとたとえ少しでも進めば、一歩あゆむごとにこの原則の誤謬が感じられる。しかも全体を通じて、これほど無謀な決定のなかで、だれも理性も自然も考慮には入れていないことがわかる。もしも私が戦争状態についての知識を深めようと思えば、これだけは容易に証明できる。つまり戦争状態は交戦当事国の自由な合意の結果はじめて起こりうるし、一方が攻撃しても相手が自己防衛する意志がなければ、戦争状態はまったく起こらず、ただ暴行と侵略だけが起こる。しかも戦争状態は当事国相互の自由な合意によって確立されるので、この自由な双方ともが抱く合意は平和を回復するためにもまた必要であり、さらに敵対者のどちらか一方が滅ぼされれば話は別だが、戦争の放棄を両者がまったく干渉を受けずに宣言するや否や、戦争は両者のあいだではじめて終結することができる。それゆえ支配者と奴隷との関係によって当事国は双方とも、それも不本意ながら依然として戦争状態を続けるわけだ。私が問題にしてもいいと思うのは、力によって無理矢理に、しかも死を免れるために交わされたさまざまな約束は、自由な状態においては強制力を持っているかどうかということ、およびそうした状態で捕虜が支配者と交わす約束はすべて次のような約束以外の意味を持ちうるかどうかということだ。「あなたは私より強いので、私の生命に危害を加えないかぎりは、あなたに服従することを誓います。」

それだけではない。まったく干渉を受けずに祖国と決めた、正式で撤回できないさまざまな誓約と、死の恐怖に襲われて、勝利した敵方といやいや結ばされる契約とでは、どちらが優位に立つはずか、どうか私に言っていただきたい。戦争の捕虜が奴隷にさせられるいわゆる奴隷の権利は際限がない。法律家の連中はこの権利を明白に決めている。グロチウス(六)はこう言っている。「だれだろうと、そのような奴隷を苦しめて罰を受けずにすまされるという保証はなにもない。」どんな方法だろうと、奴隷に命令したり、強制したりできるような行為はまったくないのである。だが奴隷に無数の拷問を免除してやりながら、奴隷が自分の平和に対して戦いをいどむように厳しく要求してだれもが満足しているならば、こうした奴隷はどちらを履行しなければならないのかと私は訊ねたい。つまり、なんの干渉も受けずに自分の祖国に立てた誓約と、その弱点を利用して無理矢理に敵方が決めた誓約とのどちらなのだと。奴隷はその支配者に背くだろうか、それとも自分の同胞の市民たちを虐殺するだろうか。

たぶんずうずうしく答えてくれるだろう。奴隷状態というのは捕虜をその支配者に服従させるので、捕虜はすぐに国家を変更して、新しい主権者の臣民となり、自分の以前の祖国を放棄するのだと。

5（七）

無数の残忍な人民がその捕虜を虐殺したとすれば、そして専制政治に操を売った学者連中がこうした犯罪行為を許したとすれば、真実に対する人々の誤謬と正義に対するその野蛮行為はどうでもいいことなのだろうか。なにをしたかを探求するのではなく、なにをせねばならないかを探求しよう。そして人々を奴隷にし、意地悪で不幸なものにすることだけをめざしている、卑劣で欲得ずくの当局者たちを締めだそうではないか。

6（八）

多くの者はもちろん、奴隷になるよりはならないほうがよいにちがいない。だが死ぬという行為は耐えがたいので、この連中は殺されるよりは奴隷になるほうを好むのである。そして、鉄の鎖を負わされて、心ならずも生き続けている。

7

まず第一に、勝者はもはやこんなふうに脅迫する権利も、脅迫を実行する権利もないので、その結果が正当だとは認められない。二番目に、やむをえず無理矢理誓わされた誓約が絶対に無効だったとすれば、それは特に、人々がなしうるかぎりもっとも広汎な約束をわれわれに受け入れさせるような、したがって、その誓約を結んでいる人々の心のなかにもっとも完全な自由がうかがわれるような誓約の場合である。われわれを祖国に結びつける以前の誓約は、このような場合、われわれをほかの主権者に従わせる誓約を、第一の誓約がまったくなんの拘束も受けずに、第二の誓約が鉄の鎖につながれて結ばれただけに、ますます無効にしてくれる。一人の人間をよその国家に無理に帰化させることができるかどうかを判断するためには、つまりは人民たちの仕合わせということだが、政治社会〔国家〕の本質的で根源的な目的につねにさかのぼらなければならない。ところで、他人にこんなことを言うのは理性の法則に反する。「あなた自身で望んでいるのとは違ったやり方で、あなたを仕合わせにしてあげたい。もしだれにもできないならば……」

訳注

（一）『戦争状態』と同じく、ドレフュス＝ブリザック版（一八九六）、ヴァンダンベルジュ版（一九〇〇）、ヴォーン版（一九一五）の順序で印刷され、一九六四年にプレイアード版ルソー全集第三巻に収録された。アンテグラル叢書（一九七一）の編者ミッシェル・ローネは「戦争」について論じたほかの論文と同じく、一七五六―六〇年のあいだに書かれたものだろうと推測している。

（二）ヴァンダンベルジュ版およびヴォーン版では「動物のあいだでは」と「すら」を省いているので少し意味が弱くなっている。

（三）この部分もやはり『社会契約論』第一篇第四章の「戦争をひき起こすのは物同士の関係であって、人間同士の関係ではない」という論旨と関係がある。

（四）この断片はヴォーン版ではじめて印刷された。

（五）ドレフュス＝ブリザック版とヴォーン版に収録された。なお『社会契約論』第一篇第四章「奴隷状態について」の最後の部分と論旨が同一なので、その第一稿ではないかと、プレイアード版の解説者S・ステルリング＝ミショーは推測している。

（六）グロチウス（一五八三―一六四五）については前注にも述べたが、オランダの法学者、政治学者で、ライデン大学卒業後、万民法の研究に従事したが、改革派神学者アルミニウム事件にまきこまれて一六二一年フランスに亡命し、ルイ十三世の庇護を受けて年金三千リーヴルをもらい、三四年にスウェーデン王に仕えて、駐仏スウェーデン公使となる。『戦争と平和の法』（一六二五）、『オランダ法学』（一六三一）などを著述して、自然法の思想を万民法に取り入れた。ルソーはバルベラックの仏訳を読んだと思われる。

（七）ドレフュス＝ブリザック版とヴォーン版とに収録された。

（八）6と7の断片は、プレイアード版にはなく、ローネ編集のアンテグラル叢書（一九七一）にはじめて収録された。

サン＝ピエール師のポリシノディ論抜粋（一）

宮治　弘之　訳

第一章　君主政において統治者に従属する統治形態の必要性

もしも統治者が政府のさまざまな職務を絶対必要な義務とみなしているならば、もっとも有能な統治者はそのためにもっとも負担を負わされるにちがいない。そうした統治者の仕事は、その力量にくらべるとつねに過剰に見えるにちがいない。統治者は自分たちの国家と権利を両方とも拡大することを渇望しているくせに、どちらか一方を縮小することにもやはり熱心なのがわかるだろう。それに王冠の重圧は、まじめに王冠をかぶろうと思えば、もっともたくましい頭の持主でもやがて押し潰してしまうにちがいない。だが自分たちの権力を、その権力に含まれる履行しなければならないつらい義務によって直視するどころか、こうした統治者は命令する楽しみしか権力に見出さないのである。しかも人民はその眼には、自分たちの気紛れを満たす道具にしか見えないので、気紛れを満足させたい気持がわずかでも起きれば、簒奪する機会は増加する。そして判断力が劣って低いほど、それだけ権限のほうは大きく強大になりたがるものである。

とはいうものの、もっとも純粋な独裁政治は自己を支えるためにさらに一つの作業を要求する。自己の利益のためにどんな格率を定めようと、つねに必要なことは、こうした格率を公益というおとりで包み隠し、格率そのものに反対する人民の力を用いて、人民に自分に反対する力を一つに集めさせず、また自然の声、および極端な圧制を免れようとつねに身構えている自由の叫びをたえず抑えつけることである。要するに、人民が理性もない下劣な群衆にすぎないとすれば、人民を指導するためさらにさまざまな配慮が必要になり、自分の臣民を仕合わせにしようなどとは夢にも思わない統治者でも、少なくとも常軌を逸していないかぎりは、自己の世襲財産を保持することは心掛けるのである。

それゆえ無為を野心と、権力を快楽と、神々の帝国を動物的生活と両立させるためには、なにをしなければならないのか。自分のためには空しい栄誉と怠惰を選び、そして他人に対しては、職務にあまりに無能な者とあまりに立派にやってのける者を免職ないしは交替させる権利だけはせいぜい留保しながら、政府のつらい職務は委託することである。こうした方法をとれば、人々のなかで最後の者が平和のうちにやすやすと世界の王権を握るだろう。そして面白くもない官能のうさばらしにふけり、やりたければ次々と宴会を催して自分の無知と退屈をあちこちにもちはこぶだろう。それでもなおこの統治者は、征服者として、無敵の者として、諸王のなかの王として、神聖ローマ皇帝として、オーストリア皇帝陛下として扱われるだろう。王座の上で忘れ去られ、隣邦の統治者の眼にもその臣民の眼にさえも無能な男に映り、だれからも服従はされないが、みんなからおだてられるのである。廷臣たちの専制政治と人民の奴隷状態の無力な手先となっても、あなたが君臨しているのだとみんなから言われ、本人も君臨しているつもりなのだ。これが、どんな君主政だろうと、あまりに拡張しすぎたさいの政府の一般的見取り図である。世界を支えようとしても、ヘラクレスのような肩を持たない者は、押し潰されるのを覚悟しなければならない。

大帝国の主権者は実際はほとんど、統治者の重臣のなかの重臣か、統治者の下で統治している人々の代表者にほかならない。こうした重臣は統治者の名によって服従されているので、自分の意志を相手に実施させていると統治者が思っているときでも、じつは本人のほうは、そうとは知らずに重臣の意志を実施している。ほかの方法をとるわけにもいかないだろう。というのは、統治者は重臣の眼を通してしか物を見ることができず、相手が自分の手を通して実行するのをどうしても許しておかねばならないからである。ささいなことと呼ばれてはいるが、私自身は政府の本質と呼びたいような職務をほかの人たちに任せるように強いられ、統治者は自分のために、重要な政務、つまり駐在大使の無意味な長話や寵臣連中の中傷話、せいぜい自分の稽古の先生の選択ぐらいを取っておくのである。というのは奴隷をたくさん抱えるとすぐに、いやでもこうした師匠を雇わねばならないからだ。それに、善政だろうと悪政だろうと、どうでもいいではないか。自分の仕合わせが、姿を見ることもない国民の窮乏によって、声を聞くこともない人民の不平不満によって、絶対になにも知るつもりのない国家の乱脈によって、どうしてかき乱されてよいのだろうか。統治者の栄光についても、港に着いたすべての船舶の想像上の持主となった、例の向こう見ずな男(二)の財宝と事情は同じである。あの男はあらゆるものを味わい楽しもうという意見の持主なのでなにも望もうとはしなかったし、財産は少しも持っていなかったのに、財産があった場合に劣らず仕合わせだったのである。

(1) 市民にとって重要なことは、正義にもとづいて平穏に統治されることである。そのうえ、国家が大きく、強大で、繁栄していても、それは統治者個人の問題であって、臣民にはなに一つ利益はない。したがって、君主はまず第一に、市民の自由が、すなわち人民の安全、および多くの点から見て自分の安全さえもそのなかにあるささいなことに、専念しなければならない。そのあとで、無駄に費やす時間の余裕があれば、その時間をだれの利益にもならないあの重要な政務すべてにあてても差支えない。あの政務というのは統治形態の欠陥以外からは絶対に生じないし、その結果、仕合わせな人民にとっては価値がなく、聡明な王にとってはつまらぬことなのである。

このうえない善意を持ったもっとも公正な統治者ならば、自分の手に余ると自然から示された仕事でも、企てるや否やなにかもう少しましなことができるだろうか。この統治者は姿は人間だが、神の一員として職務を引き受けているのである。どうすれば職務の遂行が期待できるだろうか。賢者ならば、おそらく王座についていても、帝国を放棄するか、それとも帝国を分割するだろう。つまり自分の力量に相談するのだ。自分の遂行しようと思う職務を力量に応じて加減するのである。しかも真に偉大な王となるために、大きな王国は引き受けない。だが賢者が行なうにちがいないことは、統治者が行ないたいこととはあまり関係がない。自分がとにかく行ないたいことを、どうしたら統治者ができるかぎりなんとかうまく行なえるのか、せめて探求してみよう。

本論に入るまえに、奇蹟的にだれか偉大な魂の持主が王国のつらい責務を十分に果たすことがあるとしても、王位継承のなかで確立された相続順位と王座の継承者への常軌を逸した教育が、一人の真の王の代わりに百人もの愚か者をつねに生みだすだろうということ、および未成年と病弱のために、また逆上と熱狂の時代が訪れて、国家の責任者にしばしば実体のない見せかけしか残してくれないだろうということを注意しておくのはよいことだ。それゆえ一人の王をいただいている人民の場合はすべて、王がいなくてもすまされるような統治形態を樹立することが絶対に必要である。そしてめったにないことだが、主権者が、自分みずから統治することもありうると認めた以上は、あとは他人を用いてどうしたら統治できるかを知ることだけが問題なのだ。ポリシノディ〔多元会議制〕論に予定しているのは、この問題を解決することである。

第二章　従属する統治の特殊な三形態

一人の君主は、とサン＝ピエール師は述べている。その政務すべてを通じてただ一人の人間の話にしか耳をかすことはできないので、その人間に自分の権限をそっくり委任することはできる。これはむかし、フランスの諸王が宮中監督官(三)に権限を与えていたのと、また現在でも近東諸国の統治者たちがトルコで大宰相と呼ばれているような人に権限を委任しているのとちょうど同じやり方である。こうした種類の重臣の職を私は総理制と呼ぶことにする。

この君主はまた二人ないしは数人の人々のあいだに自分の権限を分割して、この連中に任せた部門の政務についてはそれぞれ別々に意見を聞くこともできる。これは、ルイ十四世がコルベール(四)とルーヴォワ(五)に対して行なったのとほとんど同じやり方である。私はこうした形態をまえにならって代表総理制と名づけることにする。

最後に、この君主は複数の集会で政府の政務を討議させて、協議すべき政務の分野と同数の顧問会議(六)をこのために設定させることもできる。サン＝ピエール師が複合顧問会議ないしはポリシノディと呼んでいるこうした形態の重臣の職は、師によれば、かつて摂政オルレアン公(七)がその施政のさいに樹立した形態とほとんど同じだが、そのためにさらにいっそう権威が増しており、それはまた高潔なフェヌロンの弟子(八)が採用した形態でもあったのである。

この三つの形態のなかから選んで、どれが採用に値するものかを判断するためには、こうした形態を大ざっぱに、しかもこうした形態が最初に示す一面から考察するのでは不十分である。それにまた、一方の弊害を他方の完全さと対比させても、乱脈きわまりないとか光り輝くとかいった束の間の一時期にだけ心を留めてもいけないし、そればかりか、この形態がすべて継続した場合に示しうるかぎり完全な状態を仮定して、その状態で相互の関係と相違を探求せねばならない。どんなやり方をすればこの三形態の正確な比較ができるかは、以上述べた通りである。

第三章　こうした諸形態と最高の政府の諸形態との関係

政治のさまざまな基本的格率は、ここで早くもその適用を見出すことができる。つまり、総理制、代表総理制、それにポリシノディは、下位にある政府の管理のさいには、最高の政府の特殊な三つの形態と明白に関係があり、それに最高権限の施政に適している原則のうち多くのものは、容易に重臣の職に適用されうる。それゆえ、総理制は一般的にはなによりもたくましさと迅速さ、代表総理制はなによりも正確さと配慮、そしてポリシノディはなによりも公正と恒久性を持たねばならない。民主政は本来貴族政に、貴族政は君主政に向かう傾向があるが、それと同じようにポリシノディは代表総理制を、代表総理制は総理制をめざす傾向がある。ばねを補強するよう強いられてもたるんでいく国家の力のこうした進行は、国家のすべての部門の構成がうまく行なわれているか否かによって、遅くもなるし、速められもする。それにほかのばねがすべて擦りきれるとき以外は独裁政治や総理制にはいたらないので、私の考えでは、このポリシノディという形態を棄てて、まえの二つの形態の一つを採用しようと主張するのは、認識の不十分な計画である。というのは、この形態を支持することができたなら、どこの人民だろうと、もはやほかの形態は絶対甘んじて受け入れられないからである。だが一方を棄てて他方を採用しようなどとは思わずに、三つの形態のうちでもっともすぐれているものを知ることはとにかく有益である。われわれは、十分に自然な類推法によってポリシノディがすでに採用に値することをいま確かめたが、まだ事態そのものを検討して採用が確認できるかどうかを究明しなければならない。だがこの検討に入るまえに、われわれの著者の意見に従って、ポリシノディが持たねばならぬ形態についてさらに正確な理念から始めよう。

第四章　顧問会議の分割とその所管

フランスのような大国の政府はそれ自体八つの主要な業務をかかえており、多くの省をつくらねばならず、その結果、各省が独自に個々の顧問会議を開かねばならない。この八つの部門とは、司法、治安、財務、商務、海事、軍事、外務および宗教(九)の各部門である。さらにほかのすべての部門と連繫を保ちながら、政府のすべての部門を結合しうるような九番目の顧問会議が開かれねばならないが、そこでは重要な政務が最終的に協議され、討議されるので、あとはただ統治者の意志についてだけ全体の決定を待てばよい。それにこの会議は、必要に応じて統治者に代わって思索し、仕事をするので、病弱、未成年、老年、あるいは仕事に対する嫌悪のために、王が自身の職務を果たすことができない場合には、その不在の埋め合わせをする。それゆえこの総括顧問会議は、現在の必要のためにせよ、それとも将来の要求に対する配慮のためにせよ、つねに態勢が整っていなければならない。

第五章　顧問会議の構成方法

こうした顧問会議を構成する方法に関して、利用できるもっとも都合よい方法は、票決方式であるようにみえる。ほかのどんな手段を用いても、その公会議は見せかけにすぎなくなるだろうし、また顧問会議はすべて寵臣連中の手先だけでいっぱいになってしまうので、投票のさいに実際の自由はまったくないだろうし、ほかの方法を用いれば、実際には総理制ないしは代表総理制しか持てないだろうということは明白である。私はここで票決方式とそのさまざまな利益を詳しく述べるつもりはないが、それがサン＝ピエール師の統治理論の眼目の一つになっているので、ほかのところでもっと詳しく取り扱うことにする。(一〇) いまはただ、どんな形態の重臣の職が認められようとも、間違いなくもっとも有能な人をかならず採用すると保証してもらえるような方式は、ほかにはまったくないということを注意しておくだけで満足しよう。これがまさに、宮廷会議で票決を採用させることの容易さよりも、むしろその利点のほうを示している理由である。

こうした配慮はまず、この配慮を役立たせるさまざまな別の配慮を前提としている。というのは、票決にあたってだれも名を知らないような臣民から選ぶことはあまり有効ではないだろうし、予定されている分野での仕事をだれもまったく見たことがない人々の能力は知ることはできそうもないからである。それゆえ、もしも軍隊において若い将校を訓練していつか遂行すべき軍務に耐えさせるために、中隊の旗手から元帥にいたるまでさまざまな階級が必要だとすれば、市民の施政においても、書記から顧問会議議長にいたるまでこれに似た階級をいちいち制定することもまた、さらに重要ではないのか。一国民を指導する方法を学ぶための時間と経験は、一軍を指揮する場合より重要ではないのか。政治家の知識は軍人の知識よりたやすく楽に獲得できるのか。それとも国家財産の管理には軍隊の規律の場合より正しい秩序が必要でないというのか。細心の注意をもって階級を守ることが、ヴェネツィア共和国が生んだ多くの偉人の受けた教育だった。ではどうしてパリでは、統治者に仕えるために、ヴェネツィアで国家に仕えるように、だれも始めようとはしないのだろうか。

私は総理連中の利益がこの新しい統治と対立することを知らないわけではない。この連中が自分たちの独裁政治を妨害する形態にはまったく従おうとしないことも、自分たちにまったく忠実な手先たちしか用いようとしないことも、自分が救いあげてやった悲惨な状態にたった一言で手先をまた沈めることができることもよく承知している。名門出の人間ならば、こうした大勢の従僕に対して軽蔑の念しか抱かないので、こうした連中と競争してまで同じ道に入ることは潔いとは思わない。それに国家の統治はいつも、まさにその市民のなかの屑の連中の犠牲になろうとしているのである。施政の任務に立派な紳士を就けることが期待できるのは、総理制ではなくポリシノディである。立派な紳士は有能であると想定され、しかも、人民が遠ざけ自身も軽蔑するふりをしている公務に貴族階級を近づけることができる。

第六章　所管の交流（二）

諸階級の制定の結果、各顧問会議の構成員相互のあいだで、ときにはある顧問会議から別の顧問会議へということさえあるが、所管を交流させる必要が生じる。これは各構成員が政府のすべての部門に関して知識を豊かにし、いつか総括顧問会議で意見を述べ、重要な施政に加わることができるようになるためである。

所管を交流させるこの計画は、摂政オルレアン公に負うており、公は財政顧問会議のなかでこの計画を立てている。政府の諸機関を詳しく知りつくしていたこの一人の人間の権限をもってしても、計画を採用させるには不十分だったが、それでもこの方式から生まれるにちがいない明白な利益は少なくとも否定することはできない。もちろんポリシノディでは、この交流があまり有効には思えず、確立するのが難しそうにみえるという事情はありうる。だがこの計画は、ポリシノディでは絶対に不可能というわけではなく、総理制や代表総理制では絶対に実行できないものである。さて、きわめて有力な理由をたくさんあげて、この交流が行なわれうるような施政形態を確立することは重要なことである。㈠　第一に、書記の汚職行為を予防するために。書記は自分たちの直属上司とともに部署を変えるため、自分たちの詐欺行為を現在やっているほど都合よく始末する余裕はないだろう。それに加えて、いわば後任の思いのままになるので、書記は、自分たちが離れる所管の政務を、万一後任が正直者か自分の敵ならばわが身の破滅をひき起こしかねないような状態においたままで所管を変えるときには、ずっと控え目になるはずである。㈡　第二に、顧問官自身に自分たちの行動をさらに慎ませたり、自分の書記の行動にいっそうよく心を配らせるために。顧問官が管理の対象をたえず変えるときは、そのたびにその管理が後任に知れわたるので、ぞんざいに、しかもまえよりひどく査定されることを恐れる。㈢　同一の集合体の構成員相互のあいだで、前任が同じ仕事に残してゆく称讃すべき競争心をそそるために。㈣　このたびたびの交替によって、臣民それぞれが持っている誤謬や偏見、情熱がその施政にもたらしたにちがいない弊害をただすために。つまり、同じ部門を管理するさまざまな人格のあいだで、彼らの誤まりが相互に訂正され、そして万事が共同の目標に向かってうまく進んでいくだろうから。㈤　顧問会議の各構成員に政務とそのさまざまな相互関係について、さらにはっきりした広い知識を与えるために。それゆえ、ほかの部門を取り扱ったあとでは、自己の部門の全体に対する関係がはっきりとわかり、かならずしも自分が国家のもっとも重要な人物とは思わないが、自己の所管の利益をいっそうはかるために全体の利益を損なわないように気をつける。㈥　すべての意見が事情をよくわきまえたうえでさらに見事に述べられ、めいめいが発言しなければならない題材をすべて理解し、いっそう広い範囲での共通した知識が共同討議のさいにますます意見の一致と理性とをもたらしてくれるようになるために。㈦　重臣の精神と才能とを訓練するために。というのは、同じ仕事に腰を据えて深く打ちこむよう促されても、重臣は結局、いわば慣習によって天分を抑圧し制限する、型にはまった仕事しか自分に課さないからである。ところで、注意力と精神との関係は、訓練と身体との関係と同じである。身体にたくましさと器用さを与えるのも、仕事に耐えるのに適するよう身体を鍛えてくれるのも、じつは訓練である。それゆえ、国務顧問官がそれぞれ数年間の交流ののちにその最初の所管の執行に戻るならば、所管をぜんぜん変えなかった場合よりも、現実にははるかに所管に耐えられると言っても差支えない。もしこの顧問官が同じ所管にとどまっていたとしても、本人の心掛けしだいでは、政務を処理する能力はそれ以上に獲得できたかもしれないということを私は否定はしない。だが私の言いたいのは、政務はこれほど巧みには行なわれなかったはずだということである。というのは、もう少し視野は狭かったはずで、現在の政務が残りすべての所管に対して持っている関係についてこれほど正確な知識は獲得できなかったはずだからである。したがって、交流のさいに一方で失うことはあっても、他方ではるかにそれ以上のものをまさしく手に入れているのである。㈧　最後に、いままで以上に、権勢のなかでの平等と、国務顧問官相互のあいだでの自主性と、しかがって投票のさいの自由とを守るために。そうしなければ、顧問会議において、見かけの人数は多くとも、実際には発言者は二、三人にすぎないだろうし、そのほかの人はすべてこの連中の意見に従うことになるにちがいない。これはむかしローマで「歩む議員《セナトレス・ペダリイ》」（一二）と呼ばれていた人々とほとんど同じだが、この連中は開陳された意見よりも普通は立案者のほうに注意を向けていたのである。よりいっそう危険な不都合は、投票を管理する必要は最良の党派のためではないということである。

　この所管の交流をさらに一歩押しすすめて、議長職そのものにまで広げることもできるかもしれない。つまり、一年後に執政官全員が新執政府ができるまでたんなる元老院議員に戻ったのがローマ共和国の利益のためだったとすれば、二、三年後に新議長職が決まるまで〔顧問会議の〕議長全員がたんなる顧問官に戻るということが、どうして王国の利益のためにはならないのだろうか。それは、集合体のなかで期間内に頭角をあらわすかもしれない仲間に、いわば三年ごとに賞を約束することにはならないだろうか。国家という機械の仕掛けをたえず活動させておくにまったくふさわしい、新しいばねとはならないだろうか。そして共通の仕事を活気づける真の秘訣とは、報酬を仕事にかならず釣り合わせることではないのか。

第七章　この交流のほかの諸利益

私はいま最終段階に到達した交流の利益を、いちいち詳しく述べない。だれにもはっきりわかるはずだが、議長の老衰ないしは衰弱によって必要となった解職は、それゆえ薄情でもなく、やすやすと行なわれるだろう。また個々の顧問会議の元議長はさらに総括顧問会議のなかに議席を占めたいという昇進の目標を持ち、この顧問会議の構成員は順番がくれば会議を主宰することができるという目標を持てる。そしてこの従属関係と権威の交替のため両方ともさらに完全で穏やかなものになるだろうし、この議長職の交替がポルシノディが総理制に堕落する可能性を防ぐもっともたしかな方法である。しかも一般的に言えば、交流は多数の〔顧問会議の〕構成員相互で重臣の職の知識と権力をさらに平等に分けるので、王国の権威は構成員それぞれをいっそう容易に支配する。以上の説明はすべて、知性をそなえた読者には一目瞭然のことだが、なにもかも述べねばならないのなら、省略はいっさいすべきではないだろう。

第八章　ポリシノディはもっとも自然な下級の管理形態だということ

私は同じ理由でポリシノディの形態に目を向けるつもりだが、そのまえにポリシノディを有効で恒久的なものにするために整理せねばならない一般的原則を確立しておきたい。まずそこで障害となるのは、実際にこの結合がおそらく完全無欠な全体と、政治上の傑作をつくりあげるとしても、君主政治と共和国ほど相互の格率のあいだで相違のある二統治形態を長いあいだ共存させることはつねに難しいということである。そこで全体を通じて君臨する見かけの形態と、ここで問題にしている実際の形態をはっきり区別しなければならない。つまり、ある意味でポリシノディは、君主政においてさえも、下級のすべての管理形態のなかでは最初にとるもっとも自然な形態だと言っても差し支えないのである。

実際、最初の国家法は集合体に呼び集められた国民によってつくられたが、それと同じく、統治者の最初のいくつかの議決は、顧問会議に呼び集められた国民の有力者たちと行なわれた。統治者は総理を持つまえに顧問官を持っている。顧問官は見出され、総理はつくられる。国家のもっとも高度な秩序が自然に公会議ないしは総括顧問会議を形づくる。君主は選ばれても、主宰するだけでよく、あとはすべて決まってしまう。だが、重臣を一人ないし寵臣を何人か選ぶ必要が生じると、策略や生来の気質が理性や人民の声よりはるかに幅をきかす自由採量の形式が介入しはじめる。政府が提案する別の政務についてもやはり事は簡単である。政務に応じて高等法院は王の主宰するさまざまな委員会に分けられる。そこで王は、委員会のそれぞれに討議すべき題目を割り当てるのである。以上が個々の顧問会議が、当然構成員となっている総括顧問会議から生まれ、そして公会議がポリシノディに変わった経緯である。この形態は、目下の状態において最良のものだと私は言わないが、最初で、しかももっとも自然なものだと、はっきり言っておく。

第九章　そしてもっとも有用な形態である（一三）

さて、統治の正しい目的と、その目的を統治から遠ざけるさまざまな障害を考察してみよう。この目的とは異議なく国家と王の最大の利益である。障害とは、知識の欠如のほかに管理者の個人の利益である。それゆえ個々の利害関係は妨害と反対に出会えば出会うほど、公共の利益を脅かさないようになる。したがってこうした利害がおたがいにぶつかりあい、相殺しあうならば、たとえその力がどれほど激しいと思われても討議のなかで無となり、公共の利益だけが耳をかされるにちがいない。それゆえ、発言者の増加によって個々の利害すべてを相互に対立させるより、むしろ個々の利害を全滅させるもっとたしかな方法はなにか見つけられるだろうか。個々の利害をつくりだしても、利害が一致しているということにはならない。というのは、もし利害がたがいに一致していれば、それはもはや個人の利益ではなくて、共同の利益になるはずである。ところで、こうした個々の利害をすべて相手を利用して全滅してしまえば、公共の利益が残るが、この利益は個々の利害が失うあらゆるものを討議のさいに手に入れねばならない。

一人の総理がその支配者のまえでだれも立会人がいないまま意見を述べるとすれば、そのときその一個人の利益をどうして妨げることができようか。どんな王でもあれほど狭い知識の輪のなかに七重八重に取りまかれて全体から閉じこめられれば、普通は視野が狭くなって当たりまえだが、そうした視野の狭い人間に尊敬の念を起こさせるのにこの男はそれほど多くの手腕を必要とするだろうか。偽造した報告書にもとづいて、もっともらしい口実にもとづいて、詭弁に満ちた理窟にもとづいて、このうえなく致命的な企てを、たとえその企てがこの男個人にだけ有利な場合でも、あの「王冠と国益の名誉にかけて」という重大な言葉によって統治者が決定するのを、だれがやめさせることができようか。総理の利益と統治者の利益のようにこれほど積極的な二つの個々の利害が、王の小部屋の討議のさいに公共の利益になにか影響を与えるとすれば、それは偶然もはなはだしい。

私は国務顧問官というのはこの総理のような人たちだろうということは十分に知っている。この連中がしばしばあの連中のように、国民の利害と対立する個人の利害しか持たず、また発言するときはわざわざ他人より真先にやりたがるということを私は疑いもしない。だが構成員全員が洞察力に満ち、同じ利害関係を持たないような集会では、めいめいのもっぱら自分にだけ都合のよい考えに他人を同意させようと企てても無駄である。だれも納得させられず、買収や不正直の疑いをかけられるのが関の山にちがいない。自分の義務を免れようと思っても駄目で、見ている人がたくさんいるまえでは義務を果たす勇気もなく、そうかといって果たそうとしてもうまくいかないだろう。そこでこの男は、必要なことは進んでやってのけて、自分の個人的利益を祖国の利益のために公然と犠牲にするだろう。とすると現実からにせよ、偽善からにせよ、この場合社会の利益のためには結果は同じことになる。というのは、そのとき非常に強い個人の利益が、つまり自己の名声に関する利益だが、公共の利益と協力するのである。これに反して、内閣の暗闇を利用して国家の秘密を盗むことのできる総理は、自分が上辺は公共の利益のためにしていることと、実際には自分の利益のためにしていることの区別がだれもできないので得意になっているが、結局、この総理は自分が容易にだますことのできるその支配者だけに依存しているので、残りのすべての人間の呟きなどまったくといってよいくらい気にしていないのである。

第一〇章　そのほかの利益（一四）

この最初の利益から、その利益がなければ起こりえないたくさんのほかの利益が出てくるのがわかる。第一に、国家の決議は、自分の総理の眼を通じる以外なにも見ていない統治者のまえでなされるより、事実誤認は減るだろう。たいていの場合ほかの証言が得られる知識や経験の豊富な集会のまえで事実を偽るのは、それほどやさしくはないからである。ところで、国家の決議の大部分が事実の認識に左右されるというのは確かである。一般的に偽ものの事実を真実、真実を偽ものと仮定する場合を徐いては、だれもほとんど偽の意見は選ばないとさえ言っても差し支えない。第二に、租税は、統治者に人民の真実の状態と真実の窮乏について明確な知識を与えられる場合、耐えがたいほど過度の額にはならないだろう。だが統治者はこうした知識を、多数の構成員が財政の処理を心得ず守らねばならぬ配慮も加えない顧問会議のほうから、支配者の情念を誘発しお気に入りの詐欺師に手心を加え、その手先に金をためさせ、自分自身も私腹をこやそうとする総理の場合よりもたやすく見つけるのではないだろうか。また、女たち（二五）はいまほど権力を持てないだろうし、したがって国家はそのためにもっとうまく運営されるだろうということもわかる。つまり陰謀をたくらむ女にとっては、五十人の顧問官より一人の総理を任命させるほうが、一つの学院全体より一人の人間を誘惑するほうがずっとやさしい。政務は一人の総理の解任によってはもはや中断も動揺もしないだろう。また政務は、共同討議によって密接に関係しているが、それでもその施行はめいめいが自分の所管を持っている多数の顧問官相互のあいだで分割されるほうが、全員が同一部署から出なければならない場合よりも、ずっと正確にてきぱきと片づくだろう。さらに政治の諸制度は十分に見守られ、諸規定もいっそう遵守されて、重臣の職のあいだではもはや変革は起こらないだろう。各総理は自分の前任者だった人の立てた有用な施設をすべて是が非でも破壊せねばならないとはもはやまったく思わないだろう。したがって、一度立てられた計画は、その施行が不可能だとか、それとも不適当だとか認められたとき以外もはや放棄されない。

以上のすべての結論に、これに劣らず確実な、しかもさらに重要な二つの結論をつけ加えてもらいたい。それは最終結果にすぎないが、真の市民の見るところでは、なにも揺るがすことのない一つの価値を結論全体に与える。第一の結論は、共同の作業においては、長所や才能、公明正大さはまえよりもはるかに知られやすく、じきに報いられるだろうということである。これは、おたがいの眼に、また国家全体の眼にたえずさらされる顧問会議の構成員のあいだでも、また目立つどんな行為でも、頭角をあらわすに値するどんな人間でも、なにもかも観察しようと思えば実際に見て確かめることができる集会の眼を長いあいだ逃れられない王国全体のなかでも話は同じである。そのうえ、そうした集会では構成員の嫉妬や競争心がしばしば本人を駆りたてて競争相手をほめたたえ、相手の嫉妬や競争心まで打ち消そうとする輩がよくつくりだされる。第二の、そして最後の結論は、権勢や仕事がこれまで以上に公正に、正当な理由で割当てられ、国家と統治者の利益が討議のさいに十分に聞き入れられ、政務がてきぱきと片づき、そして有能な人がもっと尊敬されれば、人民の心のなかにかならず、聡明な政府のもっとも強力なばねであり、元首たちに欠けている場合を除いては絶対に市民の心のなかに消えることのない、あの祖国への愛情を呼び起こすにちがいない。

　以上が個人の利益を絶対に一般利益に譲歩させる統治形態の必然的な結果である。ポリシノディはさらに、こうした結果に新たな価値を与えるほかの利益ももたらしてくれる。多数の経験豊かな集会はさまざまな解決策についてさらに知識を提供してくれるだろう。経験によれば元老院の議決のほうが一般的には総理の議決よりも思慮分別に富み、十分に信用できることが立証されている。総理制は策略と秘密が多く、公会議は公正さと知識がたくさんある。（一六）王はだれでも自己の政務にいっそう通じるようになるだろうが、政務をみずから学ぶために顧問会議に参加することは無理だろう。だれもが思いきって真実を述べるのが顧問会議の場だからである。統治者が熱心に会議に参加すると、各顧問会議の構成員がその会議の威力を主張したり会議の決議に権威を与える最大の利益になるのである。もっとも強い者からの腹立たしい干渉や不正行為は減るだろう。顧問会議があれば、虐げられた人々には王座より近づきやすいのである。こうした人々は、自分たちの不平不満を顧問会議に持ちこんでもまえほど危険ではなくなる。何人かの構成員のなかからかならず他人の暴力に反対する保護者を、総理制のもとでなんでもできるただ一人の人間に反対する場合や、同僚たちと妥協して、自分に対してなされる不平不満の裁判を同僚に却下してもらう代表総理の一人に反対する場合よりもずっとたくさん見つける。国家も、統治者の未成年や、病弱や、あるいは老衰をそれほど悩まなくなる。重臣が支配者にとってはるかに高貴な家柄の場合には支配者にとって代わるほど勢力がなく、あるいは低い家柄の場合には高貴な人々を遠ざけて不平を抱かせるほど勢力は決してないだろう。したがって、一方では内乱の種子は減り、他方では王室の正当な権利の保全に対する安全性が増すだろう。外国との戦争もやはり減る。というのは、戦争をひき起こそうとするような私利に汲々とした連中が減り、戦争を最後までやりとげる能力も減退するからである。結局、王位はどうやってみてもそのために強化される。統治者の意志とはすなわち、最高に施行された国家の意志であり、したがってもっとも仕合わせな国民にほかならないし、またそうでなければならない。

　そのうえ、私の著者は自身で認めているが、その計画の施行がどの時代にも一様に利益をもたらすわけではなく、常設顧問会議の代わりに特別委員会を置かねばならない危機と混乱の時代もある。そしてたとえば財政がある種の無秩序におちいるときは、アンリ四世がロニに（一七）、ルイ十四世がコルベールに与えたように、どうしてもただ一人の人間に財政をゆだねねばならない。このことは、顧問会議制というのは、政務がそれ自体でうまく運営されていく場合にかぎって、適しているのだということを意味しているかもしれない。その通りである。摂政オルレアン公のポリシノディについてはなにも述べないが、よく知られているように、ルーアンの名士会（一八）によって軽率にも要求され、アンリ四世によって巧妙に認められたあのおかしな理性的顧問会議はひどく厄介な状況のなかで物笑いの種子をひき起こした。だが共和政の財政が一般的には君主政の財政よりうまく管理されているように、財政は一つの顧問会議によるほうが一人の重臣によるよりうまく、といって悪ければ少なくともずっと忠実に管理されるだろうということは考えられることだ。それにまた、おそらく、顧問会議ははじめのうちは、無秩序のなかから財政を救いだすために必要な力をそれほど得られないとしても、財政を無秩序におとしいれるようななげやりと無関心にはおちいりにくいとも思える。このことは、一時的な下級の顧問会議についてではなく、真のポリシノディについて考えられることだが、その場合顧問会議はすべて、外見上持っているように見える力を実際に持っており、政務の管理は代表総理によって顧問会議から取りあげられることもなく、「国務顧問会議（一九）」とか「財務顧問会議」という特殊な名称のもとに、この集合体がたんに司法裁判所とか会計審査院となることもないのである。

第一一章　結論

ポリシノディの利益に難点がなくはないし、ほかの管理形態の難点に少なくとも表面上は利益がなくはないとはいえ、依怙《えこ》贔屓《ひいき》なしにこの両者を比較する者はだれでも、ポリシノディには、善い政府でもなかなか耐えられないような、本質的な難点はまったくないが、これに反して総理制や代表総理制の難点は、体制の基礎そのものを損なうものだということがわかる。また、管理が中断されなければたえず完成に向かうことができるが、総理制のもたらす間隔や政変では進歩は不可能だということも、さらに、ポリシノディのむらがないが単調な歩みを総理制の輝かしいいくつかの瞬間と比較することは、真実の政治に尊敬の念を起こさせることのできないようなえげつない詭弁だということもわかるだろう。というのは、一人の立派な総理のめったにない束の間の管理と、数年間の健全な運営に対してつねに数世紀にわたる無秩序が続くような総理制の一般的な形態は、まったく異なる二つの事柄だからだ。加えて、迅速と秘密という総理制のただ二つの利益は、善い政府より悪い政府のほうがはるかに必要とされており、健全な秩序や正義、将来への配慮の補塡としては無力で、不幸の償いをしてくれるどころか、かえって不幸を予測させるものである。この補塡は必要があればポリシノディにおいてはいくつかの特別委員会によって手に入れることができるが、総理制で自己の利益を奪われているためにこんな方策は絶対にとれない。ローマやヴェネツィアのむかしの元老院の例を見ても、委員会は、もっとも重要な政務を迅速に、また秘密のうちにてきぱき処理する場合には、かならずしも必要ではないことが証明されている。しかも、総理制と代表総理制は下位の秩序を下品にし、腐敗させ、堕落させる一方、第一級の地位には完璧な人間を必要としている。またその地位は、犯罪を働く以外には昇進することも維持することもできず、徳の力をかりる以外には立派に振る舞えない。このようにいつも自身を妨害しているので、政府は自己を堕落させる悪徳を絶え間なく生みだし、しかもさらに強くなるために国家を利用しつくすのである。これはまるで自己の土台から引き抜いた材料を用いてたえず高くなろうとする建物のように、結局は滅びるのである。これこそまさに、政治家の眼から見ればもっとも重要な考察で、私が力説したいと思っている点である。もっとも善い統治形態、ないしは少なくとももっとも恒久的な統治形態とは、それが求めるような形に人民を造型する統治形態である。読者にこうした自明の理をどうかよく考えてもらおう。そうすればこの公理の応用はたやすくできる。

訳注

（一）『ポリシノディ論抜粋』および『ポリシノディ論批判』は、死後出版のムルトゥー＝デュ・ペールー版のルソー全集（一八二二）の二三巻として出版されたが、これはヌーシャテル自筆原稿によっている。最初のページに「ポリシノディ、一七一八年四月十六日」と署名してある。なおサン＝ピエール師の原題は、「サン＝ピエール師によるポリシノディ論」（一七一八、ロンドン、ヤコブ・トンソン刊）である。

（二）セルバンテス（一五四七―一六一六）の小説『ドン・キホーテ・デ・ラ・マンチャ』（一六〇五―一六）の第二部で主人公ドン・キホーテがバルセロナの港を見下ろす場面にあたる。

（三）メロヴィンガ王朝の宮中監督官で、最初はたんなる王宮の執事だったが、次第に首相を兼ね、事実上国王の次の地位に昇格した。施政の責任者で、王の不在のときは王の裁判権を行使し、軍の指揮もとった。貴族政治の代表者だったが、六八七年にピピン家が代々就任してから七五一年カロリング王朝の小ピピンがクーデタを起こして王権を握った。

（四）ジャン＝バチスト・コンベール（一六一九―八三）。フランスの重商主義を代表する政治家で、一六六四年に財務総監に就任、ついで海事国務卿、宮中事務国務卿を兼ね、ルイ十四世の事実上の宰相となった。フランスの国威の高揚と経済力の強化に努め、東インド、西インド株式会社を起こし、外国貿易の振興や、海軍力の増強をはかった。

（五）フランソワ・ミッシェル・ル・テリエ・ルーヴォワ（一六三九―九一）。フランスの政治家で、一六六七年に軍事国務卿に就任して、ルイ十四世のために陸軍の改革をはかった。将校の売官制を廃止して、小貴族や平民が士官になれる道を開き、「階級序列一覧表」（六八年）を作成して情実による昇進をやめさせた。コルベールの死後は、王の最高顧問の一人として、ナントの勅令の廃止を進言したが、八九年に失脚した。

（六）ヨーロッパの絶対王政の諸国で行なわれた国王を直接に補佐する重臣からなる会議体で、重要な政策の決定や政務の討議が行なわれた。

フランスの「国王顧問会議」は、中世の王会《クリア・レギス》が発展したもので、構成員がある程度重複した複数の機関の総称である。ルイ十四世は一六一六年のマザランの死後に「顧問会議」を改組して、外政、内政の重要議題を扱う「上層顧問会議」の構成員の数を国王のほかは三名の重臣だけに減らした。外務、軍事、海事、宮中事務の重臣のなかから構成員は選ばれたが、のちに五人にふえ、王太子や王孫ブルゴーニュ公もこれに加わった。

国内行政を扱う「内務顧問会議」は、大書記長《シャンスリエ》、重臣、重臣以外の国務卿、および財務総監で構成されたが、のちに王太子、王弟、王孫も出席し、国王が主宰した。新たに設けられた「財政国王顧問会議」は大書記長と三人の顧問官によって構成されたが、顧問官のうち一人は財務総監が任命され、のちに王太子と王孫二人も出席した。この三つが「国策顧問会議」だが、このほかに主として訴訟事件を扱う顧問会議が三つおかれた。

摂政オルレアン公のポリシノディ（複合顧問会議制）（一七一五―二二）は、フェヌロン、サン＝シモン、シュヴルーズ公などの発議でおかれた、貴族の主宰する八つの顧問会議の集合体である。「上層顧問会議」に代わる「摂政顧問会議」のほかに「宗務」「内務」「外務」「軍事」「海事」「財務」「商務」の七つの顧問会議がおかれ、それぞれの顧問会議には大勢の参事官や宮内庁調査官が加わって、実務を処理した。だがこの制度は一つの会議が議決機関であると同時に執行機関であるという二重性格を持っていたため、無秩序におちいり、また個人間の争いや、席次や人事の問題でこじれて、結局失敗に終わった。サン＝ピエール師の『ポリシノディ論』は一七一八年の出版のため、少し手遅れだった。

（七）オルレアン公フィリップ（一六七四―一七二三）はルイ十三世の孫で、伯父にあたるルイ十四世に仕え、プファルツ戦争やスペイン戦争に参加したが、ルイ十四世の死後、ルイ十五世の幼年時代に摂政をつとめた（一七一五―二三）。一六九二年以来所有していたパレ＝ロワイヤル宮殿に住んで政治をつかさどったが、性質放縦で音楽や絵画を愛し、自然科学に興味を持った、精神的リベルタンだった。ポリシノディの運営のまずさとジョン・ローを登用した財政計画の失敗で、その摂政政治は腐敗した。

（八）フランソワ・ド・サリニャック・フェヌロン（一六五一―一七一五）。一六八九年からルイ十四世の孫のブルゴーニュ公の教育にあたった文学者で、『テレマックの冒険』（一六九九）をその教材として書いた。ナントの勅令廃止に力をかしたが、ルイ十四世に対する批判や、いっさいの宗教的儀式を廃止して彼我の状態で信仰を行なう静寂主義《キュイエチスム》のために、晩年は大王の不興をかった。フェヌロンの弟子とは王孫ブルゴーニュ公、ルィ・ド・フランス（一六八二―一七一二）のことで、早世したためその子供がルイ十五世となる。ただし、このフェヌロンの名前はルソーが入れたものである。

（九）「宗教」というのは、もとは司法と治安のあいだで三番目に入れてあったが、ルソーが訂正して最後においた。「総括顧問会議」が「摂政顧問会議」に相当する。

（一〇）本書『ポリシノディ論批判』参照。「アカデミーの票決が婦人たちの意のままになるのを見れば、顧問会議の票決にどれだけ信頼をおくことができるのか」「この制度は他方は顧問会議のなかなので、票決制はほかの部門では効力を持ちうるとかなどと考えられるだろうか」など。

（一一）この章はサン＝ピエール師の『ポリシノディ論』の利益第一四章「所管は交流可能だろう」の内容をほとんどそのまま取り入れてある。

所管の交流に関しては、同様の趣旨が『ポーランド統治論』第七章「体制を維持する手段」のなかにも述べられている。「こうした不便を避けるために、上院を、おのおのがその所管の責任者の重臣によって主宰される、いくつかの顧問会議ないしは所管に分割することを提案するのだが、重臣ならびに各顧問会議の構成員は、一定期間ののちにこの所管を変更し、別の所管の構成員と交流すればよい。この考えはすばらしいと思えるのだが、それはサン＝ピエール師の考えで、師はそのポリシノディ論のなかで十分にこの考えを展開した。」

（一二）ローマでは元老院議員は執政官によって任命されたが、議員のあいだで権限の差があり、上級議員にくらべて、「歩む議員」と呼ばれる下級議員は発言権はなく、ただ投票するだけだった。

（一三）この章はサン＝ピエール師の『ポリシノディ論』の利益第三章「個人の利益は公共の利益とあまり対立はしないだろう」が要約してある。

（一四）この章には利益第一六章から二〇章までが集められている。

（一五）ルイ十五世の愛妾たちはしだいに権力を持つようになった。シャトールー公爵夫人が亡くなったあと、ポンパドゥール侯爵夫人（一七二一―六四）は四五年以来ルイ十五世の寵妃となり、王を操り、政治、経済、外交政策に大きな影響を与えた。「スカート三世陛下」とフリードリッヒ二世は悪口を言っている。デュクロ、マルモンテル、モンテスキュー、ヴォルテール、ダランベールなど文人が引きたてられた。ルソーも『村の占い師』を夫人のおかげで一七五二年十月十八日にフォンテーヌブローで、またベルヴュで上演してもらっている。（『告白』第二部八巻）

（一六）この文章は一七八二年のムルトゥーとデュ・ペールー版ではじめて加えられたが、ヌーシャテルの原稿のなかの「ポリシノディ」という語のあとに「豪華版のために」とルソー自身の手で記してある注意覚書きのなかに見られる。

（一七）シュリーのこと。イル・ド・フランス地方のロニの館に生まれ、公爵になるまえはロニ男爵だった。

（一八）聖職者、貴族、第三身分の三身分によって構成される全身分会議の代行機関で、全身分会議が招集されないときの国王の諮問機関。有力な僧侶、貴族、上層ブルジョワのことで、このうち国王に任名された者で名士会を構成する。十六世紀以降ブルボン王朝確立後は全身分会議が召集されなかったので重要になった。
　ルーアンの名士会については、シュリーが『回想録』を残しているが、ルソーは『ポリシノディ論批判』においても同じように言及している。

（一九）前注（六）の主として訴訟を扱う顧問会議は「国務顧問官会議」で、三十名の国務顧問官に、大貴族、大書記長、重臣、国務卿、財務総監などが加わった。さらに会議の実務の担当者としては八十名の宮内庁調査官が加わり、召集される題目によって、個人または職能団体間の訴訟を裁き、財政に関する具体的問題を審議したので、たんに「司法裁判所とか会計審査院となる」という表現はこれをさすと思われる。

ポリシノディ論批判

宮治　弘之　訳

サン＝ピエール師のすべての作品のなかで、ポリシノディ論は、私の考えによれば、もっとも深く調べて、もっとも巧みに推論した著作で、反復した表現はもっとも少なく、さらにこのうえなくうまい言いまわしさえ見出せる。こうした称讃の言葉をあびせても、聡明な著者はまったく気にもしなかったにちがいないが、浅薄な読者にはどうでもよくはない。それにこの作品は、師が要約をつくる余裕もなかったと主張しているような草案ではなかった。実際なにもかも述べようとするあまり作品を台なしにする余裕など持てなかったのである。そこで神は、自分なりの要約をしたがっている読者を一人残しておいてくださる！

師はこの制度論において、現に存在するものについてしか可能性を測ることができない無知な連中、現にあるものがさらによくなりそうだということが示される場合に、自分たちの意地の悪さに役立つものしか善いと認めない意地悪な連中にはとても都合のよい非難を、うまく避ける方法さえ心得ていた。師は、と私は言いたいのだが、因習にとらわれた愚かさが理性による新しい計画に対してたいていの場合、「根拠のない計画」「夢物語」と断定的な口調で切り棄てる大上段の構えをうまく避けた。というのは、師がポリシノディのために書いたとき、師の祖国ではこの制度が確立していたのである。(二)つねにおとなしく、思慮分別をそなえていたので、師はその同国人に彼らが従っていた統治形態の利益を示すだけで喜んでいたのである。ところが相手はちょうどいま厳しさを味わったあの統治形態と師の制度の比較を分別を持ってひそかに行なっていた。君臨する統治者の制度を師は称讃し、この制度の諸利益を詳細に述べた。師はそこに加えることのできる利益を示したが、師の求めていた追加それ自体は、師によればこれから行なわねばならぬ改正というより、これまでに行なわれた施政を完成する技術だった。こうした計画の一部分はすでにルイ十四世の治世のうちに師の心に浮かんでいたが、師は賢明にも、国家の利益と政府の利益、ならびに師の利益がその公表を許すまでは、この計画をずっと隠していたのである。

とはいうものの、同じ名称がついていても、実際に行なわれたポリシノディと、サン゠ピエール師が提案したポリシノディとのあいだにははなはだしい相違があったことは認めねばならない。それにほんのわずかでもこの経緯を考えてみたならば、師が例として引用していた施政は、師にとってはかねてから心に描いていた施政のための雛型の役割をはるかに超えて口実の役割を果たしていたことがわかる。師は、摂政オルレアン公の制度のなかで指摘すべき欠陥をすべて、自分の制度に対する異議のなかにかなり巧みに移し変え、自分への異議の回答という名目で、こうした欠陥とその対策とをなんの懸念もなく示した。摂政オルレアン公は、この著作では十分すぎるほど巧妙な表現でしばしば称讃されているものの、この批評家の狡猾さを見抜いており、著作に指摘されている利益を得意に思うより、その作品のなかに探しだされた欠陥に腹を立てて、自尊心を傷つけられた怒りと気の弱さからサン゠ピエール師を見棄てたということはありえないことではない。またおそらく師のほうも、自分の機構はまさしく、国家に利益をもたらして、不動で恒久的な基盤をつくるためには当然必要なものにほかならないということを示すことによって、いわば自分のひそかな計画を打ち明けたことで、自分に不満を抱いた。実際、はっきりとわかることは、サン゠ピエール師があまりにたやすく代表総理制、そして総理制さえも堕落しかねないと非難したのは、摂政オルレアン公の治世に確立したポリシノディの形態だった。それは代表総理制や総理制と同じで、構成員のなかで腐敗ならびに公益に反対する一致を起こしやすく、君臨する君主の意志以外制度の継続に保証を絶対に持たず、結局は、骨身を惜しまず働く統治者たちにとってのみふさわしい、したがって、健全な秩序と政務の迅速な処理にとって有利などころか多くは反対の結果となるものである。まさにこうしたさまざまな難点が出るのを防ぎたいという希望が、師がひたすら完成を切望しているふりをしていたポリシノディとまったく異なる、別のポリシノディを提案することを決心させた。

　それゆえ、名称が一致しているからといって、師の制度論と、師が自分の制度論を権威づけようとしたあのおかしなポリシノディを混同してはならない。なにしろあの制度は当時から嘲弄されて七〇人の重臣と呼ばれており、なにもかも台なしにしてしまったこと以外にはなに一つしないまま、数か月後には改革されてしまったのだから。つまり、あの管理形態を確立した方法が十分に証明している通り、施政がうまく運営されることなどだれもそれほど望んではいなかったし、だれもが、高等法院《パルルマン》の構成員にゆだねたようなふりをしていた権限を実際に与えるより、高等法院を人民に軽蔑させることのほうを熱心に考えていた。これはルーアンの集会においてすでにアンリ四世が高等法院の構成員たちに張りめぐらせておいた罠(二)に似た、中間勢力への罠だったが、この連中は虚栄心のためにこの罠に落ちて、つねに辱めをうけるだろう。君主政においては政治上の秩序と社会の秩序は非常に異なった原則と相反する規則を持っているので、この二つの管理形態を結びつけることはほとんどありえず、普通は裁判機構の構成員は顧問会議にはまずふさわしくないのである。形式上の手続きという習慣がそうした手続きを望まない政務の迅速な処理を損なうにせよ、国家の格率と呼ばれるものと、司法および法律とのあいだには本来両立しえない点があるにせよ、同じである。そのうえ、事実を脇にのけて考えれば、私の思うところでは、統治者と哲学者とは双方の理論において一致しなくとも、両者とも当然理にかなっている。つまり一人の摂政政治の、束の間のしばしば波瀾に富んだ施政と、国家体制の一部となるはずの恒久で不変な一つの統治形態とはまったく別のものだからである。まさにこの点に、と私には思えるのだが、自分の立論をすべての人間、時代、状況に全面的に絶対に適用できないうえに、制度論の施行には便利な方法としてかえって自分にはしばしば障害となるような利益をつねに示す、当時のサン＝ピエール師のいつもの欠陥が見つかる。いま問題の計画のなかで、師は長いあいだ続いたため衰退した政府を、現在の体制とはまったく無縁なさまざまな手段を用いて修正をはかった。師はその政府に、いわば全身をそっくり活動させる普遍的な活力を与えようとした。それは、老いぼれて痛風にかかった老人にまるでこう言っているみたいだった。「歩くのだ、働くのだ、あなたの腕と脚とを使うのだ、運動が健康にはいいんだから。」

　実際、ポリシノディのなかで問題となっているのは、まさしく一つの革命だが、しかも現在統治者の宮廷で顧問会議が見られ、いま提案されているのも顧問会議だからといって、まえの制度とあとの制度にあまり相違がないのだなどと思ってはならない。サン＝ピエール師が心に描いている形態を政府に与えるためには、現に存在しているあらゆるものをまず壊さなければならないほどで、新しい機構に先立ってかならず起こる無政府状態と危機の瞬間が大国家にとってどれほど危険かはだれもよく承知しているのである。票決制度を採用するだけでも恐ろしい動乱をひき起こすにちがいない。それは身体に新たな活力を与えるよりむしろ、身体の各部分に痙攣する絶え間ない発作を起こさせるにちがいない。フランスの君主政を構成する巨大な集団をひとたび揺り動かすときの危険をどうか考えていただきたい！　震動を起こしたならばだれが抑えることができるだろうか、それとも震動がひき起こすかもしれない結果をすべてだれが予測できるだろうか。新たな企画の利益がすべて明白だとしても、思慮分別をそなえたどんな人間が、古い習慣をすべて廃止し、古い格率をすべて変更して、千三百年もの長いあいだ連綿と保たれた形態と異なる形態を国家に与えることをわざわざ企てるのだろうか。現行の政府がいまでもむかしのままの政府であるにせよ、数世紀ものあいだにいつとはなしに性質が変わってしまったにせよ、政府に修正を加えることは、どちらも同じように軽率なことである。もし同じ政府ならば、その政府は尊敬せねばならないし、たとえ政府が堕落したとしても、それは時間の力と事物の力によるのであって、人間の思慮分別ではもはや手の下しようがない。自分が使いたい人々のことをそれ以上考えないとしても、用いたい手段をすべて考察するだけでは十分ではない。ところで、一国民全体がもはやばかげたことにしか没頭できない場合、重要な事柄にはどんな注意を払うことができるのだろうか、そして音楽が国務(三)の一つとなっているような国では、国務とは歌を除けばなんなのだろうか。パリ全体が大道の芸人とか才人の地位のために沸き立ち、アカデミー・フランセーズ(四)とかオペラ座の醜聞(五)が統治者の利益や国民の栄光を忘れさせているのを見るとき、このような国民に近づき、街の法廷に移された国務についてなにを期待すべきであるのか。アカデミーの票決が婦人たちの意のままになるのを見れば、顧問会議の票決にどれだけ信頼をおくことができるのか、婦人たちは重臣を任命することよりも、学者たちを任命することに熱心なのだろうか、それとも雄弁よりも政治のほうに詳しいのだろうか。醇風美俗が嘲弄されている国々では、こうした諸機構が穏やかにつくられることはまずない。そして紛争を起こさず持続することもほとんどなく、もっともすぐれた臣民も与えない。

才能より金銭で職についた連中以外にはだれも討議しそうもない官職の売買（六）というあのむかしからの問題に立ち入らなければ、フランスにおいてこの売官制を廃止するなにか実行可能な手段を考えだせるだろうか。売官制が政府の一部門で存続し、別の部門で投票が導入されることが考えられるだろうか。また縁故の残っている地位が今後選挙にゆだねられることなどあるだろうか。まったく異なる事物を結びつけようとしたり、まったく異なる原理にもとづいて同一の制度を調べると、視野がせまく誤った見通しを持つことになってしまう。だがこうした実施の問題はあとまわしにして、事柄それ自体を考察してみよう。

代々続いた君主政が、革命も起きないのにさまざまな形態によって中庸化させられ、そのため貴族政に近づく状況とはなんだろうか。統治者と人民のあいだの中間体はすべて、相互に関係なく裁判権を持つことができるのか、また持たねばならないのか、それともこの中間体が不安定で統治者に依存しているならば、なくてはならぬ部門としていつか国家体制のなかに入って、政務に実際の影響を与えることさえもできるのだろうか。これは前置きの質問で、討議する必要があったが、たやすく解決できるようには思えない。つまり、自然の傾斜がつねに腐敗の方向に、したがって専制主義の方向に傾いているということが真実だとすれば、たとえ統治者が望んだとしても、どんな方策を用いればこの傾斜を反対の方向に向けられるだろうかということを思い浮かべるのは難しく、事実この傾斜はその後継者も、後継者の重臣も変えられなかった。サン＝ピエール師は、じつを言えば、自分の新しい形態が王国の権威からなにかを奪うことなど望んではいなかった。つまり、顧問会議に議題の討議をゆだね、決定だけを王に残しておくのである。「こうしたさまざまな顧問会議は」と師は言っている。「王が自己の望むあらゆることを行なうのを妨げないが、王が自己の栄光や仕合わせを損なう事態を望むことをしばしば防ぎ、もっとも正しい道を王に示し、罠にはまることを防ぐため、王の面前に真実の松明《たいまつ》をかかげてくれるだろう」と。だがこの教養ある人間は、自分自身こうした下手な説明で満足していたのだろうか。王たちの眼が賢者の眼鏡を通して対象を見ることができるとでも思っていたのだろうか。顧問会議の討議がやがて空しい書式集となるか、それとも王国の権威が顧問会議のために変質するか、絶対にどちらかにちがいないとは感じなかったのか、それに自分自身で、これは共和政の形態が君主政と結びついた混合政府を導入することだと白状はしなかったのか。実際、なにを選ぶかが全面的に統治者の一存では決まらず、しかもそれ自体がいかなる権力も持っていないような多数の集合体は、やがて国家には無益な重荷となるにちがいない。つまり、政務をうまく運営させることもできず、長たらしい形式上の手続きによって政務の迅速な処理をただ遅らせるにすぎないだろう。そしてそれぞれ自分なりの表現で人に尽くすため、見せかけだけの顧問会議にすぎなくなるにちがいない。統治者の寵臣は、めったに民衆の人気者になることはないし、したがって票決のためにつくられる顧問会議のなかではあまり影響は及ぼさないが、自分たちだけで政務全般を決定するはずである。統治者は絶対に顧問会議には参加しないだろうが、そのまえにすでに、そこで討議されるはずのあらゆる事項について方針を決定しているかそれとも、会議で下されたはずの決議すべてについて、その小部屋のなかで寵臣たちともう一度相談しなければ、絶対に所信を曲げないにちがいない。結局、顧問会議は軽蔑すべき、おかしな、完全に無用なものになるか、それとも王たちがその権力の一部を失うかのどちらかになるにちがいない。(七) こうした交替の危険に国王たちはもちろん身をさらしているわけではないだろうが、それでもこの結果、国家と国王との最大の利益がきっと生まれるはずなのだ。

以上が私の考えによると、サン＝ピエール師が師の理論の原則を十分に確立するために、その基本を考察したにちがいない理論の側面のあらましである。だが師はそれどころか、検討するにも値しないような五十ものつまらない異議を解決して楽しんでいるし、と言うよりさらに悪いことには、うまい答えはひとりでに生まれてくるのに、師自身でまずい答えをひねりだして悦に入っている。まるで賢者を納得させるための言葉と根拠を考えるよりもむしろ、反対者の迷いを覚ますために相手の才気をよび起こしてやろうとしているようである。

たとえば、ポリシノディにおいては顧問官のそれぞれが自分の一般計画を持つ点、こうした多様性が必然的にたがいに矛盾する決定と、全体のなかで面倒な問題を生みだす点を取りあげて自分で異議を提出したあと、師はこの反論に対して、政府のすべての部門にまたがる規定を完成しようとすること以外、一般計画はありえないと答えている。「最善の一般計画とは」と師は言う。「各個人の業務のなかで国家の最大の利益をめざしてひたすら直進する計画ではないのか。」そこから師は次のような間違った結論をひきだす。つまりさまざまな一般計画は、したがってそれに関係する規定と政務はすべて、絶対にたがいにぶつかることも相手を損なうこともありえないというのである。

実際には、国家の最大の利益はかならずしもそれほどはっきりした実体ではなく、人々が思っているほど各部門の利益に左右されるものでもない。計画は十分に整理され、つねに二重の形をとり、検討された制度のなかには現在の国家の形態と著者の意図に従って完成された形態が含まれている。ところで、政治体同様に構成された全体のなかでこの完成は、宮殿の設計を行なうために部屋を巧みに配置するだけでは十分でないのと同じように、たんに部門の完成に左右されるばかりでなく、それにもまして、全体の集中の度合、もっともふさわしい連結の仕方、もっとも都合のいい秩序、もっと容易な連絡方法、もっとも申し分ないまとまり、もっとも整然とした均斉のとり方などを考察せねばならない。こうした全般にわたるさまざまな目的が非常に重要なので、腕利きの建築家は全体の最善のために、それほど完全でも簡素でもない設計のさいには残したかもしれない無数の個々の利益を犠牲にする。これと同じように、政治は、財政も、戦争も、通商も特に重要視しない。だが政治はこうした諸部門をすべて一つの共同目的に集中し、そしてそれぞれにもっともふさわしい配分にもとづいて一般計画が生まれてくるが、その計画の大きさは、全体のこのうえなくみごとな完成を求めるか、もっとも実行しやすいものを求めるかという差はあるが、その計画を立案した人々の理念と意図とに従って、さまざまな方法で変わりうる。ところで、顧問会議や顧問官がそれぞれ自分の計画を持っていれば、政務においては矛盾しか、共同の行動においては面倒な問題しか起きないだろうというのは、こうした計画の問題である。だが一般計画というのは、一人の、ないしは別の一人の人間の計画ではなくて、ポリシノディにおいてはまさに政府の計画にほかならず、実際にその通りである。そして各顧問会議の共同の討議と各構成員の個々の仕事はまさしくこのすばらしい雛型に必然的に関係している。似た計画が顧問会議に寄託されて、重臣や、まして統治者の頭のなかでより十分に考察され、保管されていることはさらに確かである。というのは、各総理はその前任者のものとは絶対に違う自分の計画を持ち、各代表総理もまたその前任者や同僚そのものとは違う自分の計画を持っているからである。それゆえ、共和政のほうが一般的には君主政ほど制度を変えていないことがよくわかる。このことから私は、サン＝ピエール師にならって、だが師とは別の理由で、ポリシノディのほうが一般計画の一貫性には、総理制や代表総理制よりはるかに有利だという結論を下した。

師のポリシノディの特殊な形態と、その形態を決定するために述べている詳細な論議に関しては、その委細はすべて非常にみごとに観察してあるが、各項目について防がねばならない不都合な点をすべて知らせるには、別に論じるほうが賢明である。だが万一この計画を施行するような場合には、全体に十分な調和が行きわたっているかどうか、私にはわからない。というのは、階級組織が交流組織とうまく折合いがつかないように思えるのである。しかも票決制はこの二つの組織ともさらに折合わない。そのうえ、組織をつくることが有害な場合、その組織がつくられたあとでさえ、こうしたさまざまな機関が、政府機構をうまく運営させることが問題となるとき、機構の活動に無数の面倒な問題や障害をひき起こすおそれがある。

特に議長職の交替は、もしもこの交替を長く続けることができて、統治者の気に入るというだれもがつねに知りたい秘訣を心得ているような初代の議長のために、統治者の意志によって中止させられたりしなければ、ポリシノディがやがて総理制に堕落するのを防ぐすばらしい手段となるにちがいない。それはつまり、王が自分の好みにあった総理を見つけるまでは、ポリシノディは続くだろうという意味だが、総理制そのもののもとでも、こうした場合以上に早く総理が出ることはない。自分が矯正しなければいけない弊害に近づくと、勇気が消えてしまうような人では心細い対策だ！

さらに議長が最初に自分たちの信用を悪用するのを防ぐための歯止めとして、二度目の投票を行なう必要を認めているのも不適当な方策ではないのか。ただ投票を繰り返す程度では、信用を悪用するのはもはや一時的なことではなく、もっとたしかなのではなかろうか、それにわれわれの著者自身、統治者が必要ならば自分の思う通りに議長の任期を延長する権利を、すなわち、真の総理をつくる権利を認めていないのではないか。どうして著者はその生涯のあいだに著作の途中で、たった一人の人間の意志につねに左右される一つの事態のために、恒久不変の形態を探究することがどれほど空しい仕事かということに、何度となく気がつかなかったのか。

こうした難題はサン＝ピエール師につきまとって離れなかったが、難題を解決するより気づかぬふりをするほうが師にはずっとふさわしかった。師がこうした矛盾について話し、矛盾を解消するふりをするときは、あまりばかげた手段とほとんど理由にならない理由によっているので、師が当惑しているのか、それとも本気で取り組んでいないのかがはっきりとわかる。師がまったく見当違いの話を持ちだして、祖国愛や、公共の福祉や、真の栄光への願望や、だいぶ以前から姿を消していて、もういくつかの小さな共和政にしか跡をとどめていないそのほかの空想の産物を、この手段のなかに加えてしまったなどということがいったい信じられるだろうか。いまあげた事象はなに一つ、君主政のどこかの政府形態には現実に影響を与えることはできなかったと本気で考えていたのか、そしてギリシア人や、ローマ人や、古代人の魂を持った何人かの近代人さえも引用したあげくに、消えうせた格率にもとづいて国家の体制を築くことはおかしなことかもしれないと、自分自身で白状はしないのか。師は一つまた一つと障害を取り除き、次々に制度を樹立して、ヨーロッパ共和国にもとづいてポリシ自分で不十分なことをよく知っている、こうした手段の代わりに、いったいなにをすればよいのか。

ノディを創設する。「この共和国は」と師は言う。「この共和国は、ドイツに対しては帝国の協定条約書の施行を、イギリスに対しては議会の協定条約書の施行を、ポーランドに対しては『パクタ・コンヴェンタ(八)』の施行を保証しているので、もしもこの形態が基本法になるならば、政府の形態のためには諸王の聖別式で署名される王国の協定条約書もまた保証することはできないものだろうか。それに、要するに、王たちがネロのような専制政治におちいることを防ぐことは、彼ら、つまり王たちとその子孫が全員破滅するのを防ぐことではないのか。」

師はさらに言う。「ポリシノディの規定を王国連邦のなかで基本法の形で認めさせ、王の聖別式でこの基本法(九)を守ることを誓約させ、こうしてサリカ法典(一〇)と同じ権威を与えることもできる。」

良識のある人間がこのような便法をいくつもまじめに提案するのを見ると、思わずペンが手から滑り落ちる。

この議題を打ち切るまえに、この作品のなかで比較された三つの重臣職の形式にざっと眼を通しておこう。

総理制は衰退した国家の最後の切札である。それは時にやむをえない姑息《こそく》な方法だが、しばらくのあいだ国家にいくらか見かけのたくましさを与えることはできる。だがこの管理形態では、健全な政府には完全に余計な力の増殖が起こる。君主政と総理制とはまったくよく似た二つの機構で、一方は他方が活動を始めるとたちまち無用になる。つまり、実際は、グロチウスの言葉によれば、「統治する者が王である(一一)」。このように国家は二重の重荷をになっているが、ただ一つの結果しか生まれない。この事実に加えて、総理制の力の大部分は、総理を必要なものとし、その地位を維持させるのに用いられるので、国家には無用で有害である。それゆえ、サン＝ピエール師が総理制を、粗野で、野蛮で、国民には有害な形態、王にとっては危険で、王室にとっては傷ましい形態と呼んでいるのは当然なことだし、国民が総理を望む羽目に追いこまれるような政府ほど嘆かわしい政府はまったくないと言っても差し支えない。代表総理制については、国家のすべての手綱を自分の手に集めて統治することのできる王のもとでは有利だが、無力であまり仕事をしない統治者のもとでは、この管理形態は不適当で、障害が起こり、組織も計画も消えて、部門相互のあいだには連繫も途絶え、重臣相互のあいだの一致も失われる。特に重臣のあいだでだれか一人が残りの全員よりも狡猾か、それとも人が悪く、ひそかに総理をめざしている場合はなおのことだ。その場合、あらゆる事業が宮廷の策謀のなかで起こり、国家は衰弱の状態を続け、そうした政府のもとで行なわれるあらゆる事業に論拠を求めるには、それがなんの役に立つかを訊ねるべきではなく、それがなにを損なうのかを訊ねなければならない。

サン＝ピエール師のポリシノディに対して、この制度は、正真正銘の君主政のなかではどんな場合でも役に立つとか、実行可能だとか認めることは私にはできないが、ただし、元首がたんに顧問会議の議長にすぎず、執行権だけは持っているが自分自身ではなにもできないような、一種の混合政府のなかでは話は別である。さらに私は、こうした管理形態が濫用もされずに長続きすることができるとどうしても思えない。というのは、部分社会の利害関係は、諸個人の利害関係と同じく、国家の利害関係からは切り離され、共和国にとっては有害だからである。しかもこの利害関係は、どんな犠牲を払おうとも自分が一員となっている集合体の権利と主張を支持することを誇りに思い、他人より自分を選ぶ不誠実な行為が自分の所属する大きな社会のおかげで消え失せるので、善い元老院議員になることにより、結局は悪い市民となるという、それ以上の難題さえかかえているからである。これこそ貴族政を主権のなかで最悪なものにしている点である。[1] これこそポリシノディをすべての重臣組織[二二]のなかでおそらく最悪のものにさせるかもしれない点なのである。

（1）　ここでもまた『社会契約論』との矛盾をたくさんの人がおそらく見つけるということは請け合ってもいいだろう。このことは、著者は論旨の一貫する方法[二三]を知らねばならないだろうが、それ以上に読者にはぜひ読み方を学んでもらいたいものだという証拠である。

訳注

（一）摂政オルレアン公のもとで、内容はかなり違うが、一七一五年に「ポリシノディ」が行なわれていた事実をさす。『ポリシノディ論抜粋』注（六）参照。

（二）これも『ポリシノディ論抜粋』注（一八）参照。

（三）オルレアン公フィリップをはじめ、ルイ十五世もポンパドゥール夫人もともに音楽を愛したが、五二年八月にイタリアのオペラ・ブッファがパリに来て公演して成功し、イタリア音楽への信奉者を大勢つくった。そのためパリ中がラモーなどのフランス音楽を支持する国粋派と、ペルゴレージなどのイタリア音楽を支持する外来派とに分かれて争い、国政や宗教問題以上に熱狂した。いわゆるブフォン論争で、イタリア音楽を支持するのを王妃派、フランス音楽を支持するのを国王派と称した。ルソーはヴェネツィアに行き、イタリア音楽を学んだせいもあって、王妃派だった。

（四）一六三五年にリシュリュー枢機卿により設立されたアカデミー・フランセーズは正会員四十名で、アカデミーの辞典を編集したりして、フランス語の統一をはかり、この会員となることは大変な名誉だった。サン＝ピエール師は、『ポリシノディ論』が原因で追放されたが、これにもポリニャック枢機卿のほかにデュ・メーヌ夫人がからんでいる。またたれを会員にするかで、ランベール夫人、ポンパドゥール夫人、ヴィラール夫人、デファン夫人などが自分の勢力を示そうと懸命になった。

（五）摂政時代の腐敗は有名だが、オルレアン公の住んだパレ＝ロワイヤル宮殿と娘のベリ公爵夫人の館のリュクサンブール宮殿がとくに風紀が悪く、オルレアン家の柱廊と呼ばれたガラス張りの廊下が伊達者たちのたまり場だった。一六七一年に建てられたオペラ座は一六七三―一七六三年のあいだ、パレ＝ロワイヤルの隣にあったので、宮殿ではオペラの衣装をつけたり、仮面をかぶったりしてたびたび仮装舞踏会が開かれたが、サブラン夫人をはじめとする愛人たちや、デマールのようなオペラ座の踊り子もまじって多くの人々が浮名を流した。

（六） 王の任免する官職には、十六世紀頃から、王の親任状で任免する国務卿のほかに、一定の官職は授けられるが、内容は王令で定められる高等法院の職員などがあったが、この後者の職が十四世紀末頃から売買を黙認され、十六世紀には公認されて、転売もできるようになった。当時の民衆は貴族になるのが夢で、高官の職を買っても官職貴族になろうとしたので、売買の相場が高騰した。

（七） このあと草稿で削除したかなり長い文章が続くが、そうした文章の欄外に、ルソーはこう書いている。「師はいわば国家の体制をすっかり覆そうとして、わずかな結果をもたらすために大きな機関を用いている。それも寵臣や女性たちが、好きなときにいつでも破棄してしまうような、力もなく権限もない、なにか空しい決議を確立するためなのだ。」

（八） ヤゲロー王朝最後のポーランド王ジグムント二世の死で、アンリ二世の三男アンリ・ダンジュー（一五五一―八九）は一五七三年ポーランド王に選ばれたが、自己の権力行使の条件を貴族と交渉せねばならず、貴族の国王選挙権と王権制限を定めた、パクタ・コンヴェンタに同意の署名をした。これは大王ルイ一世の一三七〇年以来、ポーランドの国民が王の主権を制限する一種の協定条件書であるが、実際に制限されたのは、アンリ・ダンジュー以来である。なおアンリは七五年兄シャルル九世の死でアンリ三世となる。

（九） 「基本法」についてはヌーシャテルの草稿中にこんな文章がある。「基本法とは、美しい語だが、諸王の耳にはなにも感じさせないし、君主政にもなんら関係がない。では基本法はどこで効力を発揮するのか。それはただ一度だけ、王位継承法の場合だけだが（だれもとうていできまいと私は思っているのだ）、ではなぜ、王位継承法は期待できないのか、それはこの法が王冠とじかにつながっているからだが、ひとたび王位に昇った者を引き戻すことのできるような法令がただの一つでもあればぜひ例をあげてもらいたい。」

（一〇） クロヴィスの死ぬまえの五一一年以前にできた、サリ族フランク部族の法典だが、サリ族がフランク王国の中心になったため、ほかのゲルマン部族法典にくらべてゲルマン古来の伝統が強く、後世ヨーロッパ諸法にも大きな影響を与えた。

（一一） グロチウスの同じ言葉が『ポリシノディについての断片』（二一六）に引用されている。

（一二）『ポーランド統治論』第七章に執行権の分割についてたとえば各所管議長職の交替制などこれと同じ留保をしている。

（一三）このルソーの注は『批判』の注としては少し質が違っているので、たぶん『社会契約論』の完成後（一七六〇―六二）につけ加えられたように見える。『社会契約論』第三篇第五章および一〇章において、立法権が属している主権者、ないしは人民と、執行権を所有している政府ないしは統治者とのあいだに区別を設けている。『山からの手紙』の第六の手紙にも「統治形態のうち最良のものは、貴族政である。主権のうち最悪のものは、貴族政である」と書かれている。

ポリシノディ論についての断片

〔サン＝ピエール師と私、ルソーとの対話形式による〕

宮治　弘之　訳

㈠　前書き。師。(一)「ここできわめて異なった二つの事態、つまりこのような総理の政府と一般的な総理制とを混同してはいけない。総理がすぐれた精神の持主で、とてもよく働き、よく節制を守り、完全な健康に恵まれていることもありうる。総理が、自分の家や、両親や、友人を豊かにしようとか、官位を高めたいという目的をまったく持っておらず、つねに国家の正義と利益にひたすら熱心に専念することもありうるし、自分自身の名声よりもそうした類の利益のほうを選ぶこともありうる。だが、二十年ないし三十年続いたこのような総理の政府と、私が恒久な統治形態と仮定している総理制とのあいだには測りしれない相違がある。」

私。だから、問題は、統治形態の選択の場合に、事物の自然の秩序のなかである程度の良さを持っているにちがいない形態か、じつははるかにずっとすぐれているが、ただめったにない奇跡的な状況のなかでだけすぐれている可能性のある形態か、どちらかに決めねばならないかどうか知ることである。それに、新しい総理は新しい格率、というわけで、前任者の立派な措置はすべてその後任によってやがて一掃されるのである。

㈡　師。「私が主張しているのは、完全な総理ならば、自分の統治する国家そのもののなかに、死ぬまえにポリシノディを樹立する以上に立派なことはなにもできないにちがいないということである。」

私。自分の施政を懐しがらせるほど十分に満足し、しかも自分の施政よりはずっとすぐれた施政を施す余地をそのあとに残しておこうと思ったりした、世間の思惑通りに完全な総理がいるだろうか。

㈢　師。「世界でまだすぐれた雛型を持ったことがないうえ、これほど激しい変動を要求するポリシノディ」は、その施行の最初の数年によって判断されるべきでもなく、「ほんのわずかな期間で完成を獲得すべきでもない。」

私。〔……〕事柄は別だが、スキピオ(二)にとって肝心だったのは、新しい慣習を確立することではなくて、すでに確立した慣習全体に従うことだった。それに、こうした方策を提案しながらも、彼は、祖国愛が消えてしまった国においては、これに代わる愛がいくらか必要だということを自分自身で認めている。

〔……〕師が祖国愛をうながして、現在就任中の議長に、終身の議長の地位をみずから進んであきらめさせ、市民の義務のために現在の立場を犠牲にさせようとするとき、またローマ人がここに来ることなど期待せずにアンティオコス(三)に反対して自分の弟に仕える大スキピオの例を引用するときのように〔……〕。

(四) 私。師がポリシノディから推論する利益の大部分は、一度この制度が確立されれば完全に論証されたように私には思える。だが師がこのポリシノディを確立することのたやすさもまた論証しようとするときは、もはや駄弁を弄しているにすぎない。この機構に君主政ではまったく受け入れる余地のない継続期間を保証し、統治者の至高の権限と顧問会議という確固とした形態を両立させようとするときは、それはさらにひどくなる。推論し、自分で学ぼうとする場合は、そこまで著者に従ってはならない。そして、著者がある計画を有効にするために述べていたことと、その計画を採用させるために述べていたこととを区別する方法を知らねばならない。

(五) ポリシノディ論の前書き。師は自分の敵対者に頼んでいる。「相手に反駁するのに用いている同じ方法を自分を反駁するのに用いてもらいたい。また対等の武器で戦うように、雄弁術の誇張法も、なにも証明しないが人を楽しませる陽気な諷刺をふくんだみごとないきいきとした表現も用いないように決めてもらいたい。だがあっさりと秩序立てて、はっきりと区分けし、定義を下しながら、第一に、第二にというありふれた言葉を用いて、処罰するように決めてもらいたい。それはつまり読者に、相手の証拠と自分の証拠との、自分の反論と相手の反論との、そして最後に制度と制度との比較がさらに便利に行なえるようにするためなのだ」と。

㈥　個人個人の反対からひきだされた異論を解決するどころか、師はしばしば事物の公益を示すだけで満足している。まるで統治者自身が、自分の取りまき連中の利益に反して自己の利益に従うことができるようである。

㈦　師。「人々はそれほど仕合わせではないので、自分たちが選ぶ統治形態にかならず不安を抱くという難題をかならず抱える。だがもっとも危険な形態は、権限を持っている連中がその権限を濫用しても罪にはなりえない場合である。これが私が専制主義と呼ぶものである。ところで、よく知られているように、要人は自分の行動で報告すべきことはなにもないと思っているので濫用したり、あれやこれやする。いわば専制主義である。」

㈧　師は公共の利益のほうを個々の利益よりも選ばせるものをばねと呼んでいる。

㈨　師。「私は十分に尽くして十分に報いられようと思う人たちを非難はしない。そうした人たちは善良ではなくとも正しいのだ。」

㈩　師。「国務顧問官はおたがいに監視しあっているので、このうえなく厳密な義務に反してまでなにかを行なう勇気はない。それゆえ、顧問官たち相互の嫉妬が国益に変わるのだと言うこともできる。」

㈡　師。「ポリシノディは、もっとも腐敗した〔政府の〕重臣が、国家と王の費用を用いて、ということはしたがって、それはもっともわずかにせよ王国の出費の形式をとるのだが、法外に金持になるには、つねにもっとも難しさを見出すような〔政府の〕形態だが」、それでもやはりほかの理由からそれ以上に費用がかかるだろう。

私。というのは、召使の給与や、役人の俸給や、そのほかの正当な特別手当に使う費用はつねに、詐欺行為や汚職行為で失われる同額の金より国民には負担が少ないし、政府にとってはそれほど危険な結果をもたらさないからである。

㈢　師。「最大多数の投票は全員一致と同じ効力がある。」

私。王は、それ自体でうまく運営されて、自分たちがなにも損なう余地のないような統治形態を望むだろうか。

㈢　師は偉大な統治者に、統治する能力があれば、もう少し視野の狭い元首のもとでも、政務がいわばそれ自体で運営されることができるようにしてもらいたいと思っている。だが、それと反対に、すぐれた判断力の持主は自分自身で統治したいと思い、懐しがられることをひそかに喜んでいる。薄弱な判断力の持主は自分自身の仕事だけで参ってしまい、たやすく難関を切り抜ける方法を他人に教える気力などまったくない。かろうじて重臣ないしは使用人の役を務めることができる平凡な人間が、どうすれば統治者と主人の役を務めることができるだろうか。

㈣　師。「偉大な天分の持主は、自分の票しか持たなくとも、やがてその同僚たちから当然ひとかどの者として認められ、したがって票決のさいには議長の職に選ばれる。そしてこの職が選挙によって交替するときは、ほかの者より多く議長となる。このようにして、この男はその仲間のあいだではその知識に釣り合った権威を持ち、したがって国家にはその才能に釣り合った奉仕をしている。」たとえば、「元老院においてキケロは、自分の票しか持っていなかった。」

㈤　師。「顧問会議の元議長は、総括顧問会議に席を持つことができるようにするために、次々と別の顧問会議に移るだろう。というのは、各総理は絶対に自分の前任者の意見とは違う自分の意見を持っており、各代表総理もまた、その前任者の意見でもその同僚の意見でもない自分の意見を持っているからである。」

㈥　「宰相は、非常に重要な計画でも、自分がその立案者でないような場合は、かねがね思っていたというだけの理由で、比較にならないほど利益の少ないほかの計画を施行するために、そうした計画を無視するにちがいない。」

㈦　私。寵臣たちは大多数の投票で、地位の多くがもはや自分たちの力には左右されず、もうその手先たちにも報いてやれないだろうということがわかるだろうか。

㈧　師。「人々に多くの活力を与える個人の利益はまた、はるかに多くの衝撃を政務に与える。」そしてこれこそ普通には君主政の政府を共和政以上に潑剌と、また活発にさせる点である。だがこうした衝撃はすべて、しばしば不規則で衝動的だし、共同の目的にのっとって整理されていないので、機構の全体の動きを助けるどころかしばしば〔損ない〕妨害する(四)。

(一九) 師。「女性が選ぶのは、重臣職に必要なすぐれた資質ではない。女性はこうした資質を知らないし、まったく意に介しない。女性は重臣には、どんなすぐれた資質よりも自分たちの野心と気まぐれな望みへの完全な献身しか要求しないのだ。」

(二〇) 師。「気まぐれな望みやこうした個々の利害はその点で思慮分別や理性とは違っている。つまり、利害はさまざまな人間のあいだでつねに対立しているが、これに反して、理性と一般利益とは協力して同じ目的をめざしている。」

(二一) 師。革命の起こる一般的な二つの原因。(1) 外国の勢力の侵入。(2) あまりにも強力になった臣民の簒奪。ところで君主政は、聡明にしかも一般利益の方を向いて統治されればされるほど、外国との戦争はしがたくなるだろうし、権限は多くの構成員のあいだで分割されればされるほど、各構成員の手中では大きくもならず、危険にもならないだろう。

(二二) 師。「私は、ある人たちにとってはあまりにも明白すぎてくだくだしすぎるほうが」と師は言っていた。「大多数の人にとってはあまりにも簡潔すぎてわかりにくいのよりも好きだ」と。

私。どうして師には、それと反対に、十分に詳しく述べた推論が少数の人にしか理解されず、大多数の人には絶対にそれほど簡潔ではないということがわかっていなかったのか、というのは、師によれば、ささいな手落ちというものは、大きな主題にややもすると見られるものだからだ。それに師は題材に関しては非常に問題にしているのに、文体に関してはあまり問題にしてはいない。ところが、アカデミーの議論では文体だけが重要視されている。主題は無にひとしいからだ。

(二三) 師。「総括顧問会議のなかで分裂が生じた場合に、王や摂政、摂政王妃の権威がどれほどわずかでも、その分裂をしずめる程度の強さはつねにあるはずである。」
私。師が、ポリシノディが王国の権威のためにひき起こすはずの交替を十分に感じていた証拠である。おそらくそれは、師がこの新しい形態のなかで考慮に入れていた利益の一つでさえあったかもしれないが、師は自分の機構を損なうのを恐れて、この利益を隠していた。
㈣ どうして二十年ないし三十年の交流でも、総括顧問会議のなかで全員を正しく判断するために十分な各所管での経験を得られなかったのか。一人の総理が、自分一人ですべての政務を決定すれば、全員が各自の政務でひきつづいて仕事をしてきた、二十人ないしは三十人の顧問官よりも、政務を十分に検討することができただろうか、そして知っているはずなのだろうか。この異議は、かつて二十人ばかりの文学者による百科全書の企画に対して行なわれた異議に似ているが、あの企画は、チェンバース(五)が大胆にもたった一人で実行したときはだれもなにも言わなかったのに、無鉄砲だと非難されたのである。
㈤ 医学の研究は政治学の研究ほど広汎な知識を要求しないが、とはいうもののたった一人の人間では。
㈥ 師。グロチウスの言葉はつねにリシュリュー枢機卿(六)の場合にはいつもうまくあてはまるが、ルイ十三世を無視している。「統治する者が王なのだ。(七)」
㈦ 師。公共の福祉より自己の利害をつねに主張する総理の施設においては、決議がすばやくてたびたび行なわれるほど、国家にとっては最悪となるだろう。
㈧ 師。「野心家ならば最高の地位に到達するために多大の犠牲を払うことは当然なことだが、それと同じように、出世して、その地位が十分に強固だとわかれば、そうしたすべてのいとわしい犠牲を平気で行なうのもまた当然なのだ。」

㉙　師。各顧問官に、自分が一員となっている社会の管理を完成する手段についての意見書を毎年出すよう強制すること。

㉚　師。ポリシノディの諸利益の一つは、新しい計画はすみずみまで詳しく検討してからでなければ軽率に採用しないということだし、不適当な計画がいついかなる時だろうと却下されることが確かであればあるほど、立派な計画が採用されることは確かだということである。

㉛　師。「政治学とは、卓越するためには三つの部門が要求される学問だ。すなわち、第一に、わかりにくい題材のもつれをほどいて明確にする洞察力。第二に、同時に多数の意見と報告とを理解し、比較する精神の広がり。第三に、そして、一つの推論の弱点と強さ、ならびにさまざまな手段がその目的に対して持つ必然的なもしくは必然的とはならない連繫にたやすく気づくための公正さ。

私。サン＝ピエール師はこの分類のなかで、同じ資質に恵まれた二人の人間にこの資質を異なったふうに利用させて、一人はある学問で、ほかの一人は別の学問で卓越するように導く自然の意向を忘れている。リシュリュー枢機卿の時代でも、ほかのたくさんの題材においては卿の天分とひとしいか、それともすぐれた天分の持主が百人ぐらいはいた可能性は実際にあったが、それにもかかわらず卿は政治の分野では、人より経験を積んだばかりでなく、はるかに高度にその才能を授かっていたために、全員のなかで第一人者となったのだった。私の考えによると、人間の精神をほかの学問よりもむしろある学問に導くのは訓練と慣習以外にはないとか、一人の人間が何事にも同じ勤勉さを示すならば、あらゆることに同じように成功するはずだとか考えているのは間違っている。

(三二) 私。そのことによって、サン＝ピエール師は特に政治に向いた才能はまったく持っていなかったことや、師は人々にもっとも役に立つ学問に対するのと同じように、理性によってのみ政治に専念したということが明らかにわかる。

(三三) 私。政治についてのすべての資質のなかで、もっとも必要なのは、公共の福祉を手に入れたいという真の欲求であり、たとえ天分によりその手段が見出せるとしても、その手段を求めさせるものは徳である。それゆえ、立派に統治するためには、才能とは別のなにかが必要となるし、他人の利益が問題となればたちまち、立派な魂が導かないかぎり、判断力はいつもうまく働かない。

(三四) 師。知識が均等になればなるほど、顧問会議のなかの矛盾は生まれなくなるだろう。

〔さまざまな断片〕私掠船《しりゃくせん》の根絶(八)

(三五) だが、われわれのあいだでは、立派な政治において自分自身のためをはかるより、他人に損害を与えるほうがはるかに重要だと考えないような政治家はまったくいない。

(三六) イタリアとスペインは、ヨーロッパの残りの国よりも近東諸国の商港やアフリカの沿岸地域の貿易にはずっと都合よい位置を占めているので、ほかの諸国民にとっては、自分たち自身もときどき利益を得ているこうした貿易をこの二か国民が確立するのを妨げるための、打ち勝ちがたい障壁を一つ存続させておくことが重要で、そうすればこの諸国民は、戦時中は私掠船からうける拿捕《だほ》により、また平時には私掠船の要求する贈物（九）によって失う以上のものを、おそらくときどきはこの独占的な貿易から手に入れる。これは少なくとも検討せねばならない事柄である。

（三七）〔……〕一国民を組織する〔仕組みを変える〕ことができると思っている人間は、いわば人間の本性を変えることができると自覚しているはずである。そうした人間は、自身が完全で孤立した全体である各個人を、この個人がいわば自己の生命と生存〔存在〕とを受けているようなさらに大きな全体の一部に変えねばならない。またいわば人間の骨組みをばらばらにせねばならない〔……〕（一〇）。

訳注

（一）この三七の『断片』のうち、十篇はテオフィール・デュフールにより『ルソー協会年報』第二巻に掲載された。この断片の全体は、サン＝ピエール師の文章とルソーの異議が交互に並べてあるので、その考え方の相違をうまく知ることができる。その場合、師の意見は、普通は『ポリシノディ論』（一七一九年版）からとり、「 」で示してあるが、ルソーは師の言葉をかなり自由に変えている。

（二）ローマの将軍の大スキピオ（前二三六―一八四）のことで、前二〇九年第二次カルタゴ戦役でローマの支配を確立した。前二〇二年ザマでハンニバルを破り、前一九〇年弟といっしょにシリアのアンティオコス三世の遠征に向かったが、老カトー一派の中傷にあって、公的生活を去った。

（三）アンティオコス三世（前二四一―一八七、在位前二二三―一八七）、ヘレニズム時代のシリア王で、衰退期の王国の回復をめざし、パルティアとバクトリアを従え、インド、アラビアに遠征したが、ローマと戦い、テルモピュライで敗れた。

（四）このあと、師は「だが打ち明けねばならないが、この衝撃は王家の未成年者や、老衰者や、愚か者たちのあいだでは、まったく弱まり、ひどく邪魔になる。」（『ポリシノディ論』の利益第一六章）

（五）イギリスで一七二八年に出た科学、芸術を抱括する『百科辞典《サイクロピーディア》』の著者（一六八〇―一七四〇）で、ディドロの『百科全書』をつくらせる動機となった。

（六）アルマン＝ジャン・リシュリュー（一五八五―一六四二）。ルイ十三世時代の宰相で、パリ大学で神学を学び、全身分会議に選ばれ、一六二二年に枢機卿となり、二四年にルイ十三世の顧問会議に入り、事実上の首相となる。高等法院の権限を弱め、地方の貴族の勢力を抑え、国王中心の絶対主義の確立をめざした。ユグノーを弾圧し、新教の禁止を緩和して、ハプスブルク家の支配を打ち破った。またアカデミー・フランセーズ（一六三五）の創立者でもある。

（七）　グロチウスの同じ言葉が『ポリシノディ論批判』に引用されている。
（八）　三六、三七の二編は、『サン＝ピエール師の野蛮な私掠船根絶案』（一七三三、ロッテルダム）に触発されてルソーが書いたもの。ヴォーン版に掲載された。
私掠船は私拿捕船とも言い、個人が所有し運航するが、政府の委任を受けて敵船を攻撃し、捕獲する船で、個人所有の点が正式の軍艦と、政府公認の点が海賊船と異なる。十三世紀頃から始まっているが、エリザベス朝時代のスペイン船に対する私掠船がもっとも有名である。
（九）　ヴォーンは presens（贈物）を prisons（牢獄）と読んでいるが、これでは少し意味が通りにくい。
（一〇）　『ジュネーヴ草稿』第二篇第二章、および『社会契約論』第二篇第七章「立法者について」という章の初稿のように思われる。

ヴォルテール氏への手紙

一七五五年のリスボン大震災をめぐる摂理論争

浜名　優美　訳

ヴォルテール氏への手紙(一)
一七五六年八月十八日

あなたが最近お書きになった二篇の詩が、隠遁している私の手元に届きました。私の友人たちはみな、私があなたの書き物を敬愛しているのを知っているとはいうものの、あなたからでないとすれば、いったいどこからこれらの詩が私のところへ届きうるのか私にはわかりません。私はこれらの作品に教訓とともに喜びを見出し、見事な出来栄えであると思いました。したがって私としてはご著書と写しに対してあなたにお礼を申しあげるべきだと思っています。御作のすべてが等しくよいと思われるとは申しあげません。それどころか、御作のなかで私の気に入らない事柄が、私を夢中にさせる事柄に対する信頼感をいっそうかきたてるばかりなのです。時にはあなたの詩の魅力から私の理性を守るのはなかなかの苦労ですが、私の感嘆の念をあなたの作品にますますふさわしいものとするためにこそ、努めてあなたの作品のすべてに感服しないようにいたします。

先に進むことにいたします。回り道をせずに申しあげましょう。これら二篇の詩に感得される見事さのことではありません。荷が勝ちすぎて私の怠惰をたじたじとさせそうです。私よりも器用な人々ならたぶん気がつく欠点のことでさえもありません。私があなたの教訓に対して持っていた好みをいまこの瞬間に混乱させている不快、このことをあなたに申しあげましょう。最初に読んだときの感動がまだ残っていますし、そのときには私の心はあなたの心の声を貪るように聞いておりました。あなたを兄のごとく敬愛し、師のごとく尊敬しながら、要するにあなたが私の意図のなかに真直ぐな魂の率直さを認めてくださり、また私の申しあげる言葉のなかに一人の哲学者に向かって語りかける真実の友の調子を認めてくださるのを心ひそかに期待しながら、申しあげることにいたします。さらに、あなたの二番目の詩〔『自然法に関する詩篇』〕が私を魅惑すればするほど、ますます私は遠慮なく最初の詩〔『リスボン大震災に関する詩篇』〕の敵方にまわることになります。なぜなら、あなたがご自身に異議を申し立てるのを恐れておられないのであれば、どうして私があなたのご意見に与するのを恐れることがありましょうか。あなたは自らあれほど反駁しておられる意見にあまり固執してはおられないと思わざるをえません。

　したがって私の不満はすべて、あなたのお書きになったリスボン大震災に関する詩篇に対してあるのです。なぜならあなたに着想を与えたと思われる人間愛《ユマニテ》にいっそうふさわしい結果を期待していたからです。あなたは、ポープとライプニッツがすべては善であると主張しながら、私たちの被った災難を侮辱していると言って非難し(二)、また私たちの不幸の光景を誇張するあまり、感情を悪化させています。私が期待していた慰めを得るどころか、あなたは私を深く悲しませるばかりです。私がどれほど不幸であるかを自分では十分わかっていないのではないかとあなたは懸念しておられるそうですが、すべては悪であると私に証明することによって、私の気持を大いに鎮静させていると思いこんでおられるようです。

　思い違いをしないでいただきたい。あなたの目論見とはまったく反対のことが起こっているのです。あなたは楽天主義を非常に残酷なものとお考えですが、しかしこの楽天主義は、あなたが耐えがたいものとして描いて見せているまさにその苦しみのなかで、私には慰めとなっています。

ポープの詩篇(三)は私の不幸を和らげて辛抱させるのですが、あなたの詩篇は私のつらい気持をかきたて、私を不平にかりたてて、希望をくじいてしまううえに、私からすべてを奪い取って、私を絶望に追いこんでしまいます。あなたの明らかにしていることと私の体験していることとのあいだには奇妙な対立がわだかまっていますが、私の心をかき乱す当惑を鎮めてください。そして、いったいだれが感情もしくは理性を濫用しているのかを教えてください。

「人間よ、辛抱したまえ」とポープとライプニッツは言っています。「汝の不幸は、汝の本性およびこの宇宙の構成の必然的な結果である。汝を支配している慈悲深い永遠の存在は、なんとかして汝を不幸から守ろうとしたのだ。永遠の存在は、考えられうるかぎりの世界の仕組みのなかから、最小の悪と最大の善とを結び合わせる世界の仕組みを選択したのだ。あるいは、(必要とあれば、同じことをさらにいっそうあからさまに言うと)慈悲深い永遠の存在がこれ以上よく行なわなかったのだとすれば、それはこれ以上よく行なうことができなかったということである(四)。」

さて、あなたの詩篇はどう言っているでしょうか。「不幸な者よ、永遠に耐えしのびたまえ。汝を創造したのが一人の神であれば、たしかに神は全能である。汝の不幸をすべて防ぐことができたのだ。だから不幸が終わるなどとけっして期待してはならない。なぜなら、苦しむため、死ぬためでないとすれば、なぜ汝が存在するのかわからないではないか(五)。」このような見解が楽天主義よりも、また運命そのものよりもどれほど多くの慰めになりうるかは知りません。私としては、本心を言えば、それはマニ教よりもはるかに残酷な教義だと思われます。悪の始まりという厄介なことのためにあなたが神の完全さのうちのあるものを変質させざるをえないならば、どうして神の善性を犠牲にして神の力を正当化したがるのでしょうか。もしこの二つの誤りのうちから選ばなければならないとすれば、私は神の力のほうがはるかに好きです。

あなたは自作が摂理に反する詩篇とみなされるのをお望みではありません。(六) そして私が人類自身に逆らって人類を弁護したある著作をあなたが人類に逆らう書物と評したにもかかわらず、(七) あなたの作品に摂理に反する詩篇という名をつけることは差し控えます。一人の著者のさまざまな意図と、その著者の主義から引きだされうるさまざまな帰結とは区別しなければならないことは知っています。私自身を正当に防衛するためにもっぱらあなたに見ていただかなければならないのは、〔『人間不平等起源論』において〕人間の悲惨を描いたとき、私の目的は、私の信じるところでは、無理もないものであって、称讃すべきでさえあったということです。なぜならば私は、人間がいかにして自分たちの不幸を自ら引き起こしたか、したがってどうしたらその不幸を避けることができるかを指摘したのですから。

精神的な悪の源は、自由な、改良された、頽廃に向かって進んでいる人間のほかには求められないと思います。また物理的・身体的な悪については、感覚能力があり、しかも無感覚な物質というものが一つの矛盾であるならば、私にそう思われるように、物理的・身体的な悪は人間がその部分をなしているどんな体系においても避けえないものです。(八) その場合には、問題は、なぜ人間は完全に幸福ではないのかということではいささかもなく、なぜ人間は存在するのかということなのです。さらに、大部分死というものはこれを早めさせる手筈が整っている場合だけはほぼ悪であるのを例外として、大部分の物理的・身体的な悪はやはり私たちの仕業であることを私は証明したと思っています。リスボンに関するあなたの主題から離れずに言えば、たとえば、自然のほうからすれば、なにもそこに七階や八階建の家を二万軒も集中させることはまったくなかったことを考えてみてください。そしてこの大都会の住民が実際そうであったよりも平均して散らばって、いっそう身軽に住んでいたとしたら、損害ははるかに少なかっただろうし、まったくなかったかもしれないことも考えてみてください。一回目の地震のときに全住民が逃げだしていたら、翌日にはそこから二十里のところで、何も起こらなかったときとまったく同じく陽気な人々の姿が見られたことでしょう。しかし、人は居残り、茅屋にしがみつき、新たな地震の揺れに身をさらします。なぜなら残してあるもののほうが持ちだすことのできるものよりも価値があるからです。この大震災で、ある者は服を、他の者は書類を、別の者は金を持ちだしたいがために、どれほど多くの人々が不幸にも命を失ったことでしょうか。その場合、各人の身体が自分のなかで最も価値のない部分となり果ててしまったこと、そのほかのすべてのものを失ってしまったときには、わが身を救うには及ばないことがあなたにはわからないのでしょうか。

リスボンよりもむしろどこか砂漠の奥地で地震が起こっていたらよかったのにとあなたは願っていたのですね（またどれが同じように願わなかったでしょうか）[九]。地震は砂漠でも起こるのかなどと疑うことがありましょうか。このことについては話さないことにします。なぜならば砂漠の地震は都市の人々、つまり私たちの考慮していた人間たちだけにはいかなる不幸ももたらさないからです。人里離れた場所に分散して住んでいるから、屋根が落ちることも家屋が燃えることも懸念することはない動物や未開人たちにさえ、ほとんど損害を与えません。けれどもそのような特権が何を意味することになるでしょうか。それでは、まるで世界の秩序は私たちの気まぐれに従って変わらなければならない、自然は私たちの法に従わなければならない、自然に対してある場所での地震の発生を禁じるために、私たちはそこに一つの都市を建設するほかはない、とでも言うべきなのでしょうか。

考察する局面によっては、しばしば私たちに強い印象を与える出来事があり、また仔細に検討してみようとすると、一見すると非常に恐怖感を与えるが、この恐怖感のなくなってしまう出来事もあります。一つの死が速められることはかならずしも一つの現実的な悪というわけではないこと、またそれはときとして一つの相対的な善とみなすことができることを、私は『ザディグ』で学びましたし（一〇）、この私の気持を自然は日ましに固めさせています。リスボンの瓦礫の下で押しつぶされた多数の人々のうち何人もがたぶん最大の不幸を免れました。そのような記述が感動的であり、詩の材料を提供するにもかかわらず、その不運な人々のうちたった一人でも、通常の事のなりゆきで、長く続く不安のなかで不意に襲ってくる死を待ち望んだ場合以上に苦しんだかどうかは確かではありません。甲斐のない手当に悩まされ、公証人と相続人たちが息をつかせてくれず、医師たちが患者を床のなかで安楽死させ、そして野蛮な司祭どもが巧みに死を味わわせる瀕死の人の最期よりも悲しい終わりがあるでしょうか（一一）。私としては、至るところで見ていることなのですが、自然が私たちを不幸にしてしまうことは、私たちが自然につけ加えてしまう不幸に比べてはるかに残酷ではありません。

しかし、立派な諸制度の力で私たちの悲惨をどんなに巧みに助長することができようとも、現在までのところ、生きることを一般に私たちに厄介なものにし、存在よりも無のほうがましだと思うほどには、私たちはおのれを改善することができていないのです。そうでなければ、落胆と絶望とがやがて大多数の人をとらえてしまい、人類は長く存続しえなかったことでしょう。ところで、私たちにとっては、存在しないよりも存在するほうがよいのだとすれば、それだけでも私たちの存在を正当化するには十分でしょう。それにしても私たちは苦しみを味わうはずの不幸を待ち受けることになんの埋め合わせになるものも持たず、またその不幸はあなたのお書きになったのと同じくらい大きいものでしょう。しかしながら、この主題について人々のなかに誠実さを、哲学者には正確な予測を見出すのは困難なことです。なぜならば、哲学者は、幸福と不幸とを比較しながら、他のあらゆる感覚とは無関係に、存在の甘美な感情をつねに忘れ去っているし、また死をあざわらう虚しさは他人に生命を中傷するように促すものだからです。染みのついた衣服と鋏を手にして、染みよりも破れ穴のほうがいいわと言うあの女たちとほとんど同様です。

　あなたはエラスムスと同じく、ほとんどの人々は自分が生きたと同じ境遇に生まれ変わることは願うまい、とお考えです(一二)。けれどもあとで大いに割引するような人は、売買契約を結ぶいくらかの望みがあれば、自分の商品を非常に高い値段につり上げておくものです。そのうえ、それに関してあなたが意見を求めただれを信じたらよいのでしょうか。おそらく、偽の楽しみにはあきあきしているのに、ほんとうの楽しみは知らず、つねに人生にうんざりしているくせに、いつも人生を台無しにしてしまうのではないかとびくびくしている金持連中ですね。あるいは、あらゆる種類の人間のなかで、最も家にこもりがちで、最も不健全で、最も思慮深い、それゆえ最も不幸な文学者たちですね。あなたは、もっと協調性のある人々を、すなわちせめて一般にもっと誠実で、大多数を構成しているから、少なくともそのことについては特に話を聞いてもらえるにちがいない人々を見つけようとしておられるのでしょうか。それならば、計画も野望も持たず、無名の穏やかな一生を送る誠実な市民に、腕一本で快適に暮らしている立派な職人に、そして私たちを養うためには農民が飢え死にしてしまうにちがいないと言われているようなフランスの農民にではなく、たとえばあなたのお国〔ヴォルテールの居住地はスイスに隣接〕の、そして一般的に言ってすべての自由な国の農民に意見を聞いてごらんなさい。ほとんど自動人形に近い生活を不満に思うような、そしてまさに楽園のような場所で、そういうふうに永久に細々と暮らすために、たえずよみがえるという契約を自分から進んで受け入れないような山岳住民は、高ヴァレ地方にはおそらく一人としていないのではないかと考えます。このような違いから私が思うのは、私たちはしばしば人生を濫用しているということであり、その濫用が私たちにとって人生を重荷にしているのだということです。そして私は、生きたことを悔んでいる人々よりも、大カトーが次のように語ったのと同じことを言える人のほうがはるかによいと思います。私ハ生キタコトヲ後悔シテイナイ、トイウノモ私ハ生マレタコトガ無駄デハナカッタト思エルヨウニ生キタカラダ。（一三）以上のことは、自然または運命が賢者に出発の命令を非常にはっきりと伝えるときに、賢者が、不平の声を漏らすことも絶望することもなく、ときにはよろこんで立ち去ってゆくことがありうるのを妨げるものではありません。しかし、通常の事の成り行きで、人間の生活にどんな悪の種子が播かれているとしても、すべてを考え合わせてみると、人間の生活は悪い贈り物ではありません。また死ぬことはかならずしも悪ではないとすれば、生きることが悪であるのはきわめてまれなことなのです。

　以上すべての問題について、私たちのあいだでは考え方が異なっていますから、あなたが挙げたいくつもの証拠がなぜ私に対してほとんど決定的なものではないのかがわかります。なぜならば、人間の理性は真理の鋳型よりも私たちの意見の鋳型のほうをどれほど容易に選んでしまうかを知らないわけではありませんし、また反対の意見を持つ二人の人間のあいだでは、一方が論証したと思っていることが、しばしば他方にとっては詭弁でしかないことを知らないわけでもありませんから。たとえば、あなたは、ポープがあれほど見事に記述した存在の連鎖（一四）を攻撃するとき、この世界から一つの原子を取り除いたら、世界は存続しえないだろうなどというのは真実ではないと言っています。あなたはそこではド・クルーザ氏（一五）の見解を引用し、ついで次のようにつけ加えています。自然は、いかなる精密な寸法にも、またいかなる精密な形にも縛られることはない。いかなる惑星といえども絶対に規則正しい曲線を描いて動くわけではない。いかなる既知の存在も正確に数学的な図形ではない。いかなる正確な数量も実験のためには必要ではない。自然はけっして厳密に動いてはいない。したがって、地球上のつまらぬ一つの原子が地球破壊の原因になるなどと断言するいかなる理由もありはしない、と。率直に申して、以上のすべてについて、私は推論の力よりも断言の力のほうにびっくりしているし、この場合には、あなたの挙げた証拠よりもあなたの権威のほうを信用して譲歩いたします。

　ド・クルーザ氏に関しては、私は氏がポープに対して書いた反論を少しも読んだことがないので、おそらく氏の意見に耳を傾けるわけにはまいりません。けれどもきわめて確実なことは、私があなたと争うことになる問題を氏に譲ることはあるまいということと、氏の権威も証拠もともにほとんど信用していないということです。自然は数量と図形の精密さに少しも縛られないと考えるどころか、私はまったく反対に、自然だけは厳密にその精密さに従っていると思います。なぜなら自然だけが目的と手段とを正確に比較することができ、抵抗に応じて力を測ることができるからです。そのようないわゆる不規則性については、それらにはすべてそれぞれの物理的原因があるのを疑うことができるでしょうか、またそのような原因の存在を否定するためには、原因を認めないだけで十分でしょうか。この見かけの不規則性は、既知の法則とまったく同様に自然が忠実に従っている、私たちの知らないいくつかの法則にたしかに由来しています。あるいは、私たちは気がついていないけれども、障害または協力がどんな作用においても一定の量を持っている、なんらかの動因に由来しています。さもなければ、原理のない作用があり、原因のない結果があるのだとはっきり言わなければならなくなるでしょう。しかしそのように言うことはどんな哲学にとっても反発を引き起こします。

均衡はとれているが不等の二つの分銅を考えてみましょう。小さいほうの分銅に二つの分銅の差をなしている量を足してみましょう。二つの分銅がまだ均衡を保ったままならば、結果のない原因があることになります。均衡が破られるならば、原因のない結果があることになります。しかし、分銅が鉄でできていて、二つの分銅のうちの一方には微量の磁石が隠れているとすれば、その場合には自然の精密さは一方の分銅から精密さの見かけを奪ってしまい、正確さの力で、自然の精密さは見かけの精密さを欠いているように見えるでしょう。物質界には、私がいま重さについて提出したばかりの例に似たなんらかの実例を、その図形や作用や法則に適用することのできないような、ただ一つの図形も、ただ一つの作用も、ただ一つの法則も存在するわけではありません。

あなたのお説では、いかなる既知の存在も正確には数学的な図形ではありません。そこでお尋ねいたしますが、数学的でないなんらかの図形が存在するでしょうか、またこのうえもなく奇妙な曲線でも、私たちの視覚における完全な円と同じく、自然の眼には規則的ではないでしょうか。さらに私の想像するところでは、なんらかの物体がこの見かけの規則性を持つことがありうるなら、それは、宇宙を充溢した限られたものと考えてみた場合の宇宙そのものにほかならないでしょう。なぜなら数学的な図形は抽象観念でしかないのだから、そのような図形は抽象観念そのものとしか関係を持たないからです。これに反して、自然の物体のありとあらゆる図形は他の物体に関係があり、またそれらの物体を変形させる運動に関係があります。したがってこれでは、たとえ「精密さ」という語によってあなたの言おうと思っていることに私たちが同意したとしても、自然の精密さに反することを何ひとつとしてまだ証明したことにはならないでしょう。

あなたは、結果のある出来事と、少しも結果のない出来事とを区別しています。私はその区別が確固たるものかどうかは疑問だと思います。どんな出来事でも必然的に精神的ないし物理的・身体的、または両者から成るなんらかの結果を持つものだと思われます。ただし出来事の繋がりというものは人間の家系をたどるよりもなおいっそう困難ですから、かならずしも人々がそれに気がつくとはかぎりません。一般に、結果を産みだす出来事よりも重要な結果を求めるはずはないので、結果が確かなものであろうとも、原因のつまらなさがしばしば検査をばかばかしいものにしていますし、ほとんど知覚しえないいくつもの結果が合流して一つの重要な出来事を産みだすこともしばしばあります。さらに、ある結果は、たとえそれを産みだす物体の外で作用しようとも、とにかく生じるのです。したがって、四輪馬車がまきあげる砂埃は、車の進行に対しては何もしないかもしれないが、世界の運行には影響があるかもしれません。しかし何一つとして宇宙に無縁なものはないのですから、宇宙で生じることはすべて必然的に宇宙そのものに作用を及ぼすわけです。したがって、あなたの挙げた例は説得的というよりはむしろ巧妙だと思われます。ある日ブルゴーニュの跡継ぎの姫君がきちんと髪を結っていたのか下手に結っていたのかがなぜヨーロッパにとってはどうでもよいことではなかったのか、また、カエサルが元老院で処罰された日、元老院に行く途中で、眼を右に向けたのか左に向けたのか、またどちら側に唾を吐いたのかがなぜローマの運命にとっておそらく無関係ではなかったのか、そのもっともらしいいくつもの理由が私にはわかっています。(一六) ひと言で言えば、パスカルの引用した砂粒(一七)を思い出しながら、私はいくつかの点に関してはあなたのお書きになった婆羅門(一八)の意見に与していきます。そして人々が事態をどのように考えようとも、ありとあらゆる出来事が眼に見える結果を持つのではないとしても、すべて現実的な結果を持つことには議論の余地がないと思われますし、人間精神は造作なく結果の筋道を見失ってしまうのですが、結果は自然によってけっして取り違えられることはありません。

あなたのお説では、天体がまったく抵抗のない空間のなかを公転していることは証明済みのことです。たしかにそれは論証しなければならない肝心なことでした。しかし無知な者のならわしで、私は自分の理解能力を越えてしまう証明などはまったく信じません。私自身にわかるようにするには、およそ次のように考えたらよいのではないかと思います。

ある力はある法則によって作用するのであるから、抵抗のない空間の中心においては天体に対してある運動を与えるにちがいない。ところで天体は正確には計算された運動をしているのだから、抵抗はまったく存在しない。しかし、真の法則をさておいて、無数の別の法則はおそらく存在しないかどうかなどということをだれが知りえましょうか。そして同じ運動であれば、真空状態で真の法則によって説明されるよりも、その他の法則によって流体のなかで説明されるほうがはるかによく説明されるとでも言うのでしょうか。真空の恐怖は、それ以来空気の作用のせいにされてきた大部分の結果を長い間説明してこなかったでしょうか。ついで別の実験が真空の恐怖を消滅させたときには、すべてが完全ではなかったのでしょうか。新たな計算にもとづいて真空を復元しなかったでしょうか。なおいっそう正確な一つの理論体系がふたたび真空を消滅させることはないなどと、いったいだれが請け合いましょうか。一人の物理学者が光の性質や光を受ける空間の性質についてたぶん出くわす数限りない難題には触れないでおきましょう。しかし、あなたと同じく私もその所説に関しては賢さと慎みとに感服しているベール(一九)ならば、あなたの見解は証明済みのことだと考えるだろうと本気でお考えですか。一般に、懐疑論者は独断的な調子をとるとたちまち、少しかっとなるようですし、「証明する」という用語をだれよりも控え目に用いるにちがいないと思われます。あまりにも多くの事柄を断言しながらも、何も知らないことを売り物にするような場合、人に信じてもらえる方法があるでしょうか。

そのうえ、あなたは、被造物と創造主とのあいだにはいかなる比例的漸進も存在しないこと、そして創造された存在の連鎖が神に到達するとしても、それは神がその存在の連鎖を仕上げて閉じるからではなくて、存在の連鎖を保持しているからだということを指摘することによって、ポープの説にまさに適切な修正をお加えになりました(二〇)。

部分の幸福に優先する全体の幸福について、あなたは人間に次のように語らせています。「考えると同時に感じる存在としての私は、主にとっては、おそらく少しも感覚を持たない惑星と同じくらい大切であるにちがいない。(二一)」おそらくこの物質的宇宙は、その作者には、考えると同時に感じる唯一の存在以上に大切であるはずがありません。しかし、考えると同時に感じるすべての存在を産みだし、保存し、永続させているこの宇宙の体系は、宇宙の作者にとっては、それらの存在のたった一つよりも大切であるにちがいありません。それゆえ、宇宙の作者は、その善意にもかかわらず、いやむしろその善意そのものによって、全体の保存のためには個人のいくらかの幸福を犠牲にすることがあるのです。私は、自分が神の眼にはある惑星の土地よりも価値があると映ると思いますし、またそうであることを希望します。けれども、ありうることですが、惑星に人が住んでいるとしたら、神の眼からすれば、なぜ私が土星のすべての住人以上に価値があることになるのでしょうか。このような考えを物笑いにしようとしてもむだなことで、すべての類推がそのような住民に味方することは確実であり、これに反対するのは人間の傲慢さでしかないことも確かです。ところで、そのような住民を想定した場合、宇宙の保存ということは、神自身にとって、一つの道徳性を持つと思われますが、その道徳性は人の住む世界の数に応じて増大するものです。

ある人の死骸が蛆虫(二二)や狼や植物を養い育てるとしても、そのことは、はっきり言って、その人間の死の埋め合わせをすることにはなりません。けれども、宇宙の体系において、人類の保存のためには、人間と動物と植物とのあいだに物質の循環が存在することが必要であるなら、その場合には、一個人の特殊な不幸は全体の幸福に寄与します。私が死ぬ、すると私は蛆虫に食べられる。だが私の子どもたちや兄弟は、私が生きてきたように生きていくだろう。そして私は、コドロス、クルチウス、デキウス親子、フィレーヌ兄弟(二三)、そしてその他多くの人々が人類の小部分に当たる人々のために進んで行なったことを、自然の命ずるところによって、すべての人々のために行なうのです。

あなたが攻撃している説に戻れば、いかなる哲学者もその存在をいままでに否定したことのない特殊な不幸と、楽天主義者の否定している一般的不幸とを気をつけて区別せずには、その説を適切に検討することはできないと思います。私たちめいめいが苦しんでいるか、そうではないかを知ることが問題なのではなくて、宇宙が存在したのはよいことなのかどうか、また私たちの不幸は宇宙の構成上不可避であったのかどうかを知ることが問題なのです。したがって、冠詞を一つつけ加えることで命題はいっそう正確になるだろうと思われます。「すべては善である」Tout est bien と言う代わりに、「全体は善である」Le tout est bien と言うか、または「すべては全体にとって善である」Tout est bien pour le tout と言ったほうがよいでしょう。その場合、きわめて明白なことですが、いかなる人も賛成でも反対でもその直接的証拠を示すことはできますまい。なぜならそのような証拠は、世界の構成と世界の作者の目的とを完全に知っていることにかかっているからで、またそのような知識は明らかに人間の叡知を超えたものだからです。楽天主義の真の原理は、物質の特性からも宇宙の機構からも引きだされるはずのものではなく、もっぱら帰納法によって、すべてを司る神の完全さから引きだされるはずです。したがって、ポープの説では、神の存在を証明することにはなりませんが、神の存在によってポープの説は証明されます。そして悪の起源の問題は、疑いもなく、神の摂理の問題から派生してきたのです。もしこの二つの問題で悪の起源の問題よりも神の摂理の問題のほうが十分に論じられていないとすれば、それは神の摂理についてつねにひどくまずい推論をしてきたからであり、また神の摂理について不条理なことを言ったことが、あの偉大な慰めになる教義から引きだせるはずのすべての必然的帰結をひどくもつれさせてしまったからです。

神の根拠を台なしにしてしまった最初の人々は、聖職者と信心家であって、彼らは何かが既成の秩序に従って行なわれることが我慢できず、しかも純粋に自然的な出来事にもつねに神の正義を介入させるし、自分たちの所業に自信があるために、邪な人々を罰したり懲らしめたりし、また出来事によっては、善良な人々を善悪にかかわりなく試煉にかけたり罰したりします。私としては、それがご立派な神学というものなのかどうかは知りませんが、賛成の立場に立つか反対の立場に立つかを区別することもなく神の摂理の証拠をそのいずれにももとづかせることや、神の摂理がなくても同じように行なわれることをすべて見境もなく摂理に帰することは、間違った考え方だと思います。

さて、こんどは哲学者たちですが、自分たちが平然としてはいられないことについては天を非難し、歯が痛いとか、貧乏であるとか、物を盗まれたときには、もう何もかもだめだと叫び、そしてセネカが言っているように、自分たちの荷物の管理を神に委託する(二四)のを見ていると、哲学者たちはそれほど分別があるとも思われません。もしもカルトゥーシュ(二五)またはカエサルが何か悲劇的な事故のために幼年時代に命を落としていたなら、人々は、彼らがどんな罪を犯したというのか、と言ったことでしょう。この二人の悪党が生きたので、私たちは、なぜ彼らを生かしておいたのか、と言うわけです。反対に、ある信心家は、前者の場合については、神は父親からその子どもを奪うことによってその父親を罰しようとしたのだと言うでしょうし、後者については、神は民衆を懲らしめるために子どもの命を永らえさせたのだと言うでしょう。したがって、自然がどちらの行き方を選んだとしても、神の摂理は、信心家においてはつねに正しく、哲学者においてはつねに間違っているのです。おそらく人間的な事象の世界では、すべては共通の法則にもとづいており、だれに対しても例外はないのですから、神の摂理は間違いでもなければ正しくもないのです。宇宙の支配者の眼から見れば個々の出来事はこの世では何ものでもなく、その摂理はひたすら普遍的であって、神は、類と種とを保存すること、および各個人がその短い人生を過ごす方法については心を煩わさずに、すべてを司ることで満足しているのだと考えられます。めいめいがその国家において幸せに生きてほしいと願っている聡明な王が、居酒屋がよいものかどうかを知る必要などありましょうか。居酒屋がまずければ、客は一晩は不平を言っても、その他の日々はそんな当を得ない辛抱心のなさを自ら笑うだけです。自然ハ我々ガ通リガカリノ客トシテ地上ニアルコトヲ望ンダノデアッテ、住人トシテデハイササカモナイ。(二六)

この点に関して正しく考えるためには、事柄は、物質的次元では相対的に、精神的次元では絶対的に、考察されなければならないようです。それゆえ、私が神の摂理について抱きうる最も主要な観念は、それぞれの物質的存在は全体のために可能なかぎり最善に配列されているし、知性と感性とを備えた存在はめいめい自己自身のために可能なかぎり最善に按配されているというものです。これは、別の言葉で言えば、おのれの存在を感じる者にとっては、存在しないよりも存在するほうがよいということを意味しています。しかし、この規準を、人間の生命のような、感性を備えた存在めいめいの持続期間のいくつかの特定の瞬間に適用するのではなくて、そのような存在めいめいの全持続期間に適用しなければなりません。このことは、神の摂理の問題が霊魂の不滅の問題とどれほど深く関係しているかを示しています。理性がこれに疑いを持ちうることを知らないわけではありませんが、幸いに私は霊魂の不滅を信じています。またあなたも私も、神について多くを考える人もけっして信じるとのない、煉獄の永遠性の問題とどれほど深く結びついているかを示しています。

このようなさまざまな問題をその共通の原理に引き戻してみれば、それらはすべて神の存在に関する問題に関係していると思われます。もし神が存在するなら、神は完全です。神が完全であるなら、神は賢明で、万能で、正義にかなっています。神が賢明で、万能であるなら、すべては善です。神が正義にかなって万能であるなら、私の霊魂は不滅です。私の霊魂が不滅であるなら、三十年の命は私にとっては何でもないものであり、しかも宇宙の維持にたぶん必要なのです。最初の命題の正しさを認めるならば、けっしてそのあとにつづく命題をぐらつかせることはありますまい。しかしもし否定するならば、その結果についてはいささかも議論する必要はありません。

あなたも私も、どちらも後者の、否定する立場ではありません。少なくとも、あなたの著作集を読むとき、私は、あなたの立場に似たものが何もないと思うどころか、大部分の著作が神性についての最も偉大な、最も穏やかな、最も慰めになる考えを私に提供してくれます。だから、私はソルボンヌ〔神学部〕独特のキリスト教徒よりもあなたなりのキリスト教徒のほうがはるかに好きです。

私はどうかと言えば、馬鹿正直に申しあげますが、この点については理性の光によって賛成も反対も論証されているとは思われません。また、有神論者がその見解を蓋然性にもとづいてしか確立していないとすれば、無神論者は、なおいっそう精密ではないので、反対の可能性にもとづいてしかその見解を確立していないと思われます。そのうえ、さまざまな異論は、あちらでもこちらでも相変わらず未解決のままです。なぜならば、人間が少しも本当に考えもしない事柄を中心に異議が申し立てられているからです。私は以上すべてを認めてはいますが、それでも他のなんらかの真理を信じるのとまったく同じくしっかりと神の存在を信じています。なぜなら信じることと信じないこととは、少しも私の勝手にできない事柄であるからで、また疑いの状態というのは私の魂にとってはあまりにも激越な状態であって、私の理性がふらついた場合には、私の信仰は長いあいだ宙ぶらりんのままでいることはできないから、理性に頼らずに自己の態度を決めるからです。要するに、無数の気に入った主題が最も慰めになる側に私をひきつけ、希望の重さを理性の均衡に加えるからです。

〔思い出してみると、私の生涯において、宇宙の偶然的な配列について最も強烈に私の心を打ったのは、〔ディドロの〕『哲学断想』第二一で、そこでは運の分析法則〔確率計算〕によって、骰子の投擲の回数が無限である場合には、出来事の起こりにくさは骰子を投げる回数の多さによって相殺されてあまりあるということ、したがって精神は、宇宙の実際の誕生よりも渾沌がつづいたという仮説のほうに驚かなければならないことが証明されています。(二七)——これは、運動を必然的なものだと考えてみた場合、いままでこの議論について語られたことでこれほど私の好みにしっくりするものはないものです。ところで私はどうかと言えば、はばかることなく申しあげますが、運動が物質にとって本質的であるにせよ、人が知りえないことを間違ったこととして否定するのではないかぎり、この問題について真でも偽でもない、常識のある答えを少しも知りません。他方、有機的物体の発生と胚種の永続性とがいままでに唯物論で説明されたことがあるなどということは聞いたことがありません。けれども、この相対立する二つの立場のあいだには、両者ともに同じように説得的だとは思われるが、後者の立場だけが私を納得させるという違いがあります。前者については、『アンリアード』(二八)がさまざまな活字の偶然の投擲から出来上がったものだと人々が言ったとしても、私はためらわずにそんな説は否定します。私の精神にとってそう考えることが可能であるというよりもむしろ運がそのように導くことのほうがいっそうありうることです。しかし、私にとって精神的に不可能な事柄が物質的に確実なことに匹敵する一点があるのがわかります。時間の永遠性について私に語ったところでむだなことでしょう。私は永遠性を少しも経験したことがありません。骰子の投擲の回数が無限であることについては、私はその回数を計算したことがありません。そして私の疑い深さは、どんなに哲学的ではないと人が思おうとも、その点については論理的証明そのものに打ち勝ってしまいます。しかし、これに関して私が「感情の証拠」と名づけているものを、人が「偏見」と呼んだところで少しもかまいません。また、信念のそのような強情さを一つの模範と思っているのでもありません。しかし、たぶんたぐいまれな真心をもって、私はそういう強情さが私の魂の抑えられぬ傾向だと思っていますから、何ものもこれを乗り越えることはけっしてできないだろうし、これまでに私はそれについて不平を言うようなことは少しもありませんでした。また、人がこの傾向を非難すれば残酷におちいらざるをえないでしょう。」

したがって、そこに私たち二人がともに出発点とする一つの真理があり、その真理を支えとして、あなたは、楽天主義はどんなに擁護するのがたやすいか、神の摂理は正当化するのがどんなに容易であるかがおわかりのはずです。だから、この主題についてあれほどたびたび論じられてきた、言い古されてはいるが堅固な推論を繰り返さなければならないのは、あなたに対してではありません。この原理を認めていない哲学者たちに対しては、これらの事柄について彼らと論争する必要は少しもありません。なぜなら、私たちにとって感情の証拠でしかないものは、彼らにとって論証になるはずがないし、一人の人間にむかって、「ぼくがこのことを信じているのだから、君もこれを信じるべきだ」と言うことは道理にかなった話ではないからです。彼らとしても、この同じ問題に関して私たちと論争するはずはまったくありません。なぜならこのような問題は、ある誠実な敵対者が辛うじて哲学者たちに対抗させている主命題の必然的な帰結でしかないからで、また哲学者たちとしても、敵対者の根拠として役立っている命題とは無関係に派生命題を証拠として挙げることが必要になれば、自分たちのほうが間違っていることになってしまうからです。思うに、哲学者たちは、別の理由からしても、そんなことをするはずがありません。どういうことかと言えば、それは、彼らに教えてやりたいことが確実なことでも有益なことでもない場合に、安らかな魂を混乱させたり、まったくむだに人々を困らせたりするのは無情なことだということです。ひと言で言えば、あなたをお手本にして、社会の平安を乱す迷信をどんなに激しく攻撃しても、また社会を維持する宗教をどんなに尊重しても足りないぐらいだと思います。

しかし私は、あなたと同様に、各人の信仰が完全な自由の状態にないことと、人間が侵すことのできない良心の内部をあえて取締まろうとすることに憤慨しています。あたかも、少しも論証されたことがない問題について信じるか信じないかは私たちしだいであるかのようであり、また、あたかも理性を権威に隷属させることができるかのようでもあります。いったい、この世の王たちに、あの世でもなんらかの監督権があるのでしょうか。また、臣下を天国に行かせるためには、この世で臣下を苦しめる権利が彼らにあるのでしょうか。とんでもありません。すべて人間の統治は、その本質からして、市民的義務に限定されています。あの詭弁家ホッブズがなんと言ったか知りませんが、一人の人間が立派に国家のために尽くしているとき、その人は自分が神に仕える方法についてはだれに対しても責任がないのです。(二九)

この正しい存在が、その名で行なわれているありとあらゆる暴政を、いつの日か、絶対に罰することがないのかどうかは知りません。しかし、少なくとも、神はその暴政の片棒を担ぐことはないし、有徳で誠実などんな不信心者にも永遠に幸福を授けるのを拒むことはないということは確かだと思います。ある真直ぐな心の持主が不本意にも犯してしまった過ちを贖うかどうか、また、非の打ちどころのない風俗が、人の手で定められたが理性によって退けられる無数の奇妙な崇拝に十分に匹敵するのかどうかを疑ったりしても、神の善意と正義を侮辱することにならないですむでしょうか。さらに申しましょう。もしも、私の好き勝手に、自分の信仰を犠牲にして行為を買い取ることや、徳の力で私の仮の不信仰を埋め合わせることができるならば、私は一瞬たりともためらうことはありますまい。そして、いつの日か言わなければならないように、「ああ！　私はあなたを愛していましたのに、あなたを侮辱することをやめませんでした。あなたを識りましたが、あなたのお気に召すためには何一つ行ないませんでした」と言うよりは、次のように神に言うことができたらよいのにと思っています。「私はあなたのことを考えないで、あなたの意にかなう善いことをしました。また私の心はそれと知らずにあなたの意志に従っていました」と。

白状いたしますが、法が強制しうる一種の信仰告白があります。[三〇]けれどもそれは、道徳と自然法の諸原理の外では、まったく否定的であるにちがいありません。なぜなら社会の土台を攻撃する宗教が存在することがありうるからであり、また、国家の平和を確保するには、手始めにそのような宗教を駆逐しなければならないからです。放逐すべき教義のなかで、不寛容が最も醜悪なものであるのは異議のないところですが、その根源において捉えておく必要があります。というのは、最も残忍な狂信家どもは、風向きしだいで言葉を変えてしまうし、自分たちがいちばん強い者ではない場合には、忍耐と優しさだけを説教するからです。だから私は、自分の信じていることをすべて信じなければ善人にはなりえないと思いこんでいて、自分と同じように考えない人をすべて情容赦なく罵倒する人をすべて、原理的に不寛容な人と名づけています。実際、信者というものは、神に見放された者をこの世にそっとしておく気はほとんどありません。また、地獄に堕ちた人々とともに生きるのだと思っている聖人は、好んで先回りして悪魔の仕事を妨げようとします。人々に何も信じないよう強いたがる不寛容な不信心者がいるとしたら、私はやはり、自分の気に入っていることならなんでも人々に信じさせたがる人々を追放するのと同じくらい厳しく彼らを追放することでしょう。

したがって私は、それぞれの国家には一つの道徳的法典、すなわち一種の市民的信仰告白があればよいと思います。それは積極的には、各人が認める義務がある社会的行動基準（三二）を含み、消極的には、不信心者としてではなく、謀反人としてはねつけなければならない狂信的な行動基準を含みます。だから、この法典と折り合える宗教はすべて認められるが、それと折り合いのつかないような宗教はすべて放逐されるでしょう。そして、各人がこの法典そのもの以外に少しも宗教を持たないのは自由です。丹念に書かれるこのような著作は、かつて書かれたもののなかで最も有益な、また人々にとっておそらく唯一必要な書物になると思われます。それこそあなたにふさわしい主題です。だれでもあなたの詩をやすやすと覚えることができ、あなたの著作では輝いているが、ごりごりの信心家にはつねに欠如している優しさと人間愛の感情を、子どものときから各人がそれぞれの心に持てるようにするために、あなたがそのような著作を企て、あなたの詩で美しいものにしようとすればよかったのにと心から熱望しているしだいです。少なくともあなたの魂には気に入るはずのこの計画をじっくり考えてみてくださるようにと切にお勧めいたします。あなたは『自然宗教に関する詩篇』のなかで、人間に関する教理問答《カテキスム》を私たちに提示なさいました。こんどは、私があなたに書いてくださるように提案している詩篇で、市民に関する教理問答を提示してください。それは、人類に対する善行によって、いまだかつて文学者がたどってきたこともないほどの輝かしい経歴を完成するために、長いあいだ熟慮しなければならない、また、おそらくあなたの最後の著作のために取っておくべき題材なのです。

その点について、この手紙の主題ではあなたと私とのあいだにたしかに奇妙な対立点が一つあることを指摘せずにはいられません。栄光に満ち足りて、空しい栄華から覚めたあなたは、あり余る富のなかで自由に生きておられます。不滅をたしかに確信して、あなたは霊魂の本質について哲学上の問題を平穏に思索しておられます。しかし、もしも肉体または心が苦しむようならば、あなたはトロンシャン(三一)を医師とも友ともなさるでしょう。それでもあなたはこの世では悪の存在にしか気がつかないのです。そしてこの私、無名で、貧乏で、ある不治の病に苦しめられている私は、隠遁地で瞑想にふけることに喜びを覚え、すべては善であると思っています。この明らかな食い違いは、いったいどこに由来するのでしょうか。あなたはそれをみずから説明なさいました。つまり、あなたは楽しんでおられるのですが、私は希望を持っているのです。そしてその希望がすべてを美しいものにするのです。

あなたがこれを読み終えるのにおかけになるのと同じくらいの苦労をしてこのうんざりする手紙を書き終えることにします。偉大なる人よ、たぶん慎みを欠いたこととは思いますが、もし私がこれほどあなたを尊敬していなければ、あなたに対して披瀝することのないような熱意をお許しください。私がその才能に最も敬意を表し、その著作が最もよく私の心に語りかけている、わが同時代人をどうか傷つけることがありませんように。ただし、問題は神の摂理の根拠であって、私はそれにすべてを期待しているのです。これほど長い時間をかけてあなたの教訓のなかから慰めと勇気を汲み尽くしたあとで、こんどはあなたがそういうものをすべて私から取りあげてしまうなんて、私にはつらいことです。その結果、来るべき償いとしてよりもむしろ現実の姑息な手段として、私に差しだされているのは、不確かでぼんやりと見える希望だけなのです。それどころか、私はこの世であまりにも苦しみましたので、あの世の生を期待せざるをえません。形而上学のありとあらゆる精細な議論は、霊魂不滅と慈悲深い神の摂理に一瞬たりとも疑問を抱かせることはありません。私は神の摂理を感じ、信じ、望み、期待しています。そしていまわのきわまでこれを守りぬくつもりです。またこれは、私が耐えぬくありとあらゆる議論のなかで、ただ一つ私の関心がなおざりにされることのないものです。

敬具

断片

良心の気がねのためにいままでに改宗者が出たことはなく、ただ公衆や神にさえたえず嘘をつき、自分の持ってもいない意見を告白するように強いられる卑怯な実のない人間が生まれました。教義は何ものでもなく、道徳がすべてであり、神は私たちに信仰の力を与えるわけではないから、私たちが信じることをいささかも強要しません。しかし神は、だれでも自分の行ないは自由にすることができるのだから、徳を行なうことを要求します。ひと言で言えば、何かが悪魔の存在を立証しうるとすれば、それは不寛容という恐るべき教義でしょう。なぜなら、何ものも、天の名誉にかけて行なわれるすべての暴力ほど地獄の産物に似ているものはないからです。私の知るところでは、いままでにだれ一人としてあなた以上に力をこめてこれらの事柄を語ったことはありませんし、私がそれを繰り返して申しあげるのは、私が神の存在を信じていることをあなたに証明するためなのです。というのは、宗教のために迫害しようとするような人はだれでも、その人自身は少しも宗教を持っていないのだということ、そして幸運にも彼が信心家だとしても、その者が極悪人であることに変わりはないということを知らないわけではないからです。

私には宗教に関する懐疑主義を非難されている尊敬すべき友人たちがいます。私はどうかと言えば、彼らについて無謀な審問を行なうのは差し控えます。そういう審問は、彼らが立派な人々なのですから社会にはかかわりがないし、彼らが誠実であれば、彼ら自身にもかかわりがないからです。神を崇めるのは極悪人しかいないことと善人はみな無神論者であることを公衆に納得させるのは、彼らを非難する人々とは関係がないことだけは指摘しておきます。一般に人々の信仰がどんなものであろうとも、私の信仰もあなたの信仰も、人が裁かれるのは理性にもとづいてではいささかもなく、心情に基づいてであるというものです。なぜかと言うと、人はみな善悪についての意見は持っているが、真偽についての確実な知識は持っていないからであり、また、受け容れられなかったことを説明しなければならなかったなどということは不当なことだからです。私は心の奥では私の存在の創造者を崇拝しています。創造者は私を不幸にしようとして私を造ったのではないこと、また、創造者が自然〔本性〕の弱さを意志のせいにしないことを希望します。けれども神の本質についての私の友人たちの意見がどんなものであろうと、ある真直ぐな心の持主が不本意にも犯した罪を彼らに対して贖うかどうかが、また非の打ちどころのない風俗が、人の手で定められたが理性によって退けられるいくつかの奇妙な崇拝に十分に匹敵するかどうかを疑えるでしょうか。さらに申しましょう。もし私が自分勝手に有徳であって、何も信じないでいること、あるいはいままでに行為のともなわない死んだ信仰しか持たないでいることができるなら、私はためらわずに後者の状態よりも前者のほうを取りたいと思います。また、いつの日か言わなければならないように、「ああ、私はあなたを愛していましたのに、あなたを侮辱することをやめませんでした。あなたを識りましたが、あなたのお気に召すためには何一つ行ないませんでした」と言うよりは、次のように神に言うことができたらずっといいのにと思っています。「私はあなたのことを考えないで、あなたの意にかなう善いことをしました。また私の心はそれと知らずにあなたの意志に従っていました」と。

ある種の人々においては、自分たちが誤りを証明しえなかった哲学者たちを不敬のかどで非難し、またその著作を論破しえなかった場合には、その著者を追撃するという、あの恥ずべきとんでもない習慣がずいぶん以前から寛大に取り扱われていることに私は大変驚いています。さらに、権力者たちがそのような偽善者どもの言うことにたいてい耳を傾け、彼らの残忍さに役立てるためにいつでもその手を差しのべようとしていることにはいっそう驚きます。この世の王たちにあの世においてなんらかの監督権があるのでしょうか、また臣下を天国に行かせるためには、この世で臣下を苦しめる権利が彼らにあるのでしょうか。とんでもありません。すべて人間の統治の権限は、その本質からして市民的義務に限られています。また、ホッブズがなんと言ったか知りませんが、一人の人間が立派に国家のために尽くしているとき、その人は自分が神に仕える方法についてはだれに対しても責任がないのです。

訳注

（一）この手紙の書かれた状況や出版の経緯については、『告白』第九巻と第一〇巻を参照。
一七五五年十一月一日にリスボンを襲った大地震によって、リスボンは破滅した。この大災害をもとにヴォルテールは『リスボン大震災に関する詩篇、または《すべては善である》という公理の検討』を一七五六年三月に公刊した。そこでヴォルテールは従来の楽天主義を翻して、「すべては悪である」という立場をとった。ルソーはこの『詩篇』が著者から送られたものと思い、反駁の手紙をヴォルテールの主治医のトロンシャン宛に送った。なお、本文中で言及されるヴォルテールの近作二篇とは、上記の『詩篇』と『自然法に関する詩篇』（一七五六年）のことである。

（二）『リスボン大震災に関する詩篇』の「序文」で、ヴォルテールは次のように書いている。「《すべては善である》という語を厳密な意味で、しかも未来の希望もなく把握すると、これはわれわれの人生の苦しみに対する侮辱にほかならない……。」

（三）書簡体の詩篇『人間論』（一七三三—三四年）のこと。一七三六年以降いくつかの仏訳が出た。

（四）ポープの『人間論』の要約と思われるが、出典は明らかでない。

（五）ヴォルテールの『リスボン大震災に関する詩篇』のルソー独自の解釈であって、引用ではない。むしろ『詩篇』の歪曲的解釈である点に注目したい。

（六）「私は摂理に異議を申し立てているのではない」（『リスボン大震災に関する詩篇』一二二行）

（七）『人間不平等起源論』について「人類に逆らうあなたの新しいご著書をいただきました……」というヴォルテールの手紙を指す（一七五五年八月三十日）。

（八）「精神的な悪」「物理的な悪」という形而上学的表現で用いられている「悪」は、精神的、身体的（感覚的）な苦痛や不幸をも含意していることに注意していただきたい。

（九）『リスボン大震災に関する詩篇』の五三―五五行には次のように書かれている。「わが主を侮辱せずに謹んで願う／硫黄と硝石で燃えさかるこの渦巻が／その火を砂漠の奥地で燃やしてくれたらよかったのに。」

（一〇）ヴォルテール『ザディグまたは運命。東洋の物語』（一七四八年）第二〇章「隠者」を指す。

（一一）『新エロイーズ』第六部手紙一一参照。

（一二）「だれも死ぬことは望まない。だれも生まれ変わることは望まない。」（『リスボン大震災に関する詩篇』二一〇行）ヴォルテールはエラスムスを引用していない。

（一三）キケロ『老年について』第二三章八四。

（一四）「存在の連鎖」はライプニッツをはじめ、当時流行した考え方で、生物世界から人間世界までのすべての存在を一つの連鎖とみなす。ポープ『人間論』書簡詩第一の二三七行に「広大なる存在の連鎖！　そこから神は始めた……」という表現が見られる。アーサー・O・ラヴジョイ『存在の大いなる連鎖』（内藤健二訳）の第六、第七、第八、第九講を参照。

（一五）ジャン＝ピエール・ド・クルーザ（一六六三―一七五〇年）はポープへの反論を二冊書いた。『ポープの人間論の検討』（ローザンヌ、一七三七年）、『ポープの人間論のデュ・レネル神父による散文訳注釈』（ジュネーヴ、一七三八年）。

（一六）これらの例はヴォルテールが挙げたもので、『リスボン大震災に関する詩篇』にヴォルテール自身が付けた注には、次のように書かれている。「カエサルの母に帝王切開を行なわなかったならば、カエサルが共和政体を消滅させることはなかったであろうし、オクタヴィアヌスを養子に迎えることがなかったならば、オクタヴィアヌスがティベリウスに帝国を残すこともなかったであろう。マクシミリアン一世はブルゴーニュとオランダの後継者〔ブルグンド公女マリア〕と結婚し、この結婚は以後二百年にわたる戦争の源となる。しかし、カエサルが右に唾を吐いたのか左に唾を吐いたのか、ブルゴーニュの跡継ぎの姫君が髪をどんな風に結っていたのか、そんなことはたしかに全体の仕組みを何一つ変えなかった。したがって、結果を持つ出来事があり、また結果を持たない別の出来事がある。」（プレイアード版『ヴォルテール文集』三〇六頁注１）

（一七）パスカル『パンセ』ブランシュヴィク版一七六、ラフュマ版七五〇には、次のように書かれている。「クロンウェルは全キリスト教国を打倒しようとしていた。王家に失墜し、彼の家系は永久に安泰であるかに見えた。彼の輪尿管に小さい一粒の砂がはさまることさえなかったならば。ローマでさえも彼の威になびくかに見えた。けれども、その小さな結石ができたばかりに、彼は死んだ。彼の一家は没落し、すべてが平和になり、国王は位に復した。」(松浪信三郎訳)

(一八) たぶん『ザディグ』の「隠者」を指す。

(一九) ピエール・ベール(一六四七―一七〇六年)は、カルヴァン主義の教育を受け、一六六八年にカトリックに改宗したが、一六七〇年以降プロテスタントにふたたび戻った。『歴史的批判的辞典』(全四冊、一六九五―九七年)の著者で、宗教の合理的解釈にもとづいて、権威を批判し、人間の自由を擁護して、十八世紀の哲学思想に深い影響を与えた。

(二〇) 「神は存在の連鎖を手に入れたので、鎖につながれることはまったくない。」(『リスボン大震災に関する詩篇』七五行)

(二一) ヴォルテールが『詩篇』の序文に付けた注。

(二二) ある存在の不幸は他の存在の幸福となるという楽天主義思想を笑いものにするためにヴォルテールが挙げた例で、『詩篇』九七―一〇〇行には、次のように書かれている。「《その不幸は他の存在の幸福である》と言うつもりか。/血だらけの私の肉体から無数の虫が生まれる。/私が苦しんだ不幸のあげくに死が訪れると/蛆虫どもに食われるというご立派な慰めだ。」

(二三) コドロス――最後のアテナイ王。ドーリア人がアッティカに侵攻したとき、アテナイ王を殺さないでおけば、勝利が得られるとの神託があった。ところが王コドロスは農民に変装して敵陣に近づき、兵と喧嘩して、わざと殺された。

マルクス・クルチウス――ローマの共和政のはじめの頃、地震で大広場の中央に大穴が開いて、土で埋めても埋まらないので、神託を伺うと、一番貴重な宝物を投げ入れよとのことであったので、ローマ人にとって一番貴重な宝物は、青年騎士クルチウスと兵士であると解して、武装して馬に乗り、その穴に飛びこんだところ、穴が塞がり、小さい池ができた。

デキウス親子——自分たちの生命を犠牲にして、ローマ人の勝利を導いた。
フィレーヌ兄弟——カルタゴとキュレーネとの国境画定にあって、キュレーネ人から提案された取引を承諾した。それは、キュレーネ人が望むところまで進ませるか、それとも兄弟が選んだ場所で生きたまま埋葬されるかというもので、兄弟は後者をとった。

（二四）セネカ『神の摂理について』Ⅵ・1には次のように書かれている。「神に誠実な人々の荷物を管理してくれるように要求する必要があるだろうか。」

（二五）カルトゥーシュ——フランスの盗賊（一六九三—一七二一年）。十八世紀はじめのパリおよびその近郊を脅かした義賊の首領で、長いあいだ警察の追及を逃れていたが、捕えられ、グレーヴ広場で生きたまま車責めの刑に処せられた。

（二六）キケロ『老年について』第二三章八四。

（二七）このカッコ内の一節はストレカイゼン゠ムルトゥー版（一八六一年）によっている。またここでの議論は、ディドロ『哲学断想』（一七四六年）第二一にもとづいて行なわれている。

（二八）ヴォルテールの長篇叙事詩（一七二八年）。

（二九）おそらく、ホッブズ『リヴァイアサン』（一六五一年）第二部第三一章「自然による神の王国について」を指している。そこには、次のような説明が展開されている。「神が人々を統治し、彼の諸法に違犯する人々を処罰する自然の権利は、彼が彼らを創造したということから、彼の恩恵への報恩として彼が服従を要求する、というふうにしてひきだされるべきではなく、彼の抵抗しえぬほどの力からひきだされるべきである。……したがって、この力から、人々を支配する王国および思いのままに人々を苦しめる権利が、当然に、創造者とか恵み深いものとしてのでなく、全能者としての万能の神に属するのである。」（水田洋・田中浩訳）

（三〇）この一節はのちにルソーが「市民宗教」と名づけるものの素描である（『社会契約論』第四篇第八章参照）。

（三一）第二草稿では「不寛容な」と書き直されている。

（三二）テオドール・トロンシャン（一七〇九—八一年）はヴォルテールの主治医。ジュネーヴに移住していたが、一七五六年オルレアン公の子どもに種痘をするためパリに戻り、オルレアン公の第一侍医となった。

解説　悪に抗する人間——文明・震災・戦争

川出　良枝

反〈文明〉の旗手ルソー

覇権掌握のための対外戦争に明け暮れ、深刻な財政難をもたらしたルイ十四世の統治に対する批判と反省から、十八世紀前半のフランスは、周辺諸国との協調路線へと方向を転換し、順調な経済成長もあいまって、相対的に安定した時代を迎えた。人間の理性が野蛮や偏見や迷妄に勝利をおさめ、学問や技芸が本格的に発展する平和で豊かな時代が到来する――。そうした期待が高まった時代でもあった。先進的な科学的知見を広め、キリスト教によって抑圧されてきた人間本来の自然な欲求を解放するという目的のためには、ときに宮廷や教会の頑迷な権威と闘い、ときに王権の絶大なる権力による上からの開明の推進に期待をかける。まずヴォルテールによって、次いでディドロ・ダランベール等百科全書派によって、闘いの火ぶたが切って落とされ、ヨーロッパのここかしこで支持者を増やしていく。

そうした中、三十七歳のルソーは、『学問芸術論』において、学問や技芸（芸術）が発達し、礼節や趣味が洗練されればされるほど、人間の徳は堕落するという、反〈文明〉の立場を鮮明にした。生活の利便性の向上、技術の発展、豊かで贅沢な暮らし（「奢侈」）、人間関係における礼節の重視、これらすべてが、かつて古代のスパルタには息づいていた、祖国に積極的に貢献しようという質実剛健な習俗を損ねている。だが、徳を育むには学問や哲学は不要であり、ただ「自己自身にたち戻り、情念をしずめ、良心の声をきく」（四七頁）ことが必要なのである。後の著作と比べると、あらゆる要素を洗練か堕落かという二元論枠組みに回収してしまうなど、まだ論理的に突き詰められているとはいえないが、古典古代の政治や市民に対する憧憬、自然と制度の対比、良心の重視など、ルソーの基本的な着想がちりばめられている。

リスボンの大震災をめぐる論争

ルソーの論考が一七五〇年にディジョンのアカデミーの最優秀賞を受賞したのは、偶然とはいえ、その後のフランスの行方を占うものといえなくもない。というのも、この頃より、時代の様相は変わり、前半期の楽観的な見通しに暗い影がさすようになったからである。一七五五年の十一月一日には、イベリア半島南西部からモロッコ中西部一帯にかけて巨大地震が発生し、多大なる被害をもたらした。なかでも、海洋貿易の中心地として繁栄を謳歌していたポルトガルの首都リスボンが地震と津波とその後の火災によって、ほぼ壊滅状態に至ったことは、ヨーロッパの人びとには大きな衝撃であった。神の怒りにふれた、最後の審判が近いといった議論も横行したという。

その衝撃を直截に表現しているのが、ヴォルテールの『リスボンの災禍についての詩』（一七五六年）である。そこでヴォルテールは、これまで自らも大きな影響を受けていたライプニッツ、ポープの楽観主義（オプティミズム）の教理、すなわち、神が創造したこの世界はすべての可能な世界の内の最善の世界であるという教理に疑念を表明する。この哲学体系からすると、震災の被害は、全体の善のために必要な個別の犠牲ということになるが、それがこの罪なき人びとの言葉を絶するような苦しみだとすれば、神はなんと無慈悲な存在か。そのような神の前に、人間の知性とはなんと無力なことか。「賢者たちは私をだました。神のみが正しい」。

ヴォルテールがこれまで奉じてきた理神論・自然宗教論（啓示がなくとも人間はその理性で神の存在を知ることができるとする立場）を覆しかねない発言で、同じく理神論の立場をとっているルソーには認めがたいものであった。ルソーは『ヴォルテール氏への手紙』（一七五六年八月十八日付）で、ヴォルテールに反論し、まず、地震の被害がここまで深刻化したのは、都市における高層の建物への人口集中をはじめとして、人間や社会の側に原因があったからだと主張する。ルソーの敵（ヴォルテールの敵でもあるのだが）は、自然的な事象に神の正義をよみとろうとする迷信深い神学者と人間の霊魂の不滅を否定する無神論者の双方である。ルソーのみるところ、物質的存在は全体のために、知性と感性を備え、霊魂をもつ精神的（道徳的）存在（＝人間）は自己自身のために、いずれも可能な限り最善に配列されており、全体はあいかわらず善である。ルソーはここで震災の衝撃でやや冷静さを失ったヴォルテールになり代わって、楽天主義の教理を擁護する。世界の善性に対する確信の下でいたずらに絶望することなく、人間が自ら生み出した悪はあくまでも人間の力で解決すべきではないのか。これが、この書簡において、ルソーの指し示す方向性である。

この短い書簡で示された理神論的な宗教論は、のちに『エミール』のサヴォアの助任司祭の信仰告白において本格的に展開される。また、国家には最低限の「市民的信仰告白」が存在すればよく、またそうした最低限の道徳法典が社会を維持するためには必要であるという、書簡の最後に掲げられた議論は、『社会契約論』の市民宗教論へと連なるものである。

戦争とルソー

大規模な自然災害に匹敵するほどの深刻な惨禍を人間が人間にもたらすこともある。その最たるものが戦争である。リスボンの惨禍の記憶がまだ癒えない一七五六年八月には、仏・露と同盟したオーストリア、イギリスに支持されたプロイセンとの間で発生した七年戦争が勃発した。オーストリア継承戦争（一七四〇―一七四八）において如実にあらわれたプロイセンの台頭に脅威を覚え、長年の対立関係にあったフランスとオーストリアは同盟を結ぶ。この同盟により、十七世紀前半を相対的には平和な時代としてきた勢力均衡のバランスが劇的に変化し、イギリスの支持をとりつけたプロイセンはオーストリアに先制攻撃をしかける。英仏の植民地争奪戦が平行して行われた、いわば十八世紀の世界大戦とも呼べるような戦争で、実質的にはプロイセン側が勝利をおさめ、フランスのヨーロッパにおける覇権は大きく動揺し、また主要な植民地の大半をイギリスに譲る結果に終わる。

こうした現実の動きに直接連動しているわけではないが、五〇年代のルソーは戦争や外交、国際秩序の問題に精力的にとりくんだ。その一つのきっかけは、一七五四年にアベ・ド・サン＝ピエール（一六五八―一七四三）の全著作の抜粋をつくるという大きな仕事をサン＝ピエールの遺族と彼の庇護者であったデュパン夫人より依頼されたことである。計画は頓挫し、今日では、サン＝ピエールの『ポリシノディ』（*Discours sur la polysynodie*, 1718）（ポリシノディとは多元会議制の意味で、サン＝ピエールは同書で政策ごとに配置される多人数から編成される君主の顧問会議に統治の実権を与えるべきだと主張する）および『永久平和論』（*Projet pour rendre la paix perpétuelle en Europe*, 1713）のそれぞれを抜粋したもの、また、それぞれを批判的に検討した論考のみが残されている。

ルソーがサン＝ピエールの代表作である『永久平和論』の抜粋、および同書に対する批判的検討を作成する仕事に着手したのは五六年の春と推定されている（ルソーの草稿の執筆年代については、長年にわたり論争があるが、ここではベルナルディとシルヴェストリニの説を採用する）。『永久平和論抜粋』は、七年戦争のまっただ中の六一年に出版される（『永久平和論批判』の方はルソーの生前には刊行されなかった）。『抜粋』の校正の段階で付け加えられた註の中でルソーは北米やインドにおける植民地争奪戦において勝利を手中におさめつつあるイギリスについて、征服者となることを望むイギリス人は「やがて奴隷となる」と予言する（一二二頁）。

『抜粋』および『批判』を通して、ルソーはサン＝ピエールに基本的な部分では賛同している。戦争の原因を主権者が徹底して利害の追求を原理として行動するところに見出し、ならば、武力に訴えることが主権者の利益にならないような法的枠組みを整えることで永久平和を実現しようと考えたという点、また、その法的枠組みは主権国家を廃止するのではなく、それらを単位とする「連合」という形をとるべきであると考えたという点が両者の基本的な一致点である。特に、連合というアイデアは、ルソーがサン＝ピエールに大いに負うものである。他方、ルソーがサン＝ピエールと明らかに一線を画すのは、サン＝ピエールが連合設立について君主の決断に期待をかけているという点である。ルソーのみるところ、君主は、そもそも共同体の利益ではなく、個人的利益を追求しているにすぎない。連合構想が、諸国民の利益にはかなうが、主権者の利益にはかなわないのであれば、主権者を相手に連合の利点を説得しようとつとめても無駄である。平和のための連合構想は、まず国内において共通の利益を追求する政治（語の正確な意味での共和政）が実現しなければ実現不可能な幻想に終わる。ヨーロッパの現状を見すえた、いたって現実的な判断であるが、国内政治のあり方が平和な国際秩序形成のための鍵であるという発想は、後にカントが本格的に展開するものでもあるが、今日のわれわれにとっても真剣に検討するに値する重要な主張である。

戦争についての草稿――『戦争法の原理』

ルソーの戦争論としては、他に、五五年から五六年にかけて執筆されたと推定される戦争についての草稿がある。この草稿については、近年著しい研究の進展があるため、少しばかり説明が必要である。本書に収録されている『戦争状態は社会状態から生まれるということ』は、プレイアード版のルソー全集を底本にしている。元の草稿はページもなくばらばらの状態であったため、それを刊行するに当たっては、特にその配列に関しては編者の判断に任せざるを得ない状態にある。プレイアード版も含め、長年にわたりチャールズ・ヴォーンの校訂した版が踏襲されてきた。しかしながら、ガニュバンによる新しい草稿の発見（本書の『戦争についての断片』）をへて、草稿の精査がおこなわれ、それらをふまえてベルナルディとシルヴェストリニがヴォーン版とは配列の異なる新しいテクストを編纂した（J. J. Rousseau, *Principes du droit de la guerre. Ecrits sur la paix perpétuelle*, éd. Bernardi et Silvestrini, 2008）。標題も、『戦争法の原理』（*Principes du droit de la guerre*）に改められた。この新しく編纂されたテクストの全貌を示すのは別の機会に譲り、以下、大きな変更点のみを記しておこう。まず、『戦争法の原理』においては、本書の『戦争状態は社会状態から生まれるということ』と『戦争についての断片』は一体のものとして統合されている。冒頭の文章は、「私は法律と道徳の書物を読み」（一九〇頁）から、「彼の意図をなんとか説明してみよう」（一九三頁）の部分とされ、その後、「戦争状態とはなにかということ」のセクション（二〇六頁以下）、「万人に対する各人の自然な戦争という常軌を逸した」ではじまる文章以下（一九三頁から一九五頁）が続き、その後、『戦争状態』の冒頭部分（一七九頁以下）、「社会状態について」（一八二頁以下「衰弱してしまう」（一八七頁）まで）、『戦争についての断片』の冒頭部分（二〇三頁）、「国家相互のあいだの戦争の一般観念」（二〇四頁以下）、「ある国家を弱体化」から「証明するつもりである」（一八七、一八八頁）、「基本的区別」（一八八頁から一九三頁）が続くというのである。

このような再編集をふまえて、ベルナルディとシルヴェストリニは、戦争に関する断片が、ルソーの『政治学提要』（*Institutions politiques*）と題され、構想のみにとどまった未完の作品の一部である可能性が高いとする（この説自体は、ヴォーンやドラテなどが以前から唱えてきたものである）。この構想には、かつて『政治制度論』という訳語が用いられてきたが、ルソーが『化学提要』（*Institutions chmiques*）という化学の教科書の草稿を残していることから、ベルナルディは Institutions とは提要の意味にとるべきという説を出す。ルソーが残した作品の具体的な構想（国内政治のみならず、交易（商業）、戦争や征服、同盟や外交の問題を網羅する）からしても、この説には首肯できる。実際、もしも完成すれば、プーフエンドルフの『自然法と万民法』やモンテスキューの『法の精神』に匹敵するような体系的な著作となったであろうが、一七五九年にはその完成を断念し、その一部（国内の問題を扱った部分）を独立した著作として刊行したのが『社会契約論』である。

戦争についての断片には、国家間との関係をルソーがどのように捉えたかを示す興味深い考察が多数含まれている。とりわけ重要なのは、ルソーが国民と国民の関係を自然状態と社会状態とが混合した状態と捉えており、それが戦争の原因となっているとみているという点である。たとえば万民法は十分な制裁に裏付けられていないため、国家の都合にあわせて恣意的に運用され、さらなる紛争をもたらすといったことがその例である。「戦争は平和から生まれたことが、あるいは少なくとも、人びとが恒久平和を確保するためにとったさまざまな配慮から生まれたということがわかるだろう」(一九三頁)。国際政治のリアルな現状に、透徹したまなざしを向けるルソーがここにいる。

国家をどう運営するか——『政治経済論(統治論)』

出版の時期は前後するが、最後に『政治経済論(統治論)』についてみてみることにしよう。この論考は、もともとはディドロ・ダランベールが編纂した『百科全書』の第五巻(一七五五年)に収録された「エコノミー」という項目(ECONOMIE ou ŒCONOMIE, (Morale et Politique))のために一七五四年の末、もしくは翌年の初頭に執筆され、五八年に現在のタイトルで独立して出版されたものである。

ルソーがエコノミーという後に付与している意味は、フランスではフィジオクラート(重農学派)以降一気に定着していく「経済」という意味ではなく、それ以前の伝統的な用法、すなわち、ものごとの管理・運営という意味であり、とりわけ、国家のエコノミーということでいえば、行政・統治という意味に近い。後半に財政の問題が論じられているのもその表れである。ただし、語源からみれば家（オイコス）の管理という意味を帯びたこの語を、国家の管理という場面に適用する際には、ルソーは家（家長）をモデルとして国家（首長）を論じてきた家父長国家論の系譜にからめとられないように慎重に議論を進める。まさにロックがフィルマーを批判したのと同じように、またアリストテレスが家（オイコス）と国家（ポリス）の支配はまったく異なるということを明言したところにみられるような、古代の原点に回帰するかのように、ルソーもまた安易な混同をいましめ、国家の統治を導く独自の原理を確立しようとする。

その原理として掲げられたものが「一般意志」に他ならない。政治体は一つの意志をもつ「精神的存在」であり、この集合的・一般的な意志は、共同体の全体および各部分の保持と安楽をめざす意志である。この意志は、あくまでも当該国家の成員に妥当するもので、他の諸国の成員には通用しない。人類全体を支配する自然の法からみれば、個別的で特殊な意志となる。他方、国家を構成する個別の部分社会にとっては、国家の一般意志は絶対にそれに服すべき最上位規範である。部分社会の特殊性と国家の一般性、国家の特殊性と人類社会の一般性という壮大な枠組みが提示されるのがこの論考の大きな特色である。主権と統治（政府）、立法権と執行権の区別など、『社会契約論』との棲み分けが図られていることからみても、『政治経済論（統治論）』もまた、『政治学提要』の構想の一角を占める作品である可能性は大きい。

フランスが、また広くヨーロッパが歴史の転換点を迎えていた一七五〇年代に、ルソーは人間・自然・政治・宗教・歴史にわたる広大な領域に思考の航路を定め、驚嘆すべきエネルギーで独自の考察を次々に生み出していた。多くは断片のまま放置されたとはいえ、いやむしろある意味ではそうであるからこそ、これら諸論考は、現代の読者を知的に刺激し、さらなる自由な思索へと誘うような新鮮な閃きに満ちている。

白水ｉクラシックス発刊にあたって

「この現にあるがままの世界が最善のものであるとすれば、さらに幸福な将来を望むことはできない」。

一七五五年十一月一日、巨大な地震が西ヨーロッパを襲いました。とりわけ、当時繁栄を極めたポルトガルの港湾都市リスボンでは、数次にわたる激震と、それに伴う津波と火災で多くの犠牲者を出しました。冒頭の言葉は、リスボンの被害に衝撃を受けたヴォルテールの所感です。かれの悲痛な叫びによって、この地震の評価は論争の焦点となり、ここに次なる時代を導く新たな萌芽が顕在化してきました。

白水ｉクラシックスは、哲学・思想の古典をアーカイブしてゆく叢書です。収録される古典はどれも、ある社会の岐路に可能性として萌し、世代を越え時代を越え、思いがけない枝を伸ばしながら実を結び、そして幾たびも蘇ってきた、いわば思惟の結晶といえるものです。

いま「幸福」と「希望」の根源的再考が求められています。〈ｉ＝わたし〉を取り巻く世界を恢復する一助として、この叢書が資することを願っています。

二〇一二年三月十一日　白水社

川出良枝（かわで・よしえ）
東京大学大学院法学政治学研究科博士課程修了。博士（法学）。放送大学教養学部、東京都立大学法学部を経て、現在、東京大学大学院法学政治学研究科教授。専門は政治思想史・政治理論。『貴族の徳、商業の精神――モンテスキューと専制批判の系譜』（東京大学出版会）で渋沢・クローデル賞。

山路昭（やまじ・あきら）
一九二八～二〇〇九年。東京大学文学部卒業。明治大学名誉教授。スタロバンスキー『透明と障害――ルソーの世界』（みすず書房）他。

阪上孝（さかがみ・たかし）
一九三九年生まれ。京都大学大学院経済学研究科修士課程修了。現在、京都大学名誉教授。専門は社会思想史。『近代的統治の誕生――人口・世論・家族』（岩波書店）他。

宮治弘之（みやじ・ひろゆき）
一九二八年生まれ。東京大学文学部卒業。元東洋大学教授。

浜名優美（はまな・まさみ）
一九四七年生まれ。早稲田大学大学院文学研究科博士課程単位取得退学。現在、南山大学総合政策学部教授。専門は現代文明論・フランス思想。ブローデル『地中海』（藤原書店）他。

〈白水iクラシックス〉
ルソー・コレクション

文明

二〇一二年五月二〇日印刷
二〇一二年六月一〇日発行

著者　ジャン＝ジャック・ルソー
選者　©川出良枝
訳者　©山路昭＋阪上孝＋宮治弘之＋浜名優美
装丁　緒方修一
発行者　及川直志
発行所　株式会社白水社
電話　〇三-三二九一-七八一一（営業部）七八二一（編集部）
住所　〒一〇一-〇〇五二　東京都千代田区神田小川町三-二四
http://www.hakusuisha.co.jp
振替　〇〇一九〇-五-三三二二八
印刷所　株式会社三秀舎
製本所　加瀬製本

乱丁・落丁本は送料小社負担にてお取り替えいたします。

Printed in Japan
ISBN978-4-560-09602-4